性善与治教

邹晓东 著

华东师范大学出版社

VI HORAE
华东师范大学出版社六点分社　策划

目　录

鸣　谢 / 1
序　即哲学史研究做中国哲学 / 1
导　论　真知问题与性教分合 / 1
（一）引言：孟强荀弱格局与性教关系议题 / 1
（二）真理问题攸关儒学命运 / 7
（三）真知问题域中的性教二重奏 / 13
（四）在处境中率性与性教统合之道 / 29
（五）结语 / 42
（六）附论：简释“生存意识分析的文本解读”理念 / 46

第一篇　从事神致福到敬修德业到率性之道 / 57

（一）引言：宗教哲学语境下的教学与率性 / 57
（二）《商颂》事神致福宗教的一厢情愿误区 / 61
（三）商周宗教观念之变：人为之德架空宗教主宰 / 70
（四）宗教依赖意识在“天若（元）德”信念中的曲折表达 / 77
（五）周孔皆以教学作为德目传承的基本途径 / 86
（六）“教—学”的限度与有差等的“天资—禀赋” / 94

（七）笃信“教—学”之效能者片面强调意志努力 / 101
（八）真知问题逼出“性善—率性”与“教—化”意识 / 110
（九）结语 / 127

第二篇 界定本体的性善论与不界定本体的性善论 / 132

（一）引言：六问儒家性善论 / 132
（二）真知问题与作为内在向导的天命之性 / 134
（三）如何率性的问题与“四端之心”指点 / 140
（四）“仁义礼智之性”与界定本体的性善论 / 147
（五）“无善无恶是心之体”与不界定本体的性善论 / 157
（六）率性的处境与真知问题的政治哲学出路 / 168
（七）结语 / 172

第三篇 从孟荀二分到民主集中制—群众路线 / 176

（一）引言：从反传统到创造性继承传统 / 176
（二）荀学政治观：君师治教与谦虚受教 / 179
（三）孟学尤其是心学的自作主宰精神及其政治效应 / 188
（四）孟、荀基因同时进驻当代中国政治 / 200
（五）民主集中制—群众路线对孟荀二分的创造性统合 / 207
（六）结语 / 211

跋 请在下判断之前先细细品读 / 214
（一）本书自我定位 / 214
（二）杀青卅四论题 / 215
（三）再申说并期待 / 222

鸣　谢

在本书即将付梓之际，我要向一些人和机构，致以深深的谢意：

感谢我的博士导师谢文郁教授，本书的视角、问题意识、方法论理念，以及对儒家政治哲学的关注，皆受他启发。

感谢陈少明、杜崙、方朝晖、干春松、姚中秋五位教授应邀审阅本书初稿，并惠赐审查意见。笔者本拟将这些意见附在书后作为“审查报告”一并出版，后因种种原因遗憾地作罢；盼望日后能找到其他渠道，将这些审查意见连同笔者的回应，一并公诸学界。

感谢成中英、陈明、倪培民、杨海文、第二十四届世界哲学大会儒家哲学分论坛负责人（姚新中、陈少明）、郑开（及其参与筹办的“齐文化与稷下学”高峰论坛）、梁涛（及其主办的“统合孟荀与道统重估”学术研讨会）、曾振宇（及其与陈晨捷主办的“现代视域下的儒家政治哲学”学术研讨会）、杨春梅、荆雨（及其主办的“儒家政治哲学的思想传统及当代新开展”学术研讨会）诸先生，以及孟子研究院与岳麓书院的前辈和同仁们（及其联合举办的“孟子升格与四书诠释”研讨会），曾为本书某些篇章提供在刊物或会场上发表的机会，或在不同场合表彰本书的相关篇章。

感谢我的妻子田芳博士对本书第三篇的贡献。

感谢华东师范大学出版社六点分社倪为国社长多年来对本人在学术上的殷切期望和深沉鼓励！感谢六点分社徐海晴、彭文曼女士等同仁为出版本书所付出的劳动和提供的帮助！

此外，我还要特别感谢《文史哲》编辑部以及山东大学儒学高等研究院对我的接纳，使我有资格重新回到齐鲁大地上的最高学府从事儒家哲学研究！尤其感谢《文史哲》编辑部近年来对中国人文学术走势的强烈关注，这种工作环境在有形无形之中迫使我更直接地思考自己的古典研究与当下时代的关系。而在享受外在环境带来的“福气”的同时，我也始终面临着“究竟如何在学者和编辑这两重身份之间切割时间、分配心思”的纠结。记得，作为一位矢志沉浸到“我作为人的处境”中去的生存者，《西西弗的神话》的作者加缪曾在其散文《蒂巴萨的婚礼》中自道曰，“这里的一切都使我完整无损，我什么也不抛弃，我任何假面也不带，我只需耐心地学习那困难的生活本领”——美则美矣，但“学习那困难的生活本领”的功课着实无处不在！

衷心感谢本研究的奖掖者和资助者们：感谢“两年一度的傅伟勋－国际中国哲学学会亚洲哲学论文竞赛”将2013年度的三个奖项之一颁发给笔者的相关研究；感谢中国博士后科学基金（资助编号2013M530017）、山东大学基本科研业务费专项资金（2015—2018年）、山东大学儒学高等研究院2017—2018学年度“学科高峰计划—国学（儒学）”经费对本研究（包括其姊妹篇《意志与真知——学庸之异》）的陆续资助。

感谢Daniel H. Williams教授的邀请，以及国家留学基金委员会的批准与资助，使我有幸能在美国贝勒大学（Baylor University）

访学一年(2018年1月—2019年2月)。在围绕西学选题阅读、思考、听课、搜书的同时，我得以在相对平和的心境中不时地修订、完善本书稿(本书后又经过了2019近乎一整年的断续修订与润色)，并通盘考虑自己的学术定位与中长期规划。

二零一八年初初拟于
美利坚南国小城 Hewitt 寓所

二零一九岁末随全书定稿于
山东大学济南校区

序　即哲学史研究做中国哲学

究竟该如何研究中国哲学(史)？当今汉语中国哲学(史)界，对此一直充满分歧和迷惘。作为本学科的奠基人，冯友兰先生"三史释古今"的做法延续至今，直接造就了强大的"历史考释与思想观念复述"阵营(尽管当代的"复述"难免要受"西哲"渗透)；其"六书纪贞元"的精神，则在南方学派"做哲学""出思想"的追求中，有着更自觉的体现(尽管也可以"做"得"很中国化")。但在"中国哲学的合法性""中国哲学的现代形态与表述方式"等问题的探讨缺乏长足进展，一些中国传统思想研究者为了追求"本土文化的主体性与特质"而倾向于抵制"西方哲学渗透"的大背景下，从冯友兰先生那一代学人延伸而来的"照着讲"与"接着讲"这两种中国哲学(史)研究路数颇有被日益对立起来之势。

按理说，"即哲学史研究做哲学"应该是最理想的模式——除非我们真的想把中国哲学消解到文史专业中去，或者我们真的自信哲学研究可以抛开历史遗产而平地起高楼——爬到思想巨人们的肩膀上，并且继续向前看，这才是继往开来的正道所在。然而，怎么爬，怎么看？是先爬再看，还是边爬边看？这同样也是问题。特别地，一入"史"门深似海，这里总有无穷无尽的与哲学思想的产生与传播相关，实际上却又“不那么哲学”的议题，在不断分散着原本“为了哲学而历史”的研究者的注意力（史学兴趣干扰了哲学性研究）。更何况，那些确实与哲学思想内在相关的历史问题，如《大学》《中庸》分别属于儒门中的哪一派，则往往又无法在对相关文本进行哲学性研究之前，给出任何有意义的回答。既然如此，有志于“即哲学史研究做哲学”的研究者，便须不断反省何为“哲学性”，并通过这种反省不断将自己的注意力重新转向史料中的哲学性议题，以此来确保自己的哲学史研究不失其哲学性。摆在读者面前的这本小册子，正想这样努力一把！

此前（2018年9月），笔者已经出版了《意志与真知——学庸之异》一书。眼前这本小册子在素材和思路上与前书既有重叠，亦有突破，在写法上则更加平铺直叙（而非将长程的哲学史心得曲折地塞进《学》《庸》研究的小空间中），故更像一个“即哲学史研究做哲学”的作品。本书的哲学性究竟体现在哪里呢？在导论中，笔者将本书标题中的“性善”与“治教”，奉为“儒学中的两种基础性生存意识”。“哲学性”正系于此所谓的“基础性”——那么，“基础性”又何所谓呢？

了解当代西方哲学动态的人知道，“基础性”连同所谓的“还原论”一度成了分析哲学研究中的显学——“基础主义”是也。但在普兰丁格（Alvin Carl Plantinga）等人的攻驳（其核心指控是：表述基础主义的命题，本身都经不起所谓的基础主义的推敲）下，这种“基础主义”目前已基本丧失立足之地。故此，笔者所谓的“基础性”不是“基础主义”意义上的基础性；在本书的词语用法中，某议题具有基础性是指：总要追究到这个议题上去，该议题在根子上无法回避。从形式森严的基础主义（以逻辑实证主义为核心），回归到“总要追究到这里，在根子上无法回避”的日常语言，这一点儿都不会伤害我们对哲学性的追求。历史上的哲学家们（包括儒家哲学人）固然锻造出了许多艰深玄妙的概念用来论述各种基础性议题，但平心而论，基础性议题之所以基础，全因其是严于思考之人所无法逃避的生存攸关的根本问题（否则，人总有理由将其搁置，甚至压根儿不会思及，这种可有可无的议题当然不具有基础重要性）。就此而言，哲学上的基础性议题，盖无不可以用平易近人的“大白话”通俗易懂地表述出来。否则，通俗之人岂不恰恰足以绕开哲学，并用此绕避证伪哲学学科的基础性，乃至严肃地将哲学定性为一小部分人的偏执病？！

“性善与治教”，翻译成大白话就是“‘听从自己内心的呼声’与‘遵从外在权威的指导’”。这确实是两种截然相反的心态，但在立论和实践中真要将二者区分开来，却又殊为不易。主张“遵从外在权威的指导”者，即便名义上是坚定的性恶论者（接受外在指导的必要性被认为正在于性恶），常常也还是不得不变着花样承认人心固有知善的能力（这正如梁涛教授所指出的那样，荀子人性论具有“性恶、心善”双重结构），否则外在指导不可能进入被指导者的脑与心；提倡“听从自己内心的呼声”的性善论者，则因为自己毕竟也是在特定文化传统中成长起来的，故常会自觉不自觉地表现出对特定说教的推崇，以及对权威的施教地位与施教手段的切慕（如本书第二篇所指出的，“界定本体的性善论”在思维方式上已然踏入了“外铄”论的门庭）。可以说，围绕着如何安排“听从自己内心的呼声（性善—率性）”与“遵从外在权威的指导（治教—受教）”这两种基础性生存意识，儒学史既表现出了“对立阵营激烈交锋，乃至水火不容”的态势（“孟荀之争”“孟荀二分”），又时常展现出“一方自觉不自觉地兼容或变着花样地增设对方所推崇的基本预设，不惜由此破坏乃至颠覆自己的固有立场”的难舍难分格局（“孟中有荀，荀中有孟”）。总之，“性善与治教”议题在儒学史上非常基要，相关的论争与辨析场面十分复杂！

为避免同行讥议，本书主体部分没有采取中西比较的研究路数。但尽管如此，我还是想在本序言中冒昧地强调："性善与治教"这一议题，具有世界性的哲学意义。参考基尔克果(Søren Aabye Kierkegaard)代表作《哲学碎屑》中的"两希"比较，可以说，儒学中的"性善—率性—自作主宰"意识，与主张"灵魂固有真理，学习就是自我回忆"的古希腊苏格拉底—柏拉图的"回忆说"，在根本上相通；而"遵从外在权威的指导"的"治教—受教"认知模式，则只有强化为"真理教师"认识论，才能与"自作主宰""自我回忆"的自主模式实质性地拉开距离。"性善—率性"与"治教—受教"，或"苏格拉底模式"与"真理教师模式"，堪称仅有的两种认识论逻辑。这种可比性意味着，中国传统儒学资源，完全可以经由对"性善与治教"议题的深度研讨，大举进入世界哲学的腹地。

顺便一提，2018年在中国北京召开了第二十四届世界哲学大会，其主题"学以成人"曾在网络上引起诸多非议。在笔者看来，造成非议的一个重要原因就在于，非议者们盖只知道《大学》或《荀子》式的崇尚外在权威的"治教—受教"之"学"，而不晓得在《孟子》与心学当中还存在着另一种极其珍视学者个人内在呼声的"性善—率性"之"学"，遑论将这两种"学"与作为西方思想双源头的"两希"之"学"进行长足的比较与会通研究。尽管本书主体部分没有直接进行这种比较会通研究，但我还是想说，对"性善"与"治教"这两种基础性生存意识在儒学史上的出现、互渗、分离、统合的历程做框架性考察，醒目地标示出贯穿其中的"真知"问题，进而站在所考察的儒学传统中的思想巨人们的肩膀上展望"真知"问题的更佳处理方案——长远来看，这种"地方性"研究势必将会增进世界哲学的福祉。至于本书究竟能为此福祉的增进作出几分贡献？这只能交给读者们去**不断检验**。

最后，简介一下本书的体例。本书导论（尤其后两节），是对正文三篇中的思想心得的进一步提炼。但导论与正文三篇中的每一篇，作为论文又均显得篇幅过长，不利于读者迅速把握通篇的架构与主旨。鉴于此，笔者专门花了点心思，为这四篇文字分别撰写了引言和结语，置于每篇的开始和末了；后又在本书的跋中增设了“杀青卅四论题”，力图集中呈现本书的框架与脉络。读者也可以先行浏览这些概述性文字，先对全书内容有一粗略的了解，以便更高效地把握书中一波三折的具体分析与论述。

诚盼广大的读者同仁，**不断地**有教于我！你们直言不讳的点评与批评，必将成为我阶段性地反思自己的总体视角、研究路数、具体观点，从而以更好的姿态去进行下一场角力的重要契机！

导论　真知问题与性教分合

（一）引言：孟强荀弱格局与性教关系议题

宋明儒学将《中庸》《孟子》的性善论奉为儒家义理之正统，《荀子》被其排除在儒家正典之外，《大学》则被强制性地赋予了性善论解读。这种以性善论为本位的宋明道统论蔓延至现当代之后，其卓越的服膺者港台新儒家牟宗三复又在“正统”内部分辨“正宗”“别子”，以致《大学》和朱子思想中的“他律”因素（此与《荀子》式的“外向之学”[①]及“治教—受教”意识密切相关）无处遁形。这构成了当下儒学界所谓的“心性儒学”之大宗。

与以性善论为本位的心性儒学继续兴盛相同时，多年来，汉语儒学研究界又涌起了一股为荀子鼓与呼的热潮。荀子其实持有“孟子之外的另一种性善观，可以称为弱性善观，或人性向善

---

① 王博教授在北京大学中国哲学史教研室《荀子》研究传统的基础上，对这种“外向之‘学’”进行了专门的考察，参见氏撰《论〈劝学篇〉在〈荀子〉及儒家中的意义》，《哲学研究》2008年，第5期。对此感兴趣的读者，还可参考北京大学《荀子》注释组：《荀子新注》，北京：中华书局，1979年。该书第1页云：“他[荀子]认为，人的知识才能并不是天生的，而是‘善假于物’的结果，是通过后天的学习、教育和环境影响而取得的，从而驳斥了‘生而知之’的谬论，强调了教育和学习的重要性。”

论”(刘又铭)[①]，“荀子是性朴论者而非性恶论者”(周炽成)[②]，“性恶、心善”才是荀子的完整人性论(梁涛)[③]等观点，陆续登场并引起关注和评议。诸如此类的新论看似标志着传统儒学的另一支——荀学——的复兴，但实际上，上述论者们却有一个心照不宣(或自觉不自觉)的共同倾向，那就是，尽量将《荀子》人性论往《庸》《孟》性善论方向上靠，以补救“性若不善，则向善何以可能”的经典难题(这是性善论向性恶论所能提出的最强有力的压迫)。[④]《中庸》、《孟子》、宋明儒学、牟宗三学派，其一脉相

① 刘又铭，《当代新荀学的基本理念》，庞朴主编，《儒林》(第四辑)，济南：山东大学出版社，2008年。

② 周炽成，《荀子：性朴论者，非性恶论者》，《光明日报》2007年3月20日，第11版；《荀子非性恶论者辩》，《广东社会科学》2009年，第2期；《再论儒家的性朴论——兼与日本学者和国内同行商榷》，《社会科学》2015年，第8期；《儒家性朴论思想史发微：从先秦到西汉》，《文史哲》2017年，第6期。

③ 梁涛，《荀子人性论辨正——论荀子的性恶、心善说》，《哲学研究》2015年，第5期。

④ 其中，周炽成教授的相关著述虽然以思想史考证为主，但在2003年发表的《逆性与顺性——荀子人性论的内在紧张》(《孔子研究》2003年，第1期)这篇论文中，周教授很快便端出了“**既然人性是恶的，那么，善从何而来**”这一学理追问，进而对比说“**在基督教看来，人性之恶是如此的深重，以致于人类不能通过自身的力量去克服它**”，并强调“**作为一个伟大的人文主义者，荀子强调人为(伪)的作用**”。(粗体为笔者所加)就此而言，“荀子性朴论”在当代的兴起，背后亦有“向善何以可能”这一问题意识在驱动。

梁涛教授则在《荀子人性论辨正——论荀子的性恶、心善说》(《哲学研究》2015年，第5期)一文中，致力于展示荀子人性观念中并存着“向下堕失的力量(性)”与“向上提升的力量(心)”，并着重强调“心”在《荀子》中代表“向上提升的力量”，“荀子的心乃道德智虑心，心好善、知善、为善，具有明确的价值诉求，故心善是说心趋向于善、可以为善”。尽管梁涛教授在文中强调《荀子》“心善”的“有辨”能力“一开始还是潜在的，需要在后天进一步去学习、实践、完善、丰富之”，甚至颇具慧眼地将此能力的发展与语言的后天习得过程相比拟，但在终极旨趣上，梁涛教授还是认为“**由于儒家是一种积极入世、追求内圣外王的思想学说，它主要不是从人生负面之罪或恶进入，不是将罪或恶归于人，将善归于神，以信仰得救赎，而是从人生的正面入，做道德政治实践的功夫，尽伦、尽制以成圣成贤。成就圣贤，其根据在内不在外，依自不依他，故所突出者乃人之主体性与道德性，这就决定了儒学必然是以性善为取向的**”。(粗体为笔者所加)可见，梁涛之用“荀子的性恶、心善说”重新诠释《荀子》，亦可视为传统“性恶论”立场在“性若不善，则向善何以可能”问题驱迫下向“性善论”妥协或软化的结果。

承地开显并张扬“性善—率性”之义理优势所取得的巨大成效由此可见一斑——连《荀子》解释都要向这种义理取向靠拢。“以孟（性）解荀（教）”或“化荀（教）归孟（性）”型的《荀子》解释反复涌现[①]，这种现象意味着，迄今为止，汉语儒家哲学研究界的大格局，仍旧是“孟（性）强而荀（教）弱”。

进入21世纪以来，“政治儒学”开始在中国大陆学界勃兴。这颇有助于改善《荀子》式“君师治教”意识在儒学中的处境。与港台新儒家追求从“老内圣”开出“新外王”的路数（仍然是以性善论本位的心性之学为根基）不同，中国大陆的政治儒学学者则试图直接从现实问题与历史观察出发，构建与传统儒典（尤其是性善论经典）若即若离的新的政治学术系统。在这种学术潮流下，上述强劲的性善论学统似乎很大程度上可被直接晾在一边，而《荀子》式“君师治教（教）—谦虚受教（学）”意识则可趁机与政治儒学的“良制”“良治”追求相合流。但问题是，“良制”“良治”或“君师治教”“谦虚受教”，在根子上又怎能离得开施教者与受教者的知善、向善能力（不可避免地要追溯到某种“善性”因素上去）呢？而反过来，一旦设定了“性善”或“善

① 在为新近出版的一套丛书作序时，梁涛教授重点介绍了：(1)曾任教于香港中文大学的唐端正先生的“**我们与其说荀子是性恶论者，不如说他是善伪论者**”观点，(2)刘又铭教授在台湾学界提出的“**就深层义蕴而言，荀子的人性论其实仍可归为某一种（异于孟子）类型的性善观**”观点，以及(3)他自己的“**在中国文化的语境下，性恶论是‘大本已坏’的判断并没有错，宋儒的错误在于忽略了荀子思想的复杂性，误以为荀子只讲性恶，不讲心善，忽略了荀子同样肯定人有内在道德主体性**”的观点。（粗体为笔者所加。参见梁涛，《中国哲学的新思考》，《中华读书报》2018年11月7日，第13版；此文系中国人民大学出版社“中国哲学新思丛书”序。）尽管这些学者所树的旗子或所使用的术语标签各异，但不难看出，上述兼具学术性与思想性的论述（包括上一个脚注所征引的周炽成教授的相关论述）大体上皆是论者在“性善论义理优势”的笼罩、感染下，旨在弱化乃至消除荀子的“性恶论”色彩之举。这些新论之间的上述共性，大致表明，在港台和大陆，学界关于孟荀关系的认识，至今犹未从根本上摆脱宋明儒学的“崇性（孟）贬教（荀）”惯性，而处在“孟强荀弱—以孟解荀—化荀归孟”的格局之中。

性”，当事人又怎能甘心“受教”（何不直接开发利用自己的“善性”），或理直气壮地去“施教”（他人既有“善性”，又何须我去外铄）呢？在历史上，这也是反复冒出，并困扰儒学两千多年的“迷思”。

在“心性儒学”与“政治儒学”之外，当代汉语中国哲学（史）研究界另有一个旗帜不甚鲜明，但却根基深厚、幅员辽阔的“历史考释与思想观念复述”阵营。其中一些学者渐渐不满足于“照着讲”，而倾向于更自觉地将自己的哲学史认知，努力打造成“一家之言”。[①]其中，郭沂教授从20世纪90年代就开始倡导的“统合内在论与外在论”的设想，梁涛教授近年来则努力标举“统合孟荀，创新儒学”的设想。前者，先是等量齐观地承认“内在论”“外在论”各有各的道理，而后再在“道德过程论”的名义下，采取“一方面……另一方面……”的手法撮合二论。[②]后者，

① 在当今中国大陆的中国哲学（史）研究界，“历史考释与思想观念复述”手法诚可谓是最主流的看家路数。相关学者深受冯友兰先生“三史释古今”事业的鼓舞，同时又心照不宣地认为冯友兰先生两易其述史（释史）立场的旧辙（先后写出了三部立场不同的中国哲学通史，仿佛学术史真是任人随意打扮的小姑娘）有损于学术史研究的客观性（中立性），必须引以为戒。故此，该阵营的典型研究成果往往主打历史考据与思想观念复述，而不喜欢（也不太敢）在哲学史研究与叙述中显露研究者自己的思想立场，认为这种自我克制攸关哲学史研究的客观性或信誉。

不过，进入21世纪以来，在“中国和平崛起”的大背景下，作为对近代以来西强东弱格局的反弹，“本土化”“中国主体意识”急剧浮上台面，一时之间成为强劲的时代风潮。“中国崛起”“本土化”“中国主体意识”皆内在地要求对传统文化进行“创造性转化和创新性发展”，以便不辜负这个大有作为的时代。受此时代风潮鼓荡，以“历史考释与思想观念复述”阵营为主体的中国大陆的中国哲学（史）研究者们，总体上已经不再满足于做“古人的传声筒”，而开始袒露出自己“成一家之言”的学术与思想抱负。陈来教授于2014年出版了旨在进行“综合创新”的《仁学本体论》（北京：生活·读书·新知三联书店），此举可视为中国大陆中国哲学（史）界研究路数转型的风向标。

② 郭沂，《第二章：〈大学〉的思想》，张岂之主编，《中国思想学说史·先秦卷》（上），桂林：广西师范大学出版社，2007年，第276页。郭沂教授在20世纪90年代的相关论述，可参考氏撰《〈大学〉新论——兼评新儒家的有关论述》，郑家栋、叶海烟主编，《新儒家评论》（第二辑），北京：中国广播电视出版社，1995年。

则先对“道德”与“政治”进行切分，将《孟子》《荀子》的核心主张（或特色主张），分别归属于“道德领域”和“政治领域”；这样，二者合起来似乎恰好构成了一个完整的人类生存世界，“统合孟荀”的课题遂可通过这种“拼盘”的方式而告终。[①]然而，前者（郭沂的方案）的“人为撮合”意味太浓，“一方面……另一方面……”的论述中缺乏强劲的学理粘合剂（其“道德过程论”并未提供“如何协调‘率性—自作主宰’与‘受教—尊崇权威’这两种相反意识”的具体机制），故只能算是提出了“统合性（孟，内在论）教（荀，外在论）”的课题和愿望。后者（梁涛的设想）所仰仗的“道德”“政治”二分，在自由主义的“小政府”理念下或许可以成立（但亦不存在固定之界限，各种或长期或短暂的临时界限，其实不过是政治博弈阶段性平衡的结果），但在“礼”“法”不分、“私德”“公德”相通的儒学传统中，却很容易被“历史考释与思想观念复述”阵营的中坚力量们讥评为“以西解中”。更严重的是，后者所谓的“性恶、心善”双重结构，及其将“道德”“政治”析为两个领域再拼合起来的设想，若严格深究下去将势必落入“二元论”境地，而难成其为“统合”。[②]

总地来说，对于“性若不善，则施教与受教何以可能”“性若善，施教与受教又有何必要”这一困扰儒学二千多年的迷思，主

---

① 参见梁涛，《统合孟荀　创新儒学》，赵广明主编，《宗教与哲学》（第七辑），北京：社科文献出版社，2018年。

② 所谓统合，当然是针对二分或二元论而言的。郭沂的“一方面……另一方面……”之论，因缺乏实质性的联结“中介”，故根本上仍然是“二”；梁涛切割“政治领域”与“道德领域”的主张，则更是大大方方地将政治与道德离析为“二”，如欲摆脱这种“二分/二元”格局，他须另外交代“道德领域”与“政治领域”的拼合基础或机制。而按照王国维在《论性》中的考察，“二元论”乃是人性论史上挥之难去的痼疾。（王国维的论述参见氏著《静安文集》，谢维扬、房鑫亮主编，骆丹、卢锡铭、胡逢祥、邬国义、李解民副主编，付杰、邬国义本卷主编，《王国维全集》[第一卷]，杭州：浙江教育出版社/广州：广东教育出版社，2009年，第4—17页。）

流儒学研究界至今尚未找到清晰的出路。究其原因，在笔者看来，乃是因为研究者们未能把捉到儒家内部"性""教"之争的根本动因，也即未能深入地揭示出支配着"性(孟)教(荀)二分"的儒学史运动的核心问题意识，遑论将统合性(孟)教(荀)的学术抱负与解决此核心问题的学理任务直接勾连起来。

那么，"性善—率性"与"治教—受教"这两种生存意识，在儒学史上的出现与纠缠、纯化与分离的内在动力究竟是什么？统合二者的必要性与可行性又何在呢？要想回答好上述问题，我们需要：

第一，找到考察儒学史上的"性善与治教"二重变奏的合适方法。

第二，清晰地揭示出究竟是何种问题意识，在从根本上支配着"性善—率性""治教—受教"既纠缠又互斥的互动史。

第三，通过探讨上述核心问题的更佳处理方案，探索"统合性教"的有效方案。"统合性教"的必要性从属于核心问题之处理。

换言之，不足以为根本性的核心问题提供更佳方案的"统合"，是不可欲或可有可无的。实际上，哲学史与哲学研究的结合点，也正在于核心问题的(重新)析出，与更佳的处理方案之探索。为了做到以上三点，摆在读者面前的这本小册子将：

其一，采取"生存意识分析的文本解读"方法(见本导论之附论)。

其二，揭示"真知问题"对于儒家"性善与治教"思想史的贯穿与支配作用。

其三，提出"率性的处境"概念与"在处境率性"意识，以及"在双向的政治压力下互动，通过共享相同或相似的率性的处境，而达成新的政见共识并据此更新权威政见"之机制，作为儒家用以处理真知问题的更佳方案。

令人感慨的是，汉语学界在真理认知问题上怀有深刻的挫败感(往前可以追溯到《庄子·齐物论》[①]),骨子里“怎么都行”的“相对主义”意识大行其道。加之出于维护本土传统文化“特质”的考虑,狭义的中国传统思想研究界总体上对“认识论/知识论”议题较为排斥,认为这是西方哲学的专利,甚至认为揪住真理及其认识论/知识论问题不放是西方哲学误入歧途的表现。这些因素大大消解着狭义的中国哲学史研究者们对于真理或真知问题的敏感度与探讨热情,儒学传统中的“性教二重变奏”的认识论/知识论意蕴故而长期未能得到应有的开掘。

以下,分述之。

(二)真理问题攸关儒学命运

真理问题是东南西北海学术思想之通问。这个追问本身带有深刻的怀疑主义倾向,但对于打磨学术公器善莫大焉。

近代以来,在西方冲击与西学东渐大潮鼓荡之下,传统儒学的“道统真理”地位急剧衰落。继辛亥革命之后,“新文化”运动一方面在思想革命的旗帜下高呼“打倒孔家店”,另一方面又在追求进步的名义下将“德先生(现代西方民主)”“赛先生(现代西方科学)”扶上了汉语世界的“真理”宝座。从宏观层面看,这种大破大立的思想文化运动,直接促成了中国主流学统的剧变。但从微观层面,也即新文化运动前后中国学人个体的思想轨迹来看,在简洁明了的“西化”取向与口号之外,传统意识形态急剧式微乃至退场所映现出来的巨大学理空洞,不可避免地在学人中间触发了一种深彻的“真理追问”意识。身处大变局时代,国人迫切想要知道:个人安身立命与家国天下治理的正道,究竟是什么?

① 参考谢文郁,《真理与生存的张力——以〈约翰福音〉和〈齐物论〉的真理观为例》,《学术月刊》2016年,第1期。

作为“哲学”学科在中国的最高明的早期推手，王国维曾言：“夫哲学与美术之所志者，真理也。真理者，天下万世之真理，而非一时之真理也。其有发明此真理(哲学家)，或以记号表之(美术)者，天下万世之功绩，而非一时之功绩也。唯其为天下万世之真理，故不能尽与一时一国之利益合，且有时不能相容，此即其神圣之所存也。”①在王国维看来，追求“天下万世之真理”(最严肃意义上的真理)，难免要质疑一切“一时之真理”“一时之功绩”“一时一国之利益”。在欣赏这种“深彻的真理追问意识”的同时，我们也隐约看到“虚无主义”正在不远处招手——在没有强大的传统或特定情结相支持的情况下，任何观念与态度均经不起“这是真的吗”的反复追问。鲁迅在《野草》中自谓“生命的泥委弃在地面上，不生乔木，只生野草”，说的便是除了近乎徒劳无功地与虚无主义周旋(“只生野草”)外，他再也找不到更为可信的积极性真理(“不生乔木”)。②最真诚的思想者，被卷入了最无可救药的“虚无”之感——这种思想局面，正是由“深彻的真理追问”所引发。

一方面，西方冲击与西学东渐导致传统意识形态全面式微，这固然为汉语学界重新思考真理问题提供了无限的空间；但另一方面，真理问题的棘手性却又大大超出了新文化运动健将们的最初预期，最真诚的真理追寻者反而陷入了最令人彷徨的认识论

---

① 王国维，《论哲学家与美术家之天职》，干春松、孟彦弘编，《王国维学术经典集》(上卷)，南昌：江西人民出版社，1997年，第106页。

② 鲁迅，《题辞》，《野草》，北京：人民文学出版社，1979年，第1页。《题辞》第二段曰：“过去的生命已经死亡。我对于这死亡有大欢喜，因为我借此知道它曾经存活。死亡的生命已经腐朽。我对于这腐朽有大欢喜，因为我借此知道它还非空虚。”但是，这种“大欢喜”的“坦然，欣然”似乎根本无法持久，与“死亡”和“空虚”纠缠到底的悲凉决心似乎也难以为继——“天地有如此静穆，我不能大笑而且歌唱。天地即不如此静穆，我或者也将不能”。正是在这种无法持久、难以为继的意义上，我们说《野草》是“近乎徒劳无功地与虚无主义周旋”之作，因为就连这种周旋能维持多久都未可知。

泥潭。而在事实层面，历史的车轮更是尚未等到汉语思想界从容地就真理问题自行达成共识，新的意识形态话语便借着暴风骤雨般的革命胜利而强势登场并全面铺开。汉语学界骤感“自由之思想”的空间被急剧压缩，“新文化”运动以来奉行“独立之精神”的真理追寻者们，油然生出一种不能自主的挫败感。在疾风骤雨的思想改造进而大批判中，极少有人从正面主张“儒学”与“真理”相关。

20世纪80年代，中国大陆进入改革开放时代，几乎已荡然无存的“文化保守主义”此时亦春风吹又生。1986年，远在美国的林毓生先生的《中国意识的危机》被从英文译介过来。该书转而在古今中西文化之争的视域中，批评“五四”时期全盘反传统的激进举措造成了中国传统文化的断裂，导致了中国意识的危机——比较成功地呈现了一种与“新文化—反传统”逻辑相反的叙事原则，为“文化保守主义”从长计议其合法性布下了一块基石。借其势，在中国大陆思想界，“文化保守主义”得以在一定程度上正名；相应地，“五四”的“激进”与“全盘反传统”罪名，亦渐渐深入人心。在世纪之交的1999年，北京大学隆重举行纪念“五四”运动80周年国际学术研讨会，那时，“五四运动的反省与超越”“五四运动与传统文化”等议题就已经是学界热点。[①]

进入21世纪以来，以儒学为代表的中国传统文化，一直在学界和民间表现出强劲复兴之态势。中共十八大以来，通过自上而下的一系列举措，“实施中华优秀传统文化传承发展工程”，“着力构建中华优秀传统文化传承发展体系”，更是被正式纳为

① 本段摘自拙文《儒学与“五四”能和解吗？》（《中华读书报》2019年6月12日，第13版），略有修订。参考[美]林毓生，《中国意识的危机——“五四”时期激烈的反传统主义》，穆善培译，贵州：贵州人民出版社，1986年；郝斌、欧阳哲生主编，《五四运动与二十世纪的中国——北京大学纪念五四运动八十周年国际学术研讨会论文集》（上、下），北京：社会科学文献出版社，2001年。

"建设社会主义文化强国的重大战略任务"。①以儒学为代表的中国传统文化,遂在全社会上下,名正言顺地重新成为值得仰望的"乔木"。而往深处看,对于儒学及传统文化的上述情感与态度上的巨大变迁,在学理上亦找得到支撑点。我们知道,现代自然科学(赛先生)一度因其难以辩驳的实证性,而被视为超离情感的客观真理。对于传统文化的崇敬则饱含着情感色彩,这在崇尚"赛先生"的"新文化"传统看来,不过是一种缺乏科学性的主观信念。但实际上,任何推论都需要起点,作为起点的推论前提则无不需要情感支持,故而都是一种信念。当代科学哲学对于"证实""证伪"等概念的辨析(发现根本不存在一锤定音的"证实"或"证伪"),以及对于"理论倾向始终渗透于经验观察之中"这一事实的揭示,更是进一步助推"信念认识论"走向了前台。实际上,"五四"新文化运动传统对于"德先生""赛先生"的推崇,同样充满了情感与信念色彩。

目前,通过引介、消化上述科技哲学反思与信念认识论成果,汉语学界已初步具备了告别"现代自然科学崇拜"情结的思维基础。但在信念认识论语境下,前述虚无主义问题,同样也会很容易地接踵复现:既然都是"情感"支持下的"信念"推演,那么,不同的思想体系之间是否还有高低之分?"真理"问题是否因此便不复存在了呢?简单地回答"是",就等于坠入了"怎么都行"的相对主义。

相对主义要想进一步保全自己,就必须自觉回避严肃的真理追问。而在真理问题意识缺场的语境下,近年来,有人开始用"三十年河东,三十年河西"或"压跷跷板"的比喻,来概括当年的"反传统"与如今的"传统文化复兴"之间的关系。似乎一切都遵

① 参见中共中央办公厅、国务院办公厅2017年1月印发的《关于实施中华优秀传统文化传承发展工程的意见》。

循着“物极必反”的循环定律，而参与循环的具体内容（也即居于“跷跷板”两端的“东”与“西”）则并无真理、谬误之别。但是，按照这种“物极必反”的循环论（姑且不去计较它是不是真理），儒学即便能在当下思想界暂时重占上风，却也只不过是暂时的风头，因为很快就会有另一个“三十年”从“跷跷板”的另一端高升起来。意及于此，谁又会心甘情愿地委身于包括儒学在内的任何一种思想学说，以之作为自己安身立命的“生存意识”呢！所以，不难指出，一旦遭遇严肃的真理反思，相对主义者将无法自拔地陷入虚无主义。回避真理之间，是相对主义进行自保的基本策略。

或许有人会援引目前在国际上颇为流行的“多元主义”，为“怎么都行”的相对主义进行辩护，并进而宣称自己信奉“只有相对真理，而无绝对真理”。但是，“多元主义”本身，在逻辑上却是站不住脚的。当代美国哲学家普兰丁格在《多元主义：为排他主义辩护》[1]一文中指出，多元主义看似“谦逊”，但是当多元主义者以“谦逊”自我标榜，并因此而傲视、否定“排他主义”之际，多元主义者恰恰是在践行“骄傲自大的排他主义”！换言之，多元主义作为一种生存意识乃是自相矛盾的。作为一种“主义”，多元主义这种主张本身，就是“排他主义”的一个实例。这从一个侧面表明，“排他性”或“绝对性”乃是一种挥之不去的人类基本生存诉求（与之相关的不是别的，正是人对完美福祉或绝对安全的渴望）。实际上，“文化多元”从来都是人类历史上的一个基本事

① Alvin Plantinga, “Pluralism: A Defense of Religious Exclusivism”, *The Rationality of Belief and the Plurality of Faith*, Ed. By Thomas Senor, Cornell University Press, 1995. 谢文郁在《拯救概念与人类理解困境》（《东岳论丛》2007年，第2期）一文中对普兰丁格（Alvin Plantinga）此文有深入的评析，其所提出的“理解的扩展性”“理解的收缩性”，以及尤其是“接受性的排他主义”等概念，则将普兰丁格等人的辩护性思路往“生存分析”的方向上大大地推进了一步。汉语学界的儒学提倡者们常将“儒学最具包容性”作为一大优势加以宣扬，为此不惜片面强调儒学在历史上的包容性成就，而避讳其保守的或排外的一面。建议这些论者，认真考虑普兰丁格及谢文郁文中的论辩与分析。

实，问题在于，如何安排“多元”之间的关系，或者“多元”之间应该如何相处？而作为答案，对于多元之间关系的任何安排方案，或者任何用来指导自己或各元同其他多元相处的原则，又都可以被严肃地加上“**真的**应该如此**吗**”的追问。这种严肃的追问，既是在质疑现有方案或原则的绝对性，更是旨在探讨真正绝对可靠的（最好是真正有百利而无一害的）原则与方案。真理问题的怀疑本色与绝对性诉求，在这种严肃的追问中同时体现出来。

既然如此，当代中国思想界怎么可以不从根本上正视，进而深入、有效地去处理真理问题呢？作为严肃意义上的有素质、有尊严的思想界（或者想要成为严肃意义上的有素质、有尊严的思想界），我们还有别的选择吗？特别地，人所难以承受的现代虚无主义之“轻”，并非通过放逐真理问题，就真能一了百了地挥之即去的。既然如此，唯一的选项盖即：去培植鲁迅先生所热切盼望的根干发达的精神“乔木”。为此，我们归根结底只能诉诸于：不断创造性地找到，或者揭示出堪令自己所处的时代信服的真理问题的处理方案。既然如此，目前正奋力复兴着的儒学，便理应以一种更加积极的姿态，去介入那通行于古今中西的真理问题大探索。①

① 汉语学界素有将真理及其认识论/知识论议题视为西方哲学的专利，担心探讨真理及其认识论/知识论问题势必伤害中国传统思想之“特质”的流俗之见。近年来，随着中西哲学史研究的深入，汉语哲学界（包括狭义的中国哲学史研究界）正在对上述俗见提出可喜的纠正。

据李存山教授的追踪，梁启超在1927年即曾表示：“西洋哲学由宇宙论或本体论趋重到论理学，更趋重到认识论。彻头彻尾都是为‘求知’起见。所以他们这派学问称为‘爱智学’，诚属恰当。”而中国哲学，在梁启超看来，主要研究“人之所以为人之道”，“与其说是知识的学问，毋宁说是行为的学问。……直译的philosophy，其涵义实不适于中国，若勉强借用，只能在上头加上个形容词，称为人生哲学”。然而，梁启超旋即又从儒家推崇“智仁勇，三达德”的角度反思自己的上述言论，认为西方哲学不过相当于“儒家三德之一，即智的部分”。参见梁启超，《儒家哲学》，转引自李存山，《“中国哲学合法性”问题》，《中国社会科学网》2014年9月5日（网址：http://www.cssn.cn/zhx/zx_zgzx/201409/t20140905_1318981_1.shtml，录于2018年6月29日）。也就是说，梁启超固然倾向于将“求知”或“认识论/知识论”问题归为西方哲学的特质，但他同时 （转下页）

（三）真知问题域中的性教二重奏

实际上，传统儒学并不自外于“真理问题”论域。在本书中，

(接上页注①)也意识到，即便是他所谓的西方哲学意义上的“求知”或“爱智”，也至少须被视为“人生哲学”的重要组成部分。就此而言，梁启超所代言的中国哲学或儒家的“人生哲学”立场，其实不过是要求将“知识—理解”“真理”或“认识论/知识论”议题更自觉地置于“人的生存”语境之中，而绝非不分青红皂白地在中国哲学领地拒斥一般意义上的真理问题与认识论/知识论议题。

值得一提的是，许苏民教授近来专门撰文检讨“中国哲学没有真理概念”的流俗观点。许教授发现，即便按照流行的狭义的“真理”概念，这些观点也“完全不符合事实”。（参见许苏民，《中国哲学没有“真理”概念吗？》，《社会科学战线》2017年，第4期。）

谢文郁教授则在其一系列研究西方哲学史的著述中指出，真理问题（“这是真的吗？”“真正的善是是什么？”）乃是无可回避的生存问题。可参考谢文郁，《基督教真理观及西方思想史上的真理观》，许志伟主编，《基督教思想评论》（第三辑），上海：上海人民出版社，2006年；《自由与生存：西方思想史上的自由观追踪》，上海：上海人民出版社，2007年；《道路与真理——解读〈约翰福音〉的思想史密码》，上海：华东师范大学出版社，2012年。此外，他还在一系列中西比较哲学研究中指出，儒家修身之功夫的每一步，严格追求起来都存在着“究竟该做什么功夫”“什么是真正的功夫”这等必然要追究到真理认知上的问题；而针对汉语学界通常将“真”“善”“美”三分的做法，谢文郁教授特别在一篇演讲中强调“善的生活需要真理”。可参考谢文郁，《走出修身之道的迷宫》，《文化中国》（加拿大）1999年，第4期；《中国文化中的分裂自我及其整合》，《维真学刊》（总第五期），加拿大温哥华，1995年1月；《善的生活需要真理吗？》，庞朴主编，《儒林》（第五辑），上海：上海古籍出版社，2016年；《中西哲学真理观比较：孰是孰非？》，陈明、朱汉民主编，《原道》（总第十六辑），北京：首都师范大学出版社，2009年。

最近，吴根友、徐衍又撰文表示，“特别要谨慎的是，我们不能轻易地说某种思想、观念、概念只有西方哲学才有，中国哲学中就没有。比较稳妥的做法是，经过比较详实的研究，既通过语言、概念，又超越狭隘的语词、概念的对等性，而从哲学思维方式中展开中外哲学比较。正如我们所研究的中西哲学中的‘真理’概念、‘真理’理论，在不同历史阶段的思想体系中，其内容、表述方式、侧重点确有不同，但绝对不能武断地说，中国古代哲学里没有‘真理’概念以及真理理论。”（参见吴根友、徐衍，《中国古代思想中的“真理”观念》，《哲学动态》2019年，第3期；还可参考陶清，《中国哲学史上的真理观》，哈尔滨：黑龙江人民出版社，1997年；王景华、韩振丽，《中国传统文化中的真理观念探析——兼论中国哲学从“道”到“理”的范式转换》，《甘肃理论学刊》2016年，第9期。）

综合以上可知，说“真理问题是东南西北海学术思想之通问”非但是没毛病的，而且，我们完全应该更积极地期望包括儒家哲学研究在内的汉语思想界能够更深入、更充分地介入真理的认识论/知识论议题。

读者们将会看到，推崇“治教(教)—受教(学)”与提倡“性善—率性”，是传统儒家论“道”的两条基本进路。而真正的“道”究竟是什么，这其实就是“真理”问题。在本研究中，我们将此核心问题称为“真知问题”。在真知问题语境下，展示“性善—率性”与“治教(教)—受教(学)”(以下，简称“性善”与“治教”)这两种相对反的基础性生存意识在儒学史上此消彼长的互动历程，进而探索统合性教的有效中介，并考察这种统合能为更好地处理“真知问题”做出什么贡献，构成了本书的基本内容。

在导论第(三)节之后，本节明确地将“真理问题”改称为“真知问题”——称谓上的这种调整主要是为了表明本研究在谈论真理问题时，不欲脱离广义的认识论/知识论语境。归根结底，这种脱钩，也是不可能的。真理问题既是认知上的核心问题，也是只能在广义的认知中去处理并谈论的问题。如果说“真理”这一提法容易让人联想到某种观念或意识之外的“客观存在”的话(但实际上，这种“联想”仍是在观念或意识之中，谈论并构想所谓的客观存在)，那么，“真知”以及“真知问题”的提法，则更加明确地将焦点指向了人的“知识—理解”是否为真。本书第一篇第(八)节中有一段文字，专门指出“真知问题”之“真”字有两层含义：其一，当事人是否真的认同某种“知识—理解”？很多时候，人在口头上所宣称的，未必就是自己所真切认同的；所谓“知而不行”，归根结底无非就出自“口头宣称”与“真切认同”之间的分裂。其二，当事人所认同的“知识—理解”是否真的正确？只有真的正确的“知识—理解”，才有资格在相应的处境中，指导当事人下判断做选择。

“性善”与“治教”，作为传统儒学用以应对真知问题的两大基石，标示着两种相对反的认知姿态。真知问题在人类生存中具有无可回避的遍在性，一切取决于人之判断—抉择的人类生存问题归根结底都是真知问题，也即当事人能否找到并按照正确的

“知识—理解”(即“真知”)下判断、做选择的问题。《中庸》通过选编孔子语录暗示了这一点，西方的柏拉图对此亦有清晰的分析和论述。真知问题既然如此基要，而“性善”与“治教”又是儒学用以应对此基要问题的两块基石，那么，称之为“儒学中的两种基础性生存意识”便不为过。逻辑上，“性善”与“治教”作为两种相对反的心理姿态，若任其单方面伸展的话，可以分别衍生出两套融贯一致的真理认识论，中西哲学史均在不同程度上意识到了这一分野。

然而，尽管存在着井水不犯河水的逻辑可能性，但历史上的儒者们在触及真知问题时，却往往又会情不自禁地混搭二者。能在真理认识论上，自觉追求融贯一致的单纯性的思想者可谓凤毛麟角。在这方面，王阳明是“性善—率性”派的一个杰出代表。但王阳明的学派，旋即又因为这种纯粹性，而陷入了另一种困境。“混搭”现象的普遍性与王门的教训盖意味着，仅凭“性善”与“治教”这两种基础性生存意识中的任何一种，我们均无法在人类的社会性生存中有效地应对真知问题。儒学史上一直延续到现当代的旷日持久的性善与治教二重奏(而非一方完胜另一方)，其源动力盖正在于此。但“混搭”却也并非真正的出路之所在，将相互对反(矛盾)的要素缺乏根基地撮合在一起，结果只能令严肃的思想者兼实践者无所适从。在这一点上，早年王阳明出入朱学的经历，便是最好的例示。总之，欲更好地处理真知问题似乎就应该统合性教，而欲切实地统合性教就须找到有效之“中介”。若能走到这一步，儒学史上的性教二重奏，就会表现出全新形态。本研究会沿这个方向有所推进，但它所取得的成果(也即本书)，与达成这种全新形态的目标相比，距离尚远。

就历史发生次序而言，“治教—受教”或“教—学”意识很早便已成为早期中国政治文化的强调重点，“性善—率性”意识则是后来才从“教—学”传统中高蹈特出。本书主体部分，一方面展示了以《中庸》《孟子》与王阳明为代表的“性善—率性”意识，在《周书》《论语》所代表的重“教”传统中的兴起与纯化历程。另一方面，本书还展示了以《荀子》为代表的“治教（教）—受教（学）”意识对于《礼记正义·中庸注疏》《四书章句集注》等名义上持“性善”立场的解释性著述的渗透，并特别指出这种渗透扰乱了“性善—率性”思维的一贯性。最后，本书第三篇还专门揭示并思考了当代中国政治思想对于“性善”与“治教”这两种传统意识的抽象继承，以及这两种传统生存意识在当代中国政治中的共存机制，并在此基础上自觉地开发“统合性教”并“处理真知问题”的更佳方案。本节接下来将概览前两个方面，最后这个方面留待下节再予介绍。

“教—学”意识在商周之变之际的兴起，与“人事人为”意义上的“敬德修德”意识在商周之变过程中取得了对于“宗教依赖”意识的压倒性优势直接相关。本书第一篇《从事神致福到敬修德业到率性之道》一文，是对笔者博士阶段研究心得的系统概括，最初成文的时间要比后两篇早三四年（收入本书时，经过了通盘修订）。这篇文章展示了自商周之变以来，以《商颂》为代表的早期中国宗教意识走向衰落的大势，以及在这种大势下所萌生出来的新的宗教性与准宗教性观念。与后来的《尚书·周书》以及更晚的《论语》相比，《商颂》表现出了较明显的“宗教依赖意识”。但尽管如此，不得不说，这种宗教依赖意识却还是建基于人的主观设想基础上的，其中几乎丝毫没有人（祭祀者）留意接收神灵指示的“被动顺服”的意识和迹象。《商颂》始终以祭祀者的愿望，也即人对常规福利的欲求作为中心关切，同时亦将代表着人所同趋之福利的清酤、和羹、乐舞等，设定为媚悦神灵的有效途径。总地来看，这是一种按照常人心理设计出来的，用以操纵设想中的神灵能力，使之充当达成人的常规愿望之工具的宗教仪轨。与强调上帝（神）的绝对主权，也即上帝（神）通过代言人和事件主动启示并贯彻其旨意的希伯来—基督教传统相比，《商颂》宗教明显带有“信仰者以自身固有愿望为中心”的“一厢情愿”特征。有时候，这种以“信仰者”自身的现成愿望为中心的一厢情愿的宗教依赖意识，甚至会膨胀到“自信至上神无条件地站在自己这边，必会无条件地保证我占有自己所最看重的福利”的地步。但这也正是这种主观信念最容易被“信仰者”所不愿接受的现实苦难一举击垮的时刻。

在商周之变之际，《商颂》所代表的传统宗教意识正是因此而败落的。先是商纣王一厢情愿地自信“有命在天”（《尚书·商书·西伯戡黎》），即上天无条件地保佑他享受王权及相关福利，他则根本无需承担相应的人事责任。这种极端膨胀的以声索自身既定福祉为中心的宗教依赖意识，被“商周之变—王权（天命）转移”的现实击打得粉碎。一般意义上的宗教依赖意识的名声因而从深层和总体上被折损，《尚书·周书》中的周人统治者遂再也“不敢”以放松人事努力的方式仰仗天命（不过，后来，在《左传》时代，当几乎已经看不到通过人事努力扭转周王朝颓势的希望之际，周人统治层中遂又生起了一种“命数”意识，以维系有限的安全感——这是后话）。而且，作为革命者，周人尤其无法继续直接仰仗“有命在天”信念，为其革命的正当性与新政权的合法性背书。他们的夺权行动和结果早已直接挑战了这种毫无弹性的商纣王式宗教—政治信念；除非他们主动向商人交还王权（这在周人是绝无可能的，他们将夺取王权视为本邦数代以来经之营之的大功业），否则，他们就是最没有资格直接鼓吹“有命在天”信念的群体。怎么办呢，究竟如何宣示新政权的合法性？

无条件地“仰赖天”的宗教依赖意识固然已经因为商纣王的暴虐和失败而名誉扫地，但是，商周文化圈（周人统治者被包含在内）对于“天”“天命”的敬畏意识却仍在。在术语层面，新政权的合法性，仍然需要以某种方式表述为“获得了天的认可”，也即

“受天命/受天有大命”。但在具体思路上，周人的“受天命/受天有大命”，却必须与商纣王式无条件的“有命在天”信念拉开距离。正是在这样一种意识形态处境下，《尚书·周书》创造性地提出了“敬德修德以配享天命”的新原理，将践行传统“德目”的人为努力设定为配享宗教性护佑（“天命”“天保”）的条件。深究之下，这一新意识形态原理中着实蕴含着这样的逻辑：只要敬德（传统德目）修德（传统德目）的人为努力做到了位，即便是天也无法对人说三道四，而只应乖乖地把当事人所配享的福利不断地给予之。在这个意义上，天在决定是否颁赐福祉这个关键环节根本丧失了主权（而在《商颂》中，祭祀者则是通过举行祭礼媚悦设想中的赐福权在握的神灵，当然了，这种赐福权极大地受制于祭祀者一厢情愿的设想[①]），与此相应，至上神的权威亦在反反复复的“敬德修德以配享天命”宣称中，不断向被奉为人事人为之恰切标准的传统德目转移。人通过敬德修德自求多福的意识遂不断得以强化。而宗教“依赖”意识，作为自求多福之“自觉自为”意识的对立面，则在新意识形态中愈发沦为不甚光彩的事情。

---

① 因为《商颂》中的祭祀者相信举行祭祀足以媚悦神灵，认为以此可使设想中的神灵及其能力为达成祭祀者所愿望的福祉服务，所以，严格来讲，神灵的主权已经被这种“媚悦—操纵”所架空了。不过，在达成媚悦的过程中，祭祀者需小心翼翼地履行相应仪轨，在这种小心翼翼的心态中，还是存在着对于设想中的神灵之主权的某种敬畏的（生怕哪里做不到位，得罪了神灵，而使自己的致福愿望落空）。按《尚书·商书》之《高宗肜日》篇，祭祀过程中突如其来的“越有雊雉”（有野鸡鸣叫；《孔安国序》谓“有飞雉升鼎耳而雊”，义即有野鸡落到鼎耳上鸣叫）现象，便在一定程度上激活了当事人思考天之意图的意识。尽管祖己在《高宗肜日》篇中所发表的谈话最终未能通向“至上神拥有绝对主权”的意识，但这番谈话的缘由，以及祖己的具体谈话过程，确实是围绕着“天的意图究竟是什么”这个问题展开的。谈话最终未能导向天的绝对主权意识，乃是因为祖己从一开始就自认为懂得天的行事原则（顺便一提，虽然这些原则被祖己视为定论，但我们也可以将其视为祖己以及他的前辈们探求天之旨意的成果——在这个意义上，可以说，他们曾经有过在“未知”心态中探求的意识和活动）。作为对比，希伯来—基督教传统中的上帝（神）的绝对主权意识，则始终和“上帝（神）的旨意究竟在哪里”之问，以及上帝（神）的主动启示紧密联系在一起。

当然，这只是就大趋势而论。体现在《尚书·周书》与《左传》等文献中，相关的思想史进程则充满了张力。在人事人为的极限处，《尚书·周书》《左传》《论语》乃至后世儒家文献，仍然为一系列宗教与准宗教意识保留着空间。[①]对于这些宗教与准宗教性的生存意识同"性善与治教"议题的关系，本书第一篇第（四）（六）（八）节进行了一些梳理与阐释。不过，尽管宗教与准宗教意识仍会时或冒出，但在商周之变之后的儒学传统中，它们大致却只是人事人为极限处的一种补充因素。就此而言，周人在商周之变过程中所反复宣谕的新的意识形态原理，从总体上规范了后世中国主流文化的形态。

我们回到"治教（教）—受教（学）"意识的兴起问题：为什么说"教—学"意识的兴起，以"人事人为"意义上的"敬德修德"意识的自觉为前提呢？这是因为"人事人为"需要有恰当的章法，否则，就沦为了"蛮干"乃至"作恶"。而何为恰当的章法呢？这里面便蕴含着"真知"问题。只不过，在"知识—理解"问题尚未被专门而集中地提出之前，人们只会在诸如政治等实务语境中触及并处理之。周人在成功夺权之前，曾有绵延数代的政治经营。这种蒸蒸日上的经历使其领袖真切地认识到，事情是靠人来做的，而做事的人能否持之以恒地切实依从传统德目，则是能否赢得人心向背的关键所在。对于政治家和政治事业来说，有了人心向背，就什么都有了。一方面，传统德目在协调人际关系、应对具体事务方面，通常确实是有效的（总是失败的指导原则不会被奉为德目，因为"德"的原始义即"谋求"，总是归于失败的"谋

① 顺便一问，在宗教依赖意识式微的大格局下，仍会出现宗教与准宗教性的生存意识，这是否意味着人从根本上讲是宗教性的动物（像加尔文《基督教要义》第一卷前四章所着力呈现的那样），而儒学则从根本上具有不可掩抑的宗教性呢？要想回答这一问题，须先去思考人事人为的限度问题，并相应地考察儒典中的宗教与准宗教性生存意识的内涵与功能。本书第一篇中的相关论述可供参考。

求方式”无法在褒义上被奉为“德”[①]）；另一方面，传统德目在社会舆论中是享有权威的，按照这些德目办事即便在一些情况下会得罪某些人，但从社会总体及长远来看，德目的权威性往往足以弹压（通过亮出“小人……”等贬义语式）被得罪者的訾议。由此正反两方面观之，我们便不难理解为什么《尚书·周书》的作者会毫不犹豫地将“敬德修德”奉为其人事人为的基本原则，乃至进而将其设定为“配享天命”的基本条件了。将“敬德修德”与“配享天命”直接勾连起来之后，“敬德”之“敬”便分有了宗教性的“敬畏”色彩，而意味着偏离德目的作为，注定不会有好果子——此乃天明明白白地给人的命令（“天之明命”）。而受此敬畏意识驱动，当事人要想在实际行动中落实“敬德修德”，便需尽可能完备地知道一切“德目”——“教—学”的实践以及对于“教—学”的强调推崇因而兴起，因为“教—学”的基本功能正在于授受被视为恰当的为人处事之章法的“德目”，或曰传承传统应然之知。

由于传统德目或传统应然之知在很大程度上被视为现成之物，被认为就存在于过往圣哲、传统典籍，以及当代杰出人物那里（也即认为合格的教材和教师就在那里现成地存在着），早期思想者们在触及到真知问题的同时，往往亦认为答案并不遥远。故而，真知问题在《尚书·周书》中显得并不突出。在触及真知问题的同时（尤其是在常规而非极端时段），《周书》很自然地会以教学授受来处理该问题，换言之，答案与问题总是同步给出的。对周人统治者来说，通过“教—学”传承已知的德目，再通过主动的“求学”去补充自己应知而尚未知的，我们所说的真知问题就可以被充分地解决。例如，《尚书·周书·康诰》除了亲自向受

① 参考邹晓东，《古“德”释考：，谋求》，见《意志与真知——学庸之异》，附论一，济南：齐鲁书社，2018年。

诰者传授“明德慎罚”“不敢侮鳏寡”“庸庸祗祗威威”等文王所服膺、周邦政治精英所推崇的原则（德目）之外，还进而劝勉受诰者到了封地之后要“绍闻衣（殷）德言”“往敷求于殷先哲王”“丕（不）远惟商耇成人（老成人）”“宅心知训”“别（遍）求闻由（于）古先哲王”，也即要主动地向有知识的权威人士求学（受教）。《论语》中的孔子，自觉继承了这种求学与教学的意识：传世《论语》在编排上以孔子的“学而时习之”语录发其端，“学而不厌，诲人不倦”则是孔子最基本的自我评价。

而在“教—学”足以解决真知问题的情况下，如何将所学到的应然之知行出来，自然而然就成了最突出的问题。这一点在《大学》中有着淋漓尽致的体现。《大学》以“大学”二字开其篇，接下来包含所谓三纲领、八条目在内的全部后文，都可视为其教学内容。修身—齐家—治国—平天下者的基本工作就是：一方面，自己“学”；另一方面，在学成之后，对家人、国人、天下之人施教。《大学》将丰富多彩的儒家德目系统，归结为“孝”“悌”“慈”三原则（家、国、天下同构，三原则因而同时适用于家、国、天下），应然之知的现成性更显得一目了然。于是乎，除了在知识层面授受现成的应然之知之外，“教—学”最主要的业务就是：通过强调自觉践行、阻击明知故犯的小人行径、充分发挥政治领袖的榜样示范力量，对治“知而不行—意志薄弱”问题。

按照传统儒学的谱系划分，《荀子》尤重“教—学”，其“性恶”或“性朴”说，正是旨在突出外铄之“教—学”的必要性。在“教”的方面，《荀子》使用了“先王（圣王）制礼义”“君师者，治之本也”等充满正面感情色彩的提法，用以担保教材（教学内容）和教师的资质，以此在读者心目中树立教材与教师的权威。在“学”的方面，《荀子》则通过提倡“积学”，鼓励读者去做“法礼”“足礼”的“有方之士”，掊击“不法礼”“不足礼”的“无方之民”，以此诱导读者进入尊崇权威与谦虚受教的心态。在“教—学”实践中，树立权威、尊崇权威的必要性在于：毕竟，没有人会心甘情愿地从自己所蔑视的教材与教师那里领受知识。可以说，权威施教与谦虚受教构成了“教—学”的双翼。

不过，在进一步的“教—学”实践中，孔门与早期儒家注意到了一个十分关键的现象或问题，那就是，尽管教学双方已经确认了教材（教学内容，如大小“六艺”）与教师（如孔子）的资质（在树立权威与尊崇权威的意识中认定），但在具体教学过程中，学生的理解却有开窍快慢（乃至死不开窍）之分，且会出现各式各样的理解偏差。学生不开窍或理解出现偏差（前者可以归结为后者）的问题该由谁来负责呢？既然教材与教师已然被认定是合格乃至完美的，那么，问题的根由势必就只能归到学生自己头上。《论语》中的孔子作为德高望重的教师，为此提出了一种“中人以上”“中人”“中人以下”的“天资—禀赋”差等论。我们说，这是一种准宗教意识，因为：它所措意的是“教—学”实践中人（教师、学生）所无能为力的层面，但同时，它又仅止于承认资质差异，而无意借助宗教性力量去改变状况。实际上，后世儒学除了会在强调学说来源与施教资格的权威性时援引“中人以上”的“天纵之圣”概念[1]之外，总体上亦并未在“中人以上”（天才）与“中人以下”（死不开窍者）这两个概念上花太多心思，因为在这两种情况下，后天的人为努力几乎没有任何实质性意义。换言之，由于孔门自觉承继了商周之变以来的人事人为精神，汉唐儒学均将关注重点放在了通过后天“教—学”努力“可导而上下”的“中人”之性上，认为上中下三等只有“中人之性”才算真正的人之“性”。在“教—学”意识所主导的语境中，人之性的概念被

---

① 如朱子在《中庸章句序》中谓：“盖自上古圣神继天立极，而道统之传有自来矣。”参见[宋]朱熹，《四书章句集注》，北京：中华书局，1983年，第14页。

同后天人为努力的实质有效性紧密地绑定在了一起。这也从一个侧面反映出，人作为生存者是绝不甘心在令人绝望的概念或预设中打转的；一个思想家如若敢于直面乃至大谈特谈某些表征着“极端之困难”的概念，那么，从根本上讲，他一定是自信已经找到了或者相信必能找得到走出困境的活路。①

令人惊异的是，同样也正是在孔门与早期儒家自觉继承了西周人事人为精神的大背景下，《中庸》却大张旗鼓地提出(或启用)了“天命之谓性”命题，设定凡是人类生存者皆“生而固有绝对可靠的内在向导(天命之性)”，以此作为生存者“正确认识—正确理解”的能力基础。较之前述《论语》中的“天资—禀赋”的“差等论”，《中庸》的上述设定可谓是一种“普遍而平等的性善论”。《中庸》何以会走到这一步呢？要想回答好这个问题，就必须对《中庸》的主导性问题意识有所了解。

细绎《中庸》在首章之后所选编的前几则孔子语录，可以发现，在《论语》中虽也存在但并不那么突出的“中庸”议题，在《中庸》首章之后的几则孔子语录中则被表现为生存中的基本问题。“中庸”成了“(正)道”的代名词，且比“道”字更明显地表征出了“无过无不及”的意味。这些孔子语录认为，包括孔子自己的绝大数学生在内(盖只有英年早逝的颜回例外)，世人在为人处事上

---

① 举例来说，西方的康德在晚年大谈特谈至为艰难的“根本恶”问题。“根本恶”实为康德对基督教“原罪(世代传承的最初的彻底败坏)”的替代表述，而在外在恩典与拯救因素不甚清晰的情况下，“根本恶/原罪”问题着实显得令人绝望。不过，康德虽然反复强调问题的严重性，但实际上他却并不绝望，因为他自信自己所持的儒家心学式(在我们看来)道德哲学完全可以应对“根本恶/原罪”问题(是否果真如此，可进一步商讨)。参考[德]康德，《纯然理性界限内的宗教》，李秋零译，李秋零主编，《康德著作全集》(第六卷)，北京：中国人民大学出版社，2013年，第3—207页。相关讨论，可参考谢文郁，《性善质恶——康德论原罪》，赵敦华主编，《哲学门》(总第十六辑)，北京：北京大学出版社，2008年，第259—275页；以及拙文《“本质”对“本性”：主体性自由概念下的心灵改善困境》，赵敦华主编，《哲学门》(总第十六辑)，第237—258页。

普遍存在着不是“过”就是“不及”的问题。而通过精心编连这些孔子语录，《中庸》循循善诱地将这种“非‘过’即‘不及’”的问题，归结为当事人在“知识—理解”上出了偏差。换言之，正因为自己的“知识—理解”总是出问题，所以，各行其所是的世人就总是非“过”即“不及”。特别值得一提的是，主导《大学》的核心问题，也即“教—学”意识下的“知而不行—意志薄弱”问题，在《中庸》所选编的孔子语录中亦被归因于当事人“并非真知”——“人皆曰予知，择乎中庸而不能期月守也”——换言之，真正的“予知”（参考前述“真知问题”之“真”字的两层含义）必然真能实行。进言之，所谓的知而不行，其实只不过是当事人对其口头宣称的应然之知（假设其正确）的善性缺乏真切的认知与理解，故而才缺乏真切的认同，而没有动力去持守之。[①]通过精心选编诸如此类的孔子语录，《中庸》遂得以展示并强调“真知问题是唯一且遍在的实质性问题”的观点。那么，如何有效地处理这一问题呢？

由于教材以及教师的施教活动无法直接代替学生的亲自开窍与正确理解，学生自己若不具备自动开窍—自主理解的资质，则通过“教—学”传承传统德目亦必成为不可能之事（充其量只能传承一些空洞的或承载着各样谬解的说辞）。在这种情况下，真知问题只能令人绝望。在我看来，正是为了摆脱或避开这种绝望境地，《中庸》作者才不得不大张旗鼓地强化、扩充自己对相关孔子语录的体会，勇气十足地启用《论语》中孔子所罕言的“性”与“天道”等术语，极为高调地组合出了“天命之谓性→率性之谓道→修道之为教”的开篇宣言。“天命之性”，前已指出，

① 在此需略作申说：这并不是以后世才出现的“知行关系问题”强解《大学》《中庸》，相反，《大学》《中庸》中的相关讨论乃是后世儒者大谈特谈“知行关系问题”的思想渊源和经典依据。我们不能因宋明儒学大谈“知行关系问题”，就认为“知行关系问题”只是宋明儒学的专利，这正如我们不能因宋明儒学推崇《大学》《中庸》，就认为《大学》《中庸》只属于宋明儒学那样。

旨在设定“人生而固有绝对可靠的内在向导”，这也正是学生能自主开窍（进行正确理解）的资质所在。“率性”，指的是对这种资质的运用，也即“体察内在向导指引”。当事人在具体处境中“率性（体察内在向导指引）”，是其获得适切处境之真知的唯一渠道——任何外在因素包括教材和教师的施教，都只有通过当事人的“率性（体察内在向导指引）”才能起作用。特别地，《中庸》语境下的真知具有十足的处境性，须随时随地随处境变化地通过“率性（体察内在向导指引）”而活泼泼地更新。如此一来，应然之“道”就不再是通过现成“说教”加以规定的既定对象，即时的、处境化的“率性（体察内在向导指引）”体认才是新鲜活泼（适切处境）的恰当的应然感之所在。而“教”是什么呢？或者，换个问法（反问），对于一位时刻切实践行适切处境的应然之知的生存者，谁能说他是没有教养的呢？如此来看，“教”不是别的，而正是率性者切实践行其即时体认到的应然感——此即“修道（践行率性体认）”。综上所述，《中庸》开篇的“性→道→教”秩序彻底颠覆了“施教在先→以教定道”的传统“教—学”思维。在《中庸》中，“率性（体察自己生而固有且绝对可靠的内在向导的指引）”，而非“受教（尊崇外在权威并谦虚地接受其指导）”，一跃成为“道”的实时定义者，“性善—率性”因而相应地成为最基础的生存意识。就这样，在高标特出的《中庸》的“性→道→教”排序中，传统儒学中的两种生存意识——“性善—率性”与“治教—受教”——完成了第一个回合的争锋。

我们进一步追踪这两种基础性生存意识之间的博弈与互动。许多学者认为，“性善论”的最大贡献就是，通过提出“刚柔五常之性”“仁义礼智之性”等概念，以此界定善性本体，将儒家伦理说教提升到了“本体论”的高度。但本书第二篇《界定本体的性善论与不界定本体的性善论》一文却指出，《中庸》的性善论乃是一种“不界定善性本体的性善论”，“天命之性”不是推论“道”与“教”之内涵的前提，而是有待当事人去“即时体察其在处境中随时出示的应然指引”的内在向导。一旦颠倒了这个逻辑，将善性本体当作了界定的对象与推论的前提，善性就实质性地丧失了它的向导地位与指引主权，而沦为界定者用以界定它的那套说教的傀儡。在说辞上，这种界定善性本体的性善论虽然号称是一种性善论，但实质上，却是一种外铄论。不得不强调指出，落实到功夫论或生存意识的层面，性善论与性恶论的区别，并不在于论者用什么标签标榜之，而在于究竟是以体察内在向导的指引为本，还是以顺从权威说教之外铄为本。在界定本体的性善论中，天命之性或善性名义上是“体”，但实质上却只不过是既定之“用”(界定者所认肯的特定说教)的蓄水池，待“以用定体”的池水蓄到一定水位之后，再用“由体推用”的推论将其放回“用”(说教)的输送管道之中。在根本上，这是一种“从用(说教)到用(说教)”的循环论证，“治教—受教”而非“性善—率性”才是其内核所在。

而除了像《礼记·中庸》之《郑玄注》《孔颖达疏》那样，处心积虑地动用诸如“阴阳、木金火水土”和“刚柔、仁义礼智信”两套说辞，在“体”“用”之间营造既有别又相通的架构或伏笔，以此制造某种从体到用的论证假象之外，这种“界定本体—由体推用”的性善论基本上就只剩下用“反复”修辞推介特定的说教之功能了。如上所述，当其开始动用特定的说教之辞界定善性本体时，这种所谓的性善论其实已经步入了崇尚外铄权威的荀学轨道。而我们知道，为了突出既定之礼义教材与外在之君师治教的必要性，《荀子》在人性论上采取了与“性善”截然相反的“性恶”或“性朴”立场。按《荀子》之《性恶》《礼论》两篇，“恶”或“朴”须待君师施教与礼义外铄方能带上美善的属性，它们是“不善”“不美”的同义词。落实到功夫论或生存意识层面，性恶论/性朴论则正是通过推崇“君师治教—谦虚受教”意识，而与提倡“率性—自作主宰”的性善论实质性地拉开了距离。总之，界定本体的性善论归根结底是以特定说教为中心的，它旨在诱导读者接受既定的说辞，而非鼓励读者放心大胆地挺立起“性善—率性—自作主宰”的意识——就此而言，界定本体的性善论与推崇“治教—受教”意识的性恶论/性朴论相去无几。一言以蔽之，在界定本体的性善论这种理论型态中，性善论实质上被性恶论意识掉了包。

介于《中庸》和《郑玄注》《孔颖达疏》之间的《孟子》，对于上述“掉包”趋向既有所警惕，又防范得不甚彻底。《孟子・公孙丑上》曾以“揠苗助长”的寓言，生动地阐发了“毋急于援引外在的说教填充自己，而应时刻注意体察并顺从内在善性之发见，为此必须尊重善性自己的发见节奏”的道理。用他自己的话说，就是“心勿忘，勿助长”。但就是在此《公孙丑上》中，受西周尤其是孔子以来儒家日益以仁义礼智为基本德目这一传统的影响，孟子又高调排出了“恻隐之心、羞恶之心、辞让之心、是非之心”作为人人生而固有的“仁、义、礼、智之端”，以此为仁政（“不忍人之政”）的可行性张目。在《告子上》中，孟子更是将此“仁义礼智四端之心”（其中，“辞让之心”改成了“恭敬之心”）作为“性善”的征验。《孟子》中的这些提法，在很大程度上赋予了“仁义礼智”四种德目（说教），以规定“善性”之内涵的定义者地位。后来的《礼记注疏》与《四书章句集注》，可以说，正是顺此思路发展出了“刚柔五常之性”与“仁义礼智之性”概念，从而蹈入了前述界定本体的性善论理路。这些注疏与解释尽管在名义上没有放弃“性善论”，其实却已然放失了“性善—率性”的生存意识。王阳明历尽早年的曲折之后，终于在朱学当中准确地诊断出了这种放失。当代学者牟宗三更是沿着宋明心学的思路，毫不含糊地贬斥朱熹是“别子为宗”。在牟宗三看来，朱熹之学不属于“即存有即活动”意义上的儒家性善论之正宗，义即：朱学在说教中所规定的“善性”，其实只是一个摆设（作为客体，被界定），而并非“随时随地出示处境化指引”的能动主体。从《孟子》到《礼记注疏》《四书章句集注》，性善与治教的双重奏最终以界定本体的性善论之确立，以及“性善—率性”意识被界定本体的性善论“说教”所掉包，而结束了它的第二个阶段。

鉴于上述第二个阶段的教训，可以说，性善论的命脉就系于充分利用那“随时随地出示处境化指引的能动主体”意义上的“善性”资源，而非将其埋没在特定的说教之下。为此，性善论者需要更精细地打理其生存意识，确保自己的论述融贯一致地持守住活泼泼的“性善—率性”姿态。如何做到这一点呢？在笔者看来，王阳明四句教中的“无善无恶是心之体”“知善知恶是良知”这两句合在一起，恰当地言说了“即时体察生而固有且绝对可靠的内在向导的处境化指引”的“性善—率性”意识。其中，“无善无恶是心之体”并非如一些论者所言，意在设立所谓“超善恶的或形而上学意义上的‘体’”。①毋宁说，它的根本旨趣在于，杜绝对“体”的内容进行任何界定（因为一旦界定，便会沦为说教，从而堕入“治教—受教”思维）。只有杜绝对“善性本体”在内容上进行界定的念想，生存者（应该做一名率性者）才有望从对既定说教的尊崇，或对现成观念的执着中解放出来。只有在这

① 一种流行的观点认为，“无善无恶是心之体”是在谈论所谓“超善恶的形而上学本体”。这种解读实际上是将“无善无恶”当成了一种特殊的超级描述语言——换言之，“无善无恶的心之体”尽管不能用“经验性的善恶观念”来形容，但却可以用“玄”“虚”“无”等《老子》式本体论语言去刻画。然而，这些超级概念要想确有所指，其内涵便必然有所限定——凡是走在这条理路上的，即便将本体夸饰为“超级大物”，也仍然是把它说“小”了。正因为此，这种试图以“超级语言”刻画“本体”的思路，才会被《庄子》、魏晋玄学和汉传佛教所抛弃。由此观之，认为王阳明的“无善无恶是心之体”是一种超级描述语言，认为它旨在刻画并设立所谓的“形而上本体”，这类论调一方面是在拉低王阳明的思维水平，另一方面其实也无法解释王学何以会被认为“近于禅”（《坛经》主张“但用此心，直了成佛”，而从不执著于“菩提自性[般若之性]”的内涵界定，因为这种执着本身就是一种“着相”“不清净”）。

种情况下，“知善知恶”之“知”才有可能是出自“对绝对可靠的内在向导的处境化指引(性之发见)的即时体察”，也即出自当事人天生固有之“良知”在处境中的鲜活感知。否则，“知善知恶”之“知”便难免会是从因袭既定的权威说教，或执持当事人自己对过往“率性(体察内在向导指引)”体认之记忆而来。记忆中的“率性”体认尽管当初确实是出自“内在向导的处境化指引”，但因为时过境迁，这种记忆作为一种现成的善恶观念往往已经不合时宜。在记忆中执持既往的率性体认，貌似是在遵守“率性”原则，实则却是忘记了率性之道的“处境化”与“即时性”精髓。这种打着率性的招牌而实则是在执持现成观念的伪率性者，已然堕入了《中庸》所批评的“小人之中庸也，小人而无忌惮也”状态。

作为一种性善论，王阳明四句教之“无善无恶是心之体”，可谓直截了当地在理论型态上取消了“界定本体的性善论”。这便从源头上堵死了以既定说教架空善性主体的歧途(通往性恶与治教论)。只有在“自觉地不去界定善性本体”的前提之下，“知善知恶是良知”句才能向人开示出一种“不是照搬权威说教或沿袭既有观念，而是即时体察内在向导(善性)的处境化指引”的生存意识。这是性善论在传统儒学中的最高形态(最纯粹的形态)，至此，性善与治教的双重奏亦完成了它的第三乐章。

(四) 在处境中率性与性教统合之道

上面所展示的这种心学性善论，虽然融贯而纯粹，但在人类的现实社会生存中运用起来，却也有捉襟见肘之憾。问题出在这里：由于一以贯之地提倡自我体察与自作主宰，在公共事务领域中，这种心学性善论缺乏强有力的逻辑和机制，促使作为社会成员的率性者们去寻求并达成共识。相形之下，在荀学模式下，政见共识则似乎从来都不成问题。荀学以尊崇既定的权威说教作为它的起点，从一开始就设定了社会成员人人所应当遵行的原则，其“教（治教）”、其“学（受教）”正是为了代代相承地践行这些既定原则。在忽略真知问题之棘手性的情况下，可以说，既定的权威说教构成了荀学模式下社会成员们政见共识的凝聚核心。心学性善论则从根本上排斥知识“授—受”型的教学与外铄，这固然最大限度地鼓舞了服膺者的自我体察意识与自作主宰精神，但率性者们一旦就公共事务产生歧见，由于这种心学性善论原则上不承认外在的调解权威，作为社会成员的率性者们便势必堕入各自为政乃至相互乱战的局面。那么，在不违背心学性善论或不界定本体的性善论“奉‘率’性体认为真知直接出口”这一原则的前提下，性善论如何才能有效应对率性者在社会生活中的政见分歧问题呢？这个问题若得不到有效的说明和处理，则心学性善论或不界定本体的性善论之于现实人类生活，就只能是空中楼阁乃至动乱的根源。

一个想当然的处理方案是，批评政见不一的率性者们“没有做到真正的率性”。这种批评，在“性善论”信念下笼统说来似乎并不算错，但具体开展起来则不免要堕入界定本体的性善论——实质上是一种“外铄论”——圈套。不难指出，上述批评隐含着这样的前提：在“真正的率性”状态下，“人同此心，心同此理”，社会成员必然会对同一桩公共事务做出相同的判断，达成共识易如反掌。由此反推，之所以会产生政见分歧，那一定是因为“有些甚或全部号称在率性的建言者，实际上并没有做到真正的率性”。这实际上就提出了“有没有做到真正的率性”“谁做到了真正的率性”“谁没有做到真正的率性”的追问——面对这种追问，“率性”的上手状态与作为真知直接出口的地位即告丧失。何以如此呢？

上述追问实质上是将“真知”问题反加到了“率性”头上，这就意味着：“率性”本身是不自明的——要想“率性”，须先在知识与理解上明白地“界定率性是什么”。如此一来，对于“率性”的知识论界定，便取代了直接的（处于上手状态的）“率性”体认，而成为更直接的真知起点。但是，在不具备上手状态的真知起点的情况下，怎么可能正确地界定或理解“真正的率性”（也即给出一套关于“率性”的真知）呢？这显然是不可能之事，因为“真知的直接出口/真知的起点”若不是自明地存在于当事人的生存意识中，则真知问题就会从根本上变得不可解决。[①]而退一步说，要想有根有据地裁判“谁有没有做到真正的率性”的问题，就必须先外显地规定“真正的率性是什么”（否则，何谈有根有据呢）；如此一来，王阳明心学所着意避免的本体论界定，就必然会借着“外显地规定何为真正的率性”的契机而重新登场（先规定当率之“性”为如何哪般，或者先规定作为大本大源的“天”，而后再据此规定推论此“天”所命生的“性”，然后再推论“率性”为如何哪般）——于是乎，用来规定“性”与“率性”的权威说教或既有观念，就又会成为这种论说者们的尊崇、执着对象，从而主导他们的生存意识。“性善—率性”意识遂重新被“治教—受教”意识架空。综上可说，“真正的率性”追问一经严肃地提出提出，性善论者们便会或者因无法应对而陷入“绝望”，或者重蹈“以说教界定性体与率性”“以外铄取代率性”的老套。在这两种情况下，性善论作为生存意识皆无法为继。

非常值得顺道一提的是，这里隐藏着一个本书主体部分所未能涉及的重大理论契机。那就是，“真正的率性是什么”的追问既然令性善论绝望，那么，可否干脆改弦更张，大张旗鼓地采取“性恶—治教—外铄”思路？在逻辑上，确实存在着这样的学理空间，且有相应的学术资源可供参酌。但若要动真格地往这个方

---

① 对此感兴趣的读者，还可参考拙文《〈大学章句〉中的“出发点丧失”问题》，《周易研究》2011年，第5期。

向迁移，却须对儒家现有的“性恶—治教—外铄”说法进行实质性强化，使之至少可以像不界定本体的性善论那样，理直气壮地因应真知问题。特别地，现有的儒家“性恶—治教—外铄”论，未能深入处理受教者凭什么正确理解所学的“开窍”问题，较之不界定本体的性善论并不具备因应真知问题的优势。如本导论上一节开始部分所叙述的那样，传统儒家荀学基本上是在通过各种隐晦（未经深入的辩驳与辨析）的名目（如“心之官则思”“能思虑”等提法）匿名地“混搭”性善与率性元素，以此逃避“性恶者如何可能开窍/性恶者如何可能正确理解应然之知/性若不善则知善向善究竟如何可能”这类难题。严格来讲，这种“混搭”方案在理论型态上是自相矛盾的，其对关键概念的界定，可以说，是出而反而的（举例来说，用“性恶、心善”概括荀子的心性论于《荀子》文本是有据的，这种较为准确的概括在细究之下便会显出概念定义的出而反而特征：一方面，“性恶”之所以是个严重的问题，是因为恶性带坏了全部心意，知善、向善的希望因而只能寄托在外铄之教上；而另一方面，“心善”的考虑却又将“认知心”从上述“性恶”的统摄中例外出来，使之成为当事人学善的内在基础，从而取消了“性恶带坏了全部心意”的严重性）。我们不能因为这些方案打着“荀子”或“荀学”旗号，而“荀子”“荀学”在学术史上又是响当当的门派，便想当然地认为这里现成地蕴藏着一套只待人们转而去归附的“性恶—治教—外铄”完备义理。儒家性善论经历了传统中国哲学史的千锤百炼，才终于纯化出了以“自主率性”意识为核心的不界定本体的心学性善论，但这种精微的性善论却仍然无法轻易解决“率性者发生歧见——真正的真知究竟何在”问题。相形之下，那种认为“荀子”与“荀学”以其轻易的“混搭”（荀学远未经历过宋明儒学那般高精度的义理淘洗）便足以解决那棘手的真知问题的想法，恐怕只能算是一些荀子爱好者们的想当然了。一言以蔽之，未经高精度的义理淘洗与实质性强化的传统“性恶—治教—外铄”论，没有资格去堂而皇之地接棒心学性善论或不界定本体的性善论，而冒充“率性者在公共事务上发生歧见”问题的合法出路。

如何实质性地强化“性恶—治教—外铄”思路，以一种更彻底的“性恶—治教—外铄”论，取代陷入了困境的“性善—率性—自作主宰”论（以及历史上的各种“混搭”论）呢？简言之，那就是从根本上强化“施教者”概念，以至于强化之后的“施教者”不但能够讲授正确的应然之知，而且有足够的能力从根本上重塑或（并）适时改善受教者的认知理解力，以便受教者能在“教—学”过程中及时而正确地理解“施教者”的传授。这样一位具有重塑、改善学生认知理解力的“施教者”，明显已经超出了通常所谓的“教师”角色。与此实质性的“超出”相应，这种强化版的“性恶—治教—外铄”论还须有一系列配套方案，帮助受教者正确地辨认并运用“施教者”在认知理解力方面所给予的重塑或改善。而且，要想充分地与“混搭”论划清界限，这种强化方案中的“施教者”在“重塑或改善受教者的认知力与理解力”以及“帮助受教者正确地辨认并运用新能力”上面所发挥的作用，必须是根本性和全局性的。只有这样，受教者才有必要彻头彻尾、全方位地仰仗施教者的权能，传统儒家（包括荀子）的“性恶—治教—外铄”概念以及“谦虚受教”意识才能亦将获得前所未有的实质性扩张与一以贯之的贯彻服膺。

对于现有儒学传统来说，上述强化版的“性恶—治教—外铄”及“谦虚受教”理路显得过于另类，缺乏必要的前期准备与相对充分的学术铺垫。故而，本书暂时不将其纳入考虑范围。作为缓兵之计，本研究将在“性善—率性”的语境下，郑重地提出“率性的处境”这个概念，而将“率性者（可能）充满分歧的意见表达”与荀学所特别强调的“治教”因素，纳入此“率性的处境”范畴。如此一来，性善论的“率性”原则将继续得以保持，而治教论中有助于促进共识的“权威”因素，则可以在“率性的处境”名义下发挥作用。最终，“作为社会成员的率性者们在变化着的处境中不断率性并寻求共识”便成为本书从传统儒学角度处理真知问题，并统合“性善”与“治教”这两大儒学基因的基本设想。在本节的剩余篇幅中，我想稍详细地叙述一下该设想。

对于现实生存着的人来说，“性(内在向导)”不是在“洁净空阔的理世界”中发见，而只能是(如果确实存在此绝对可靠的内在向导的话)针对诸如由当事人的阅历、人际关系、其现有善恶观念、所面临的难题或任务、所置身其间的舆论场，以及其所听到的各种议论、意见尤其是异议等所构成的具体处境，随时随地即时发布相应的“应然”指引。这些因素中的任何一个或一些改变了，当事人的生存处境就改变了，“性(内在向导)的处境化指引”与“当事人即时体察内在向导指引的率性体认”就会随之而变。这里的关键之处在于，本研究将当事人现有的善恶观念(以及基于这种善恶观念，对相关事务做出的判断)，及其对于主流舆论、对于他人对其所持善恶观念(与相应判断)的赞同或别出心裁的解释，以及尤其是对于他人所提出的与其相左之异议的聆听，明确归入了“率性(体察内在向导的指引)的处境”范畴。

在真知问题视域下，人与人之间的政见(善恶观念与据此做出的相应判断)协调问题，本质上永远不外乎是真知的获取问题。负责任的政治不能用无原则的妥协去代替严肃的真知追问。而从政治哲学角度看，上述归类尤为重要的方面在于，我是否听到其他社会成员的议论，听得多还是少，听到之后是加以重视还是心不在焉，这对于我接下来的“率性(体察内在向导指引)”来说构成了不同的“处境”。特别地，他人别出心裁的解释和异议一旦引起了我的注意，作为一个诚实的生存者，我就需要在接下来的“率性(体察内在向导指引)”体认中去理解之，因应之。换言之，我的良心指针(内在向导/天命之性)的工作环境发生了变化，它必须重新发布与新处境相应的指示，这件事情只能由我的良心指针（内在向导/天命之性）亲自去做。这意味着，我必须重新回到“率性”状态。在最低限度上，我需要在自己的切身体认（“率性”）中，对那些别出心裁的解释与异议做出赞同与否的判断。如果无法对之给出直截了当的赞同或否定的话，我便需要更上一层楼，在较为充分地了解它们的基础上，在“率性体认”中提出综合方案或全新的主张。换言之，因为聆听并顾及他人的意见，尤其是聆听并顾及他人对我所持观点的别出心裁的解释与异议，我的“率性的处境”发生了变化，而在变化了的处境中“率性（体察内在向导指引）”，我的观点亦会发生真诚的变化，或者彻底否定自己的前见，或者做出微调，或者进一步加深对自己原有观点的认识和理解。如果这个“我”是执政者的话，那么，这种观点变化自然会驱动其重新打理现有的权威政见，并相应地调整施政策略及宣传话语。随着时间推移，这种“在变化的处境中不断率性”的执政者亦会因此荣获“善于聆听，态度诚恳”的令名，从而更容易在协商过程中获得那些同样珍视自己的“即时的率性（体察内在向导指引）体认”的社会成员（也即具有自觉率性之意识的那些社会成员）的尊重。执政者和普通社会成员之间良性互动的情感纽带遂得以建立。类似地，上面所说的那个（那些）“我”在政治地位上如果是普通社会成员的话，那么，因为他们比较善于适应变化着的处境——在感受到了来自政治权威、他人异见或别出心裁的解释所带来的压力时会有意识地在活泼泼的“率性（体察内在向导指引）体认”中深思熟虑，即便继续坚持原来的观点也总是会不断深化相关理解，并据此理解有礼有节地摆事实讲道理——所以，在掌理政务的执政者眼中，他们就会成为可与协商、可与共事的“群众”。这同样是在营造良性互动的政治关系，而当这种“自觉在处境中不断率性”的社会成员（执政者、非执政者）达到一定比例之后，上述良性互动的情感纽带与政治关系就会更加坚韧而巩固。于是乎，在主政者与群众双方均自觉服膺“在变化着的处境中不断地率性”意识的共同前提下，因为异见表达和沟通渠道处于通畅状态，前述心学性善论所可能遭遇的“率性者各自为政的无政府主义”局面，就会被持续不断的建设性协商所取代。

不过，在这条建设性的“在变化着的处境中不断率性”的协商之路上，“通畅”并不意味着毫无压力和紧张。权威政见按其本性，向来都是带着政治压力的，而意见尤其是异见表达的首要特征，往往亦不是和风细雨润物细无声，毋宁说总是带有不同程度的对立色彩。执政者掌握着行政与宣传的权力，其一举一动对社会成员来说都利害攸关，普通社会成员常常不得不慑服于它的威严；而社会成员们的异见表达与相关行动，则亦存在着酿成舆情，乃至发展为群体性事件的潜力。实际上，正是相互间的这种压力感，使得分歧者们(既包括执政者，也包括群众)不得不正视与自己相对的“异见”，并将其纳为自己的“率性的处境”之较为醒目或特别醒目的组成部分。有学者曾经分析过政治哲学中的“现实”这个概念——实际上，当代中国政治思想中的“现实”，并非简单地指“现成事物的集合”，而更是指事态的发展趋势与影响事态发展的主要因素。[①]在上述“社会成员(包括执政者和群众)在变化着的处境中不断率性”的协商政治模式中，那些给人造成压力感的“权威政见”与“意见尤其是异见表达”，正是作为率性者的社会成员们(包括执政者和群众)所不得不面对的基本的政治现实。

可以说，在上述性善论协商政治模式中，包括执政者在内的

---

① 例如，《论持久战》便是将“客观现实”视为一个分阶段且异常丰富和曲折变化的“行程”。参见毛泽东，《论持久战》，《毛泽东选集》(第二卷)，北京：人民出版社，1991年，第2版，第462页。

社会成员就某一桩公共事务进行磋商的过程，其实就是通过充分的意见表达与交流而力求共享“率性的处境”的过程。在主要意见尤其是主要异见[①]都摆上桌面之后，全体社会成员（或关心并参与该公共事务决策过程的社会成员）就会分别拥有相同或相近的“率性的处境”。而在相同或相近的“率性的处境”下，这些社会成员们自然就会有相同或相近的“率性体认”，从而对所磋商的公共事务达成共识。由此反观，心学性善论语境下的率性者们如若围绕某一公共事务“久议不决”，乃至“各自为政，相互乱战”，其根源无非就是这些磋商者们在“率性的处境”方面存在着隔阂。换言之，他们未能渐渐趋于“共享相同或相近的率性的处境”——即便这些分歧者们确实都有自觉的“率性”意识，但由于缺乏明晰的“率性的处境”与“处境扩展或变化”的意识，各方往往都是固化在画地为牢、囿于一偏的眼界中“率性（体察内在向导指引）”——结果各自就只能顽固地重复着大致不变的“应然方向感”体认，从而酿成了“在真诚的率性中真诚地各自为政”的困局。

社会成员若是在无关大局的事情上各自为政乃至相互乱战也就罢了，但所涉及的若是必须在有限时段内加以处置的重要公共事务的话，则现实社会与政治的本性就决然无法容许涉事者们久议不决、各自为政、相互乱战——公共事务之打理内在地要求与之相应的政治凝聚力与共同体执行力。当率性者们在真诚的率性中陷入实质性的重大分歧局面时，**单方面**鼓吹“言论自由”，尤其是**单方面**鼓吹“坚持并表达反对意见的自由”，非但无助于打破各方在率性的处境上画地为牢、在政见与行动上各自为战的困局，反而会进一步加剧裂隙、涣散与混乱。

与此相反，同公共事务要求政治凝聚力与共同体执行力这一

---

① 是否“主要”，取决于意见或异议所能产生的压力是大还是小。

点相适应，执政者强有力的“决策—执行”给社会成员带来的一系列政治压力，恰恰有助于让一味坚持“反对意见表达权”的社会成员正视执政者所持守的权威政见的实在性。这些感受到了强劲的政治压力的社会成员，只要继续保持其不界定本体的性善论意义上的“率性”意识，接下来自然就会不得不把权威政见及其实施情况纳为自己下一步的“率性的处境”的重要组成部分，从而在“内在向导”的指引下感受之、理解之、斟酌之，并在性善论的协商政治所设立的场域和机关内有板有眼地进行新一轮的意见表达。当然，即便充分感受到了处境中的强大政治压力，就可能性而言，每一位率性者仍然未必就会完全认同相应的权威政见，他们再次坐在一起至少一开始也仍然可能众说纷纭。也就是说，分歧，可能仍然存在。从“在处境中率性”的角度看，这意味着，社会成员们(包括执政者和群众)尚未充分共享“相同或相似的率性的处境”。然而，随着权威政见推行日久，在全社会造成了范围更广、程度更深的政治“现实”，其在社会成员们(包括执政者和群众)的“率性的处境”中的比重日益加大，各种层次上的众说纷纭的意见亦日趋形成了相对稳定的说法，在这种情况下，那些力求统观全局的率性者们(包括执政者、相关专家、有家国天下情怀的普通社会成员)便会大致共享“相同或相似的率性的处境”，而趋于达成引领性的共识。(这种引领性的共识一经公布，就会进而融入其他社会成员的率性的处境，并在交互往返的相互作用中，生成更广泛的社会共识。)

当然，上述“引领性的共识”既可能是赞同既有权威政见的，也有可能是反对既有权威政见的。如果是以赞同为主，那就说明既有的权威政见在很大程度上把握住了相应公共事务的要害，开出了大致可行的方案，在接下来的一段时间内，只需参考各种意见表达而小规模地优化之即可。不过，“引领性共识”如果是以反对既有权威政见为主，执政者此前对既有权威政见的强力推行也不能说毫无益处，因为，一方面，它相当于完成了一次试验，让社会上下从原有的(或行将进入的)各自为战的意见分歧状态进入了某种强有力的否定性共识状态；另一方面，刚刚过去的对于既有权威政见的强势推行至少造成了一种特征鲜明的局面，上述否定性共识加上这种特征鲜明的局面，正是社会成员们接下来在其中继续率性的“新处境”的最重要的组成部分。只要这是一个由“在处境中率性”的意识主导的社会，则暂时性的“试错”对于这个社会来说就会不是致命的，作为率性者的社会成员们(包括政治家)将在接下来的“率性”轮回中接盘并纠错。(特别地，如果执政者在重大公共政策的制定与推行上，有意识地采取“先试验，再铺开”的策略的话，则“试错”与“纠错”的风险更会大大分散。[①])

故此，一个社会在开设言路、设立谘议机关的同时，亦须设置强有力的决断、执行与宣传机关。过分强势的政府(决断、执行与宣传机关)固然会窄化执政者的视界与视听，使其即便有自觉的“率性”意识却也只能在相对固化的处境中率性，从而无法充分地感受时变并与之偕行；而那种单方面强调普通社会成员拥有发表意见尤其是异见之权利，为了单方面保障这种权利而一味弱化政府的决断、执行与宣传机关的做法，却也存在着任凭社会成员犹如井底之蛙一般各自局限在僵化、偏狭的处境中，虽率性，却也只能在分歧中涣散乃至乱战的危险。在现代西方政治意识形态的长期宣扬下，前一重误区已经广为人知；而后一重误区，当代西方政治似乎正在一些重要方面深陷其中。既然存在着上述

① 房宁在《当今世界范围民主政治效能比较研究揭示——中国民主的四条成功经验尤其重要》(《北京日报》2018年3月12日，第13版)一文中，将“在民主政治建设和体制改革中，采取问题推动和试点推进的策略”列为第四条成功经验，认为“试点是用实践检验政策和理论，可以给人们纠正错误的机会，具有分散风险的意味”。还可参见房宁，《中国民主的四条成功经验尤其重要》，《前线》2018年，第4期，第112页。

双重误区，那么，使上述两类机关既并行不悖地充分发挥各自的功能，又能在特定的时空节点（如不同层级的调研座谈与政务协商）上有效交汇，以此不断营造全体社会成员（包括执政者和群众）共享的“相同或相似的率性的处境”，从而不断在真诚的“率性体认”中适时生成新的社会共识并相应地更新权威政见——这应该成为“在处境中率性的性善论政治学”的基本原理。

再次强调，按照本研究的术语定义，未引起当事人自觉关注的人、物、事，构不成当事人“率性的处境”的组成部分。读者不可将本书所谓的“率性的处境”，理解为“不管当事人意没意识到，它都存在于那里”的“客观环境”。实际上，即便通常所谓“客观环境不以人的意志为转移”，也是在说，“客观环境”所指称的那些人、物、事，迟早会对尚未意识到其存在的人产生明显的作用，并将因为这种明显的作用而被无可推脱地注意到，从而扩展或改变当事人“率性的处境”（假设其为率性者，也即自觉地持有“率性”意识的人；本节所论及的无论普通社会成员，还是执政者，皆假设其为自觉持有“率性”意识的率性者[①]）。如果说普通社会成员的意见尤其是异见表达对执政者构成了压力，因其易感性而扩展或改变了执政者的“率性的处境”的话，那么，执政者或政府强有力的政策、行政与宣传同样对普通社会成员尤其是异议者构成了强大的政治压力，普通社会成员尤其是异议者因而将不得不正视权威政见的实在性，从而扩展或改变其“率性的处境”。特别地，在人心思变却又众说纷纭、具体路径并不清晰的社会转型期，执政者强力持守既有权威政见、以之维持社会总体的政治凝聚力，此举势必促使更多社会成员重新正视既有政治遗

---

① 这里仅限于探讨“在处境中率性”意义上的性善论政治哲学。至于在由率性者和缺乏自觉率性意识的非率性者共同组成的社会中，尤其是在自觉持有“率性”意识的社会成员不占主导地位的社会中，究竟适用怎样一种政治哲学？这个问题只能留待以后再去研究。

产、更自觉地将其纳为自己的“率性的处境”，从而在“率性—协商”中生发出更接地气的改革性的政见共识。相反，社会转型时期的执政者越是缺乏决断的权威与执行的实力，其所继承的政治遗产与现有权威政见就越是难以引起普通社会成员的正视，社会成员（包括执政者）们在这种处境下“率性—协商”虽然也可能形成某种新的政见共识（并促成相应的政治行动），但能否高效地衔接原有政治传统与现有政治遗产而实现良性变革则大有疑义。更可能的情形则是，由于“转型期”矛盾丛杂，缺乏相对集中的权威政见之笼罩，普通社会成员容易只见树木，不见森林，不去正视作为改革对象的政治传统与政治遗产，而一味在各自一孔之见的处境中率性，从而在政见上陷入“相互乱战”的局面。心学性善论的政治弱点，此时将会极突出地表现出来。由此以观，“开设言路、设立谘议机关”并“设置强有力的决断、执行与宣传机关”，这两个方面对于“在处境中率性”的性善论政治来说缺一不可。执政者依据既有的权威政见强力施政并进行宣传，在沦为社会各方之瞩目与形形色色之反应的焦点的同时，亦收到了为全社会的率性者们提供共同的“率性的处境的基本面”的效果。这样一来，发生在谘议机关的“率性—协商”，便会以一种接地气（有效对接原有政治传统与现有政治遗产）的方式向新的社会共识迈进，并由此促使原有权威政见稳健地革新。

以上所论虽然较为高调地强调了政府或执政者操盘的必要性，但显而易见，它亦始终坚持“率性是真知的起点”这一性善论基本立场。传统荀学所着力强调的“治教”因素，在现代社会中无非就是政府或执政者依据权威政见对相关事务与意识形态宣传进行操盘——而无论这种操盘因素有多么强势，在“真知出于率性”的性善论原则下，率性者也还是必须在切己的率性体认中去理解之、审视之、赞同之或改革之。这其中充斥着压力与张力。当然，任何改革方案（在朝的、在野的）一提出，最终仍须经由执政者通过其“在处境中率性”加以理解、审视、认可或部分参考，才能或多或少地实现其政治抱负。尽管强调执政者的操盘手地位，但这同样是在贯彻“真知出于率性”的原则，其中同样充满了压力与张力。政府或执政者的操盘者角色主要表现为：第一，其是既有权威政见的守护者、实施者、宣传者，其守护、实施、宣传现有权威政见的举措，型塑了全体社会成员在政治事务上的“率性的处境”的基本面；第二，其也是新生成的社会共识的接收者、集成者、发布者，只有政府和执政者才直接握有权力根据新的社会共识正式革新权威政见。这两个层面（守成与趋新）之间显然亦存在着巨大的张力。

既然处处存在着张力，那么，上面所设想的这种以“在处境中率性”为基础的，以统合传统“性”“教”因素为特征的性善论政治学，在现实中能行得通吗？针对这种疑问，我想最后指出，在现代西方自由民主思潮与国际共产主义运动的双重激荡下，传统儒学中的“性善—率性”与“治教—受教”这两种基础性生存意识，已经在当代中国政治思想之“民主集中制—群众路线”所允诺的“无限循环”的“认识论”运动中被初步整合。按照前述逻辑，这种从民主到集中再从集中到民主的“无限循环”的辩证的“认识论”运动要想切实持续下去，关键在于：其一，维持住“政府（执政者）操盘，但双向施压”的互动局面；其二，政治事务的参与者们各自保持住“在处境中率性”的意识。其中，前者在很大程度上有外在指标可依循、考核；后者严格来讲则惟有在亲密的师友之间，通过讲论精微的“性善—率性”哲学方能相互砥砺。

（五）结　语

本书致力于在“真知问题”视域下，考察儒学传统中的“治教—受教”与“性善—率性”这两种基础性生存意识，指出它们的基本内涵、得以发生和强化的语境、二者之间互渗复又互斥的历史纠葛，并在此基础上探讨二者的“统合”与“真知问题”的儒家式的更佳处理方案。

“治教—受教”首先强调在“谦虚受教”的心态中为学，学有所成者进而可以凭借自己的造诣在社会与政治上“施教”，传统德目或传统价值观由此得以代代传承并落实到人们的日常生活中去。“性善—率性”则高扬“自我体察”意识与“自作主宰”精神，认为真正的应然之知与恰当的善行只能出于“生而固有且绝对可靠的内在向导(天命之性)”的即时指引与推动。简而言之，“治教—受教”要求谦虚，“性善—率性”则崇尚自信，作为心态它们恰好相反。

在大写的中国思想史上，最先是《尚书·周书》大张旗鼓地将“敬德修德”“宅心知训”等标志着“治教—受教”意识的提法，提升到了政治生活的起点地位上。《商颂》所代表的“事神致福”宗教，与商纣王所代表的“有命在天”的宗教依赖意识，至此被基于“教—学”授受的人事人为意识从总体上压倒。《论语》《大学》《荀子》皆服膺这种“教—学”意识，认为通过“教—学”授受传承传统德目或传统价值观，是解决应然之知问题的最方便、最有效的途径。

然而，在更精致的“教—学”实践及与之伴随的“人格品评”中，学生能否以及如何做到恰如其分地理解而活学活用其所受教的传统德目或传统价值观，日益突显为不可忽略的教学难题。教师与教材无法代替学生去亲自理解所学；要想获得正确的认知与理解，学生本人必须亲自开窍。按照《中庸》所收集的一些孔子语录，人类生存中的一切问题(包括在“教—学”语境下尤为突出的“知而不行—意志薄弱”问题)无不归结为本研究所说的“真知问题”。那么，学生究竟凭什么来进行恰如其分的灵活理解，不断取得适切其处境的“真知”呢？兹事体大，一荣俱荣。为此，《中庸》在一些孔子语录的启发下高调启用了《论语》所罕言的“天命之性”，认定“人生而固有绝对可靠的内在向导”，把“在处境中即时体察内在向导（天命之性）的指引”设定为处境化“真知”的直接源头或出口。（其中，“处境”或“处境化”，在《中庸》所选编的孔子语录中，被称为“时”。）由此，“性善—率性”意识正式登上了儒学史的舞台。

此后，从《孟子》到《荀子》到《礼记正义》，再从朱熹和王阳明以至于今，儒学史一直在“重性”与“重教”之间上演着二重变奏。传统儒学作为一个整体，亦因此而在基础性生存意识层面表现出深刻的分裂性，所谓“孟荀之争”或“孟荀二分”是也。其中，儒学发展到宋明阶段，先是孟学与性善论在朱熹所代表的理学中从总体上压倒了荀学与外铄论，进而在王阳明所代表的心学中“性善—率性”意识又被进一步纯化。然而，朱熹理学从未退出儒学主流，而纯化了的心学性善论则在阳明后学的实践中表现出了带有无政府主义色彩的“狂禅”气象。性善与治教的二重奏，明显无法简单地止于心学性善论。

近代以降，现代西方的“学术史”研究理念在“科学”精神的加持下舶入中国。这种“学术史”研究更侧重钩沉在历史上被淹没的学派，最大限度地解开了历史梳理与最佳义理追求之间的直接耦合，强大的宋明道统论及其孟学一心学性善论立场对汉语学界的控制力极大地松动，《荀子》与荀学及其“治教—受教”与“外铄”意识重新登台亮相的“范式”障碍至少在学术史（包括中国哲学史、中国思想史、中国思想学说史、中国经学史等）研究领域内得以破除。一些学者（如冯友兰）转而强调“荀子为战国末年之儒家大师”“后来儒者，多出其门”[1]的广泛影响力，郭沫若则

① 冯友兰，《中国哲学史》（上册），第十四章，《大学》，上海：华东师范大学出版社，2000年，第268页。

站在“性如不善人如何可能向善”的问题域中不客气地批评荀子为“自相矛盾”[1]，郭沂复将孟、荀的特色思维分别命名为“内在论”与“外在论”并初步提出了“统合内在论与外在论”的设想，梁涛则进而试图通过划分并拼合“道德”“政治”二领域以实现其“统合孟荀，创新儒学”的抱负。这些现当代的代表性研究与进展构成了本书的选题背景。遗憾的是，这些当代已有的探索均未能自觉深入到支配着长程的儒家性教二重奏思想史的“真知问题”上去，并自觉围绕这一主导性问题意识展开。展示真知问题对于儒家“性善与治教”思想史的驱动作用，并进而探讨真知问题的更佳处理方案，正是本书相对于那些已有研究的最大特色。

最后，我想指出的是，本导论第四节着重论述了“在处境中率性”的性善论政治学，并将这种政治哲学视为处理真知问题（并统合性教）的更佳的儒家式方案，这并非全然是空想。20世纪以来，在世界性的自由民主潮流之中，中国共产党人在将马克思主义的基本原理同中国现实相结合的过程中，创造性地提出了既讲究民主又强调集中的“民主集中制”或“群众路线”理念。本书第三篇的考察将表明，“自由民主”与孟学尤其是心学有着内在的甚至是东学西传意义上的直接的关联，而所谓的“集中”或强调“权威指导”则正是传统荀学的特征。就此而言，当代中国政治中的“民主集中制—群众路线”思想，正可说（在抽象继承的意义上）是创造性地继承并整合了传统儒学中的两种基础性生存意识。“民主集中制—群众路线”当然是一种不折不扣的政治思想，但它的提出者却明明白白地称之为一种“认识论”（当然，是被称为“马克思主义的认识论”[2]）。可惜的是，这种深刻的问题

① 郭沫若，《荀子的批判》《儒家八派的批判》，见氏著《十批判书》，北京：东方出版社，1996年，第202—208、126—127页。

② 参见毛泽东，《关于领导方法的若干问题》，《毛泽东选集》（第三卷），第899页。

意识与宏阔的理论格局，迄今在汉语中国哲学史研究界尚未得到应有的正视。

（六）附论：简释“生存意识分析的文本解读”理念

作为当今中国哲学（史）研究界最具代表性的学者之一，陈少明教授曾在《讲求方法：来自西方哲学的启示》一文中，指出：“学习西方哲学的方法，与反对用西方哲学裁剪中国传统思想的态度并不矛盾。之所以要重提方法论，一方面，方法论是哲学的命脉所寄，另一方面，中国传统思想上对方法论的自觉不够。哲学上的学，需要一种术来建立，它就是以分析为中心的思想论证的功夫。”[①]——既然如此，笔者便有必要自报家门，在导论最后补充交代一下本研究所秉持的方法论理念。虽然本书属于狭义的中国哲学（史）研究范畴，但既然“学习西方哲学的方法，与反对用西方哲学裁剪中国传统思想的态度并不矛盾”，那么，在本节的行文当中，我遂将视论述所需，不避讳地摆弄一点自己所看重的西方哲学资源。

本书在不甚严格的意义上采用了“生存意识分析的文本解读”方法，这种方法脱胎于谢文郁教授近年来所大力提倡的“生存分析”方法[②]——笔者试图萃取其精华，并以自己的方式使之

① 陈少明，《讲求方法：来自西方哲学的启示》，《学术研究》2008年，第5期。

② 可参考谢文郁，《自由与生存：西方思想史上的自由观追踪》，导言；《基督论：一种生存分析》，许志伟主编，《基督教思想评论》（总第九辑），上海：上海人民出版社，2009年，第5—30页；《语言、情感与生存——宗教哲学的方法论问题》，金泽、赵广明主编，《宗教与哲学》（第三辑），北京：社会科学文献出版社，2014年，第64—83页；《文本诠释与哲学史研究》，《文史哲》2016年，第4期；《还原思想史文献的思想资源地位——读季蒙、程汉的〈先秦思想史〉（代序）》，陈明、朱汉民主编，《原道》（总第三十三辑），长沙：湖南大学出版社，2017年，第286—292页；《情感对象是在情感中被界定的》，《南国学术》2018年，第3期；等等。

更趋周密！实际上，“生存意识”曾是笔者博士论文题目中的关键词。只是后来，我意识到，那一阶段的基本任务应当是与宋明范式角力，论证自己的《大学》《中庸》解读的靠谱性，故而不宜标榜“生造的术语”，以尽量少给人留下“主观主义”的印象。鉴于此，在将博士研究提炼为五篇正文加三篇附论结集出版[①]之际，我暂时抛弃了“生存意识”这个标签，并尽量适应“解释史与文本解释”研究的外在形式。不过，尽管如此，在实质层面，笔者在研究《大学》《中庸》文本与思想的过程中，却不得不对一些长程的儒家哲学史议题有所考察。但在那个阶段，相关心得却又不宜平铺直叙，故不得不曲折地塞进“文本考释”的体例之中。那本小书的结集与整理过程因而充满了纠结。那本小书交稿之后，我在心态上如释重负（自己的中国哲学史研究总算以对两个经典文本的专门研究开了张），遂转而在原有基础上尝试以一种顺序铺陈的方式展示自己的心得，且将论述范围稍事做了拓展。于是，便有了摆在读者面前的这本由本导论加三篇长文组成的小册子。与心态的积极变化相适应，我在本书中，又将“生存意识”这个术语郑重请了回来。

笔者为什么在学术生涯的起步阶段，一定要向“解释史与文本解释”的研究形式靠拢呢？这是因为汉语哲学史研究界虽然对伽达默尔的“哲学诠释学”已经有所了解，对于“理解前见”“理解是视域融合”等提法早已耳熟能详，但出于对可能出现的“文本解读的相对主义”局面的恐惧，大家伙实际上很不愿意充分正视这些“主观兮兮”的提法，而从心底深处仍然倾向于认为哲学史研究的基本任务就是如实复述哲学史文本中的思想。诸如“尽管无法完全把握文本本义或原意（我们是了解哲学诠释学的），但

① 参考拙著《意志与真知——学庸之异》。

我们还是应该尽量接近文本本义或原意(我们不吃哲学诠释学那一套)”的表态因而在圈内被反复传唱。这种文本解读与哲学史研究观念,笔者建议将其命名为“复述论”或“尽量复述论”,可写作“(尽量)复述论”。与流行于汉语哲学史研究界的“(尽量)复述论”主张声气相通,站在所谓的后现代史学的对立面,中外历史学界则有“历史语境主义”(剑桥学派)、“重回历史性阐释”等呼声。[①]正是畏于此类“(尽量)复述”理念的压力,笔者才不得不让自己的第一本专著尽量去合乎“解释史与文本解释研究”的形式。

然而,正如对《大学》《中庸》文本的解读,无法同解读者对长程的儒学史议题的看法划清界限一样,任何打着“作者意图”“历史语境”“历史性阐释”“历史考据”或“本义”“原意”(敢于明目张胆地使用后两个提法的学者已经很少见了)名义的“复述”,归根结底都是基于特定的文本解读的一种建构性(有系统或有条理的)论述。哪里有什么现成的“历史语境”与“作者意图”呢?任何被夸夸其谈的“历史语境”与“作者意图”,难道不都是特定的读者(作者的亲友、作者的后学、后学的后学、怀有敌意或批判继承或私淑之心的其他学者、当代专家等等)对特定文本或文本群的某种阅读理解吗?离开了阅读理解,历史考据行得了寸步吗?既然如此,“(尽量)复述论”的主张者又有什么理由根据其实不过是某一种特定的阅读理解结果的“历史语境”与“作者意图”,去判定自己正在从事着的推敲、论述与修订究竟是在接近还是远离文本本义或原意呢?!严格来说,“(尽量)复述论”的主张者给自己设定的,乃是一种根本无从核查的研究任务——到头来,只要不甘心陷入怀疑主义或不可知论,他们便只

① 李宏图,《作者、文本与历史性阐释——基于思想史研究的一种理解》,《历史研究》2018年,第1期。

能以自己所认同的某一种阅读理解作为标准，将自己对文本思想的叙述判定为合格的“复述”。在根本上，这种打着“复述”名义的自我肯定，除了助长“复述者”的独断霸气之外，并不具有任何学理优势和价值。

正是有鉴于此，“生存意识分析的文本解读”理念，转而注重“阅读理解”的动词性与主体间性，试图在“‘文本—研究者自己—所有其他读者’三方互动”的基础上，刷新“文本解读的实在性”概念。简言之，它旨在把“文本研究的实在性”归结为“三方互动的畅通性”，将从小范围到大范围的学术共同体对某一（某一群）文本的“阅读理解共识的达成、打破、更新”，作为体验并体现“文本解读的实在性”的基本指标。

总地来说，“生存意识分析的文本解读”方法强调“第一人称视角”，即要求研究者对所解读的文本中的观念与态度（生存意识）有感同身受的体会。相形之下，在第三人称视角中，研究者虽然也会采用诸如“知”“情”“意”“欲”“仁”“心”“性”等等指涉主观心态或生存意识的术语，但就研究者实际上是把它们当作了具有既定本质的积木块，并旨在以这种现成的积木块建构人的“心性”模型而言，研究者实质上却是在摆弄被实体化或对象化了的心性模具，而并非是在体察并演示那驱动着被研究者之生存的“意识”。在《为中国文化敬告世界人士宣言》中，四先生曾犀利地指出：“这一种把情感与理智割裂的态度，忽略其所研究之历史文化是人类之客观精神生命之表现的态度，正是原于此种研究者之最大的自私，即只承认其研究工作中有生命有心血，此外皆无生命无心血。此是忘了人类之历史文化，不同于客观外在的自然物，而只以对客观外在之自然物之研究态度，来对人类之历史文化。”这种研究“似最冷静客观，而实则亦可能只是最主观的自由任意的猜想与解释”，亦即肆无忌惮地运用一己之视角、观点去归拢所接触到的研究对象。所谓“自私”，除了是对被研究者“不敬”之外，对研究者来说，也是一种“自我捆绑”，使其所思所论趋于无法自拔地陷溺于自己的现成之见之中——“为学”的进步性，势必终止于这种自我捆绑。与此相反，在透过文本、将心比心地体察被研究者的生存意识的过程中，原本附着在“知”“情”“意”“欲”“仁”“心”“性”等等术语（以及一系列更具体的心理术语）上的既有界定，则会被研究者通过阅读理解调动起来的活泼泼的生存体验所浸润、充实起来。只有做到这一步，研究者才算是在研究有着真情实感的人之生存，并不断深化自己对于人之生存的理解。四先生所谓的“敬意向前伸展增加一分，智慧的运用，亦随之增加一分，了解亦随之增加一分”，大致也正是这个意思。①

打个比方说，第三人称视角下的研究旨在使用“知”“情”“意”“欲”“仁”“心”“性”等等术语，犹如刻画一个由“操作系统”“驱动程序”“应用软件”“流氓软件”“病毒软件”等术语所标示的电脑软件系统那样，对人的“心性（人类生存意识）”系统进行旁观式界说。但是，从认识论角度看，人之心性与电脑软件系统有根本性的差别。对人来说，在机器真正能够做到自主学习之前的时代，电脑软件系统归根结底是由人一手设计的。在这种情况下，设计者原则上可以凭借自己的设计者地位，根据其对相应的设计活动的记忆，准确地界定“操作系统”“驱动程序”“应用软件”“流氓软件”“病毒程序”等术语在一个软件系统中的具体所指，并以之对整个软件系统做出精确的刻画。也就是说，设计者身份使得电脑工程师具备了精确而完备的电脑软件术语界定能力（假设他不遗忘的话），使他可以近乎“全知”地

① 以上三处引文皆出自牟宗三、徐复观、张君劢、唐君毅合撰，《为中国文化敬告世界人士宣言——我们对中国学术研究及中国文化与世界文化前途之共同认识》，第三节，《民主评论》1958年元旦号。

从旁刻画一个电脑软件系统。[①]然而，即便对于自己的生存意识(遑论他人的生存意识)来说，研究者却也既不是“旁观者”，也不是“全知的设计者”。在一个人在试图对自己的生存意识进行自觉而系统的考察之前，他的生存意识就已然存在；而在他开始自觉考察之际，过往的许多生存意识已经归于遗忘，如何完整地还原自己的生存意识的演变序列，仍然是个难题。而即便研究者充分回忆起了自己过往的全部生存意识(实际上这是不可能的，因为受制于“当下意识”的有限容量[②])，如果他希望通过对象性地观察、概括这些现成的生存意识，提炼并构建完备的术语体系的话，那么，不得不说，这仍将是一个时常要推翻重来的无止境过程。之所以需要无止境地推翻重来，这至少是因为任何回忆都处在当下特定的生存意识域中，是对过往生存意识的选择性召回与

① “人工智能”有可能改变这一切。因为软件在一定意义上被赋予了不完全受开发者事先限制的“自主学习”能力，软件工程师遂相应地丧失了“设计者—全知者”地位。不过，即便不考虑技术上的可行性问题，以“机器自主学习”为特征的人工智能之路在人类社会中能被允许走多远，或者人类社会究竟能在多大程度上允许软件开发者不对软件的学习能力进行事先限制，也还是一个完全有待观望的问题。不难预测，一旦社会上出现了触目惊心的“软件自主学习作恶”的事件，社会就会强烈要求软件开发者必须对软件自主学习的可能性空间进行必要而可靠的限制，这等于强迫软件工程师在总体架构上重拾“设计者—全知者”身份。当然，加入了“机器自主学习”这一维度之后，如何重新界定软件工程师的“设计者—全知者”角色，则需另当别论。

② 钩沉与复现意义上的历史研究，存在着一个“发掘—掩盖”悖论。人们通常认为，历史研究的任务即在于尽可能精确地复现过往事态，这就要求研究者不断调整其考察角度，以便有效发掘过往事态的更深入、更精微的方面。但是，这种发掘活动本身，也是在时间中进行的，也有自己的历史性。在有限的“当下”时段内，发掘者只能完成有限的考辨，记得住有限的信息。他将心思较多地花在了这个视角与解读思路上，就势必会减少对基于其他视角与解读思路所取得的发掘成果的顾及。也就是说，在每一个历史研究者自己的认知世界中，他自己的发掘工作，会在一定程度上掩盖同时代的(遑论前代的)其他历史研究者的发掘成果——犹如新发掘出来的浮土和陈列品，覆盖了旧有的发掘与陈列。反之亦然，较多地关注他人的发掘与陈列，反过来亦会分散自主发掘的精力、定力，从而影响自己的历史研究的深度与细致度。另外，研究者在当下过于勇猛的发掘，甚至还会在一定程度上掩盖他自己的过往发掘成果(将其暂时挤出自己的当下意识)，以致形成前后矛盾的失察表述。

再理解，这种选择性的召回与再理解同时也是一种新出的生存意识，而非仅仅是对过往生存意识的简单复现。更何况，研究活动本身往往也是新的生存意识的策源地，随着时间箭头无休止地前移，研究者的生存意识不断绵延、翻新、扩展，无法被纳入现有术语框架内的新意识随时可能涌现出来（除非是画地为牢或江郎才尽的低端研究者）。如此一来，试图像旁观（第三人称视角）一部机器或一套电脑软件系统那样，去通盘、准确地刻画人的心性（生存意识）系统，乃是一种根本无法兑现的学术野心。不可能性意味着它的不合理性——研究者（同时也是生存者）若置之不顾，强行用他既有的、不完备的术语系统去冒充“全知”者眼界，便极有可能犯下诸如将“操作系统”中的必要模块或有用的“应用软件”，误当作“流氓软件”或“病毒软件”而建议将其删除的错误。宋明理学的“存天理，灭人欲”提法之所以会衍生出“以理杀人”的负面效应，一个根本原因就在于“存—灭”论者根本无法系统而精确地指出“天理”“人欲”之间的界限，从而会在一些情况下不恰当地以“灭人欲”之名义（相当于删除病毒程序），令人不可忍受地主张压制某些原本宜存的“天理”意欲。

更重要的是，被旁观的是客体；而生存意识，则是驱动当事人生存的主体，就其本性而言是无法以旁观的方式被理解的。这是第三人称视角之更为根本的缺陷所在。在前引《为中国文化敬告世界人士宣言》中，“客观的精神生命”在含义上明显有别于“客观外在之自然物”，四先生因而主张，研究作为此等精神生命之表现的“历史文化”（《宣言》认为哲学性文本乃历史文化之根干）不应采取纯然旁观的态度，不能把在历史上曾经活生生的精神生命视作僵死之物，仅从外部（旁观的角度）去描摹测量。在“敬意”中不断尝试“同情”之理解，乃是将历史文本中的精神生命当作精神生命来对待的基本要求。

不过，若进一步追问的话，这种基于“敬意”与“同情”的研究，似又难免“以研究者本人的主观性吞噬文本的客观性”的指控。有鉴于此，尽管“生存意识分析的文本解读”方法强调“第一人称视角”，但作为一种方法论，它同时又自觉接受后期维特根斯坦反驳“私人感觉”与“私人语言”之分析的成果，而绝不追求将“第一人称视角”往“原子个体”意义上的“唯我论”方向强化。恰恰相反，本着“语言都是主体间性的”的意识，生存意识分析的文本解读始终将“我”（文本中的“我”与作为阅读理解者的“我”），视为通过语言交织在“你—我—他”关系之中的生存者。如此一来，生存意识分析的文本解读也就可以从根本上规避“主观臆想”的指控，乃至可以发展出一种“主体间”的“文本研究（解读）的客观性”概念。这方面的初步思考可参考拙文《〈大学〉、〈中庸〉研究：七家批判与方法反思》最后一节，其稍微强化版参见拙著《意志与真知——学庸之异》第一章，第四节前半部分。[①]

---

① “生存意识分析的文本解读”这种方法论理念，将“文本—研究者自己—其他读者”三方之间的张力互动现象，视为重新界定“文本解读的实在性”的基础所在。其中，研究者初读文本时的“陌生感”，以及其他读者所提出的异于我之理解的其他解读，最能使研究者体认到，文本乃是外在于我的“他者”。而克服了陌生感之后的“津津有味”之感，以及在遭遇其他读者挑战之后“重建自己的（有效吸纳了挑战意见或者能够说服挑战意见的）解释方案”的经历，则具体而微地彰显出文本的“可阅读理解性”。总之，“文本解读的实在性”对于每一位研读者来说，正系于“三方互动”格局下的“陌生感——津津有味——遭遇挑战——重建解释”体验。相关探讨，还可参考拙著《意志与真知——学庸之异》，第一章，第四节。
值得一提的是，冯友兰先生关于哲学史书写的一处重要论述，与我们的上述理念颇有一致之处。在其早年名著《中国哲学史》（上下册）《绪论》第九节末了，冯先生曾这样表示：“所以西洋哲学史只有一个，而写的西洋哲学史，则何止百部，其中无有两个完全相同。中国哲学史亦只有一个，而写的中国哲学史，则有日渐加多之势。然此人所写，彼以为非，彼之所写，复有人以为非，古之哲学家不可复生，究竟谁能定之？若究竟无人能定，则所谓写的历史及写的哲学史，亦惟须永远重写而已。”（冯友兰，《中国哲学史》［上册］，第14页）冯先生所谓的“只有一个”的哲学史，简单来说即“历史上的哲学文本”（细究起来则存在复杂的版本流传，乃至文本的具体写作过程问题）；冯先生所谓的“写的哲学史”，则无疑是研究者在对历史上的哲学文本的解读中写就的；“写的哲学史”之间　（转下页）

此外，因为认识到无法用旁观的视角系统把握人的生存意识，生存意识分析的文本解读故而站在“主体间的—第一人称”立场上，自觉遵循“体会到一点，方演示一点”的亲知原则。如此一来，对文本所进行的生存意识分析，对于研究者本人来说，便具有了“自我意识分析”和“学以致用”的效果。这是“生存意识分析的文本解读”的另一个基本特征。一方面，阅读理解可以指引研究者去体认自己原本并不持有，或者原本虽身在其中却不甚自觉的生存意识；另一方面，在寻绎文本指引、投入进去体验相关生存意识的同时，研究者亦会参考自己自觉认同的生存意识，去界定、评判通过阅读理解文本而体验到的生存意识；而且如果被从文本中读出来的生存意识打动了，研究者还会进而参照之去重新打理（考察、批判、重建）自己原来所自觉持有的生存意识。合此三方面言之，这既是一个激活文本（在研究者的亲身体验中活化文本中的生存意识）的过程，也是一个变换视角或更深入的自我理解的过程，同时还是调试出更佳的生存意识的过程。就此而言，“生存意识分析的文本解读”诚可谓是传统“为己之学”的现代转化形态。

说到这里，作为一本志在从事“中国哲学（史）研究”的小书之导论，它在最后有必要从自己所服膺的“生存意识分析”角度，

（接上页注①）的是非之争，归根结底必然追究到文本解读之争。

冯友兰先生在上述引文中所给出的结论，尤其令人鼓舞。冯先生并没有因为“古之哲学家不可复生”、是非“究竟无人能定”而被吓倒，或陷入英雄气短的相对主义泥淖，相反，他以一种极为积极的姿态提倡“写的历史及写的哲学史，亦惟须永远重写而已”，并且坚信“历史（当然也包括写哲学史的历史——引者注）是进步的”。所以，至少在早年冯友兰先生看来，哲学史写作（归根结底以文本研究与文本解释为基础）的实在性，乃是寄托在“惟须永远重写”的过程之中的。而综观冯先生的以上论述，发生在哲学文本的读者之间的持续不断的相互挑战（“其中无有两个完全相同……此人所写，彼以为非，彼之所写，复有人以为非”），在他看来，似乎正是促使研究者们“不断更新其文本解读”并“不断重写哲学史”的重要推动力。

专门谈谈何为“哲学性”这个问题。首先，必须承认，一个人所持有的任何观念、情态，都会以特定的方式驱动其生存，就此而言都是生存意识。“生存意识分析的文本解读”方法，也完全可以用来考察文学作品、艺术作品、政治宣传等等。这些丰富多彩的研究，当然也会涉及哲学维度，但仅凭不自觉、不系统的“涉及”，尚算不得典型的哲学(史)研究。哲学意义上的“生存意识分析”，所聚焦的是具有广泛统摄力的基础性生存意识——少数几种这样的“基础性生存意识”，便足以撑起最基本的骨架或平台，供其他更具体的生存意识在此基础上生长、演变、表现。相反，一项研究所聚焦或主要涉及的，如果是后面这些相对具体的生存意识，则它就是部门科学性的。在一些认为“哲学”大致等同于“传统形而上学”“体—用论”“范畴轮”“自然哲学”“以现代自然科学为标杆的知识论”的读者看来，“性善—率性”以及尤其是“治教—受教”似乎太过“俗气”，更像是该留给伦理学与政治学等去研究的具体事项，而不太像“足以撑起最基本的骨架或平台”的哲学议题。对于这种似乎怀着“不食人间烟火”之哲学观的读者，我建议他重新思考笛卡尔的“我思，我是”这一标志着“现代西方哲学的意识论转向”的基石性命题。最原始意义上的“我思”如果即是处于“主体间”关系中的(参考维特根斯坦反驳“私人语言”与“私人经验”的论述)，则司空见惯的“治教—受教”关系与意识，岂不正会是哲学性十足的“自我”意识的原始构成要素！和本书一起去梳理儒学史，读者们将会看到，“性善—率性”与“治教—受教”这两种生存意识，正是传统儒学用以张设“供其他更具体的生存意识在此基础上生长、演变、表现的舞台”的两大基石。历史上的儒者们，在打理自己的哪怕是最具体的生存意识的过程中，总是不得不时常检讨：“性善—率性”(强调“自作主宰”)与“治教—受教”(推崇“君师权威”)，究竟何者应被奉为真知的起点？或者，如果二者均具有积极意义，又该如何在自己的意识中协调二者关系，以便让自己和社会充分受益？“性善—率性”与“治教—受教”这两种生存意识，其基础重要性正体现在此“总是不得不”之中。也正是因为抓住了此等总是不容回避的基要议题，本研究便同沉湎于“具象”之中的“没有哲学的哲学史研究”拉开了距离。[①]

---

① “没有哲学的哲学史”之说，参见陈少明，《“哲学史”的正当性》，《天津社会科学》1998年，第2期。此文追随王国维和胡适的脚踪，将“哲学”定位为对“根本性问题”的思考，与对人生意义的“根本或整体上”的把握。
本脚注标号所在的正文段落，则将陈少明教授所意指的“根本性”“根本或整体”归结为“基础性生存意识”，认为少量的基础性生存意识“足以撑起最基本的骨架或平台，供其他更具体的生存意识在此基础上生长、演变、表现”。
另外，吴根友教授在新近的一篇论文结语中，亦表示“希望所有的哲学史著作都能体现写作者自己的哲学”，见氏撰《即哲学史讲哲学——关于哲学与哲学史研究方法的再思考》，《哲学研究》2019年，第1期。

第一篇　从事神致福到敬修德业到率性之道

（一）引言：宗教哲学语境下的教学与率性

“儒学是否宗教”之争早已进展到了“如何理解儒学的宗教性与非宗教性”阶段。[①]本着追本溯源的学术热情，相关研究者

① 《文史哲》编辑部曾于1998年第3期策划过一组《“儒学是否宗教”笔谈》，笔谈参与者皆为学界头面人物（张岱年、季羡林、蔡尚思、郭齐勇、张立文、李申），他们无不在积极意义上认为儒学具有不容忽视的宗教性，甚至在历史上起了比某些宗教还要大的宗教性作用。特别地，不止一位作者指出：新文化运动片面崇尚现代自然科学，为此而歧视包括基督教在内的一切宗教，并因此而否定（在价值判断层面）或否认（在现象描述层面）儒学的宗教性，这无论从儒学史事实还是从经世致用的实际需求来看都是不恰当的。此外，论者们还不约而同地认为，不应以基督教或者信鬼神、讲来世等作为衡量“宗教”或“宗教性”的唯一标准。这组笔谈的面世，标志着汉语学界关于“儒学是否宗教”的争论开始进入“如何理解儒学的宗教性”的新阶段。
2004年，陈少明教授在《经典与解释》，第三辑，《康德与启蒙：纪念康德逝世二百周年》（刘小枫、陈少明主编，北京：华夏出版社，2004年，第165—184页）发表《立言与行教：重读〈论语〉》一文。该文第一节对“儒学是否宗教的讨论”，进行了提纲挈领的回顾，而发现：其一，在“五四”新文化运动以来崇信科学的时代潮流之下，对儒家道德理想持同情态度的思想人士如梁启超、蔡元培等，往往会强调“儒学重视人而非神”，并据此断定儒学不是宗教；其二，任继愈等学者则站在革命意识形态的立场上，强调并批评“儒学崇信鬼神，天是最高人格神”，“传统祭拜的天地君亲师，包括孔子在内，都是神”，“儒家经典就是传达天意的教义，而历代政权组织同时也就是宗教组织”；其三，海外学者杨庆堃则从　（转下页）

们不断回归早期儒家文本，对诸如孔子的“天”“命”“天命”，以及孟子的“事天”等概念进行了富有成效的考察。[①]然而，问题的复杂之处在于，早期儒学是不断发展变化着的，研究者根本无法依据单一文本，概括早期儒学的宗教性与非宗教性。举例来说，在同一本《论语》中，我们既能发现一个罕言性与天道的孔子，也会看到孔子指天而立有恃无恐的情形。这种复杂态势只有放在长程的早期儒家宗教哲学运动中，才能得到更好的理解与说明。[②]为此，本篇将根据《诗经·商颂》《尚书·商书》《尚书·周书》《史记·殷本纪》《史记·周本纪》《左传》《论语》《史记·孔子世家》《礼记·大学》《礼记·中庸》这十种文本的部分片段[③]，尝试勾勒支配着早期儒家宗教哲学运动的基本问题

(接上页注①)“结构—功能主义”角度，将宗教区分为“制度化宗教”与“混合性的宗教”，认为儒学属于“有宗教特性的社会政治教义”；其四，杜维明、刘述先、黄俊杰、李明辉等现代新儒家，则在“终极关怀”的意义上认为儒学具有“宗教性”。总地来说，因为不同学者可以对“宗教”采取不同的定义，所以一句简单的“儒学是宗教/儒学不是宗教”，已经不足以涵括相关讨论的丰富内涵。既然如此，相关研讨自然就要进入“如何理解儒学的宗教性与非宗教性”的新境界。

① 段德智，《近30年来的“儒学是否宗教”之争及其学术贡献》，《晋阳学刊》2009年，第6期。

② 任继愈先生在“文革”后首先提出了“儒学宗教论”，其基本策略是，从几千年儒学史中抽取出在他看来明显具有宗教色彩的因子，以此佐证儒学是宗教。由此引发的争论与后续探讨，亦或远或近地围绕这些因子展开(相关文献索引，可参考段德智，《近30年来的“儒学是否宗教”之争及其学术贡献》，《晋阳学刊》2009年，第6期)。然而，在儒学演化的不同阶段，甚或在同一儒者思想发展的不同阶段，这些因子在相应的生存意识系统中往往占有不同地位，扮演着很不相同的角色。例如，祖灵崇拜与祭祖仪式在《商颂》《周书》《论语》《中庸》中的地位与意义差异极大。论者将目光聚焦在相似因子的不同时段，对儒学的宗教性所得出的认识往往会大不相同。本篇因而主张在相对长程的思想史运动中，考察宗教性因素在儒学中的升降沉浮，力求从问题意识变迁的角度解析早期儒家的宗教哲学运动。

③ 在《大学》《中庸》文本与思想分析的基础上，我们将不难处理《孟子》《荀子》中的宗教性议题。为避免本篇战线拉得过长，孟、荀资源将留待第二、三两篇另行涉及，有兴趣的读者还可参考拙文《礼教的信念机制：〈荀子·礼论〉生存分析》，《邯郸学院学报》2014年，第3期(中国人民大学复印报刊资料中心：《中国哲学》2015年，第4期，第54—64页；其修订版收录于拙著 (转下页)

与基本思维，以期通过这种以问题意识为中心的考察，推动学界与思想界更深入地思考早期儒学的宗教性与非宗教性。

在一阶概念层面，本篇的分析较为依赖“宗教依赖（信赖）意识”与“人事人为意识”这两个术语。训练有素的宗教哲学学者，一眼就能看出其中的施莱尔马赫痕迹（施氏分别称之为“依赖情”和“自主情”）。[①]笔者深知，在力求“本土化”或强调“传统文化主体性”的当下中国哲学（史）界，暴露自己的西学尾巴，容易立马招致“外在地研究传统中国哲学”或“终究隔着一层”等讥议。但“修辞立其诚”，文章写作不应过分顾念眼前之荣辱；长远来看，扎实的问题意识揭示与深入的概念辨析，一定会胜过浮泛的讥议而水落石出。在此，我只想声明：本篇并没有机械地采用“宗教依赖意识（依赖情）”与“人事人为意识（自主情）”截然二分的叙事模式，而是深入到相关文本之中，展示这两种生存意识在不同阶段的表现形态与纠缠关系。例如，本篇第（二）节将指出，《商颂》明面上看似极推崇“神灵依赖意识”，但实际上却是以“人的既定的福观念”作为其“事神”思维之基底的，就此而言，《商颂》在“宗教”的外表下包藏着实质性的“人本”立场。后来的商周之变以及孔子所直接开启的早期儒学传统，则无非是将这种潜藏的“人本”立场不断明朗化、自觉化地发扬光大而已——尽管“宗教依赖意识”仍会变换形式，而在各种关头有所回潮。

落脚到本书的主题——“性善与治教”——上，读者通过本

（接上页注③）《意志与真知——学庸之异》，附论三）。此外，《易》涉及卜筮的宗教性问题，其成为儒家经典的过程相对来说亦曲折得多。《易》在早期儒家宗教哲学运动中的地位与角色，需要专文探讨。

① 施莱尔马赫所谓的“自由情感”，其实质是“趋向独立自主和自我决定”的情感状态——我在正文中遂直接称之为“”自主情。参阅［德］施莱尔马赫，《基督信仰》（*The Christian Faith*, trans. H. R. Mackintosh & J.S.Stewart., Edinburgh: T&T Clark, 1989），第4.3节。还可参考谢文郁，《自由与生存：西方思想史上的自由观追踪》，第196—198页。

篇的考察与论述将会看到，儒家的“重教（治教—受教）”意识，最初是如何在《商颂》式宗教—政治意识形态走向极端而崩盘之后，迅速上升为西周执政者所打造并推崇的主流或正统意识形态之根基的，以及在此之后，儒家的“性善—率性”意识又何以会在强大的“重教”或“教—学”传统中走向自觉并精彩跃动的。与此相关，本篇将依次涉及如下议题：1.《商颂》宗教的“一厢情愿”（“神灵的主权”意识淡薄）特征，以及与此相应的“不可持续”问题；2.传统“德目”被自觉抬升为“人事人为”的应然标准，并因此而实质性地架空了“宗教性主宰”的机制；3.周代统治者所体会到的“人事人为”的限度问题，以及“宗教依赖意识”在这种极限处的回潮现象；4.在“德目现成—教学传承”意识下所突显出来的“知而不行—意志软弱”问题，与对治这一问题的“诚其意—意志持守”功夫，以及上述问题意识与对治方案对“知识—理解”问题（也即“真知”问题）所构成的遮蔽；5.普遍性的“非过之即不及”所映现出来的、无法归咎于教材和教师的“知识—理解”偏差问题，以及为了能在“人事人为”范围内应对此无所不在的“真知”问题而不得不设立“性善—率性”意识；6.“性善—率性”意识下的“君师”或“施教”的必要性问题，以及在“性善—率性”语境下“施教者”被神化的动力与逻辑。

这些问题环环相扣，共同推动着早期儒家的宗教哲学运动，它们是早期儒家实实在在的生存关注。本篇希望能向读者呈现活生生的问题意识与相关哲学史逻辑，而非干巴巴地罗列概念与史料。笔者相信，当代关于儒学宗教性与非宗教性的研讨，只有在这种饱含生存关注的视角下，才能不断重获并保持其应有的生命力——至少史料和概念所承载并呈现的基础性生存问题，应该是足以跨越古今的。

（二）《商颂》事神致福宗教的一厢情愿误区

探讨商代宗教意识，最宜从《诗经·商颂》谈起。《商颂》鲜明的“事神致福”色彩，使其在儒家五经系统中显得颇为独特。尽管孔门和儒家也重视祭祖，但这更多地是着眼于纪念先人、操练祭祀者孝、敬等有德品格，而非将祭祀作为谋福的直接手段。较之《尚书·周书》，《商颂》五篇全未涉及“德”字[①]，亦不强调类似于周德的“自我克制”与“惠及他人”之精神。这些诗篇崇尚乃至炫耀征伐武功（参考《玄鸟》《长发》《殷武》），毫不掩饰对长寿、丰年、健康、排场等福利的希求（参考《那》《烈祖》）。在这样一种崇尚力与福的氛围中，祖先、上帝等神灵，从根本上讲，无非就是实现祭祀者既定的福利欲求的工具。当然，祭祀者对于这些神灵表现出了相当恭敬与信赖的情态，这种恭敬、信赖之情乃是祭祀者的宗教意识的根底。总地来说，正是在这种恭敬、信赖的情态中，“祭祀以致福”才作为一种实实在在的生存意识，推动商人不断维系其宗教祭祀传统。

就宗教依赖意识的浓度与指向而言，在历时性的社会生存中，人的宗教依赖情会在当事人所措意的神灵名号间重新分配，而动态地消长。一些神灵渐渐被边缘化（如《山海经》中那些人兽合体形象的神灵），一些神灵稳坐钓鱼台（如农业社会中的社神、稷神），另有神灵则地位上升而成为所谓的“主神”或“至上神”。殷周文化圈中所谓的“（上）帝”“（上）天”，便属于后面这种最高级别的神灵。主神或至上神被认为具有最广大的权威，它

① 这并不是说商代不存在“德”字或根本不存在堪与周书中的“德”相比拟的观念，而是说在《商颂》式宗教意识主导下，强调自我克制与兼顾他人利益的“德”观念被大大地边缘化了。实际上，甲骨刻辞中的字即“德”，尽管甲骨文学界目前碍于解释上的困难倾向于否认这一点——笔者对此做出了自己的考释、论证，可参考拙文《古“德”释考：，谋求》，见拙著《意志与真知——学庸之异》，附论一。

的出现及其地位的强化往往与族群之间的征服、被征服，以及地区政治的一体化进程有着密不可分的关联。一般来说，族群征服自然而然地会使征服者的主神地位日隆，除非这种升格在现实中遇到了强有力的或充满韧性的宗教性阻力。[①]在征服者的主神统治或压制被征服者的主神的格局中，对神灵名号论资排辈的意识会进一步升级，强势的（征服者的）主神相应地进一步升格为地区文化圈中的至上神。对于不是生活在社会一隅，而是需要不断面对社会全体或诸多不同领域之事务的王与诸侯来说，他们当然希望权威最广大的至上神始终站在自己这边。而一旦相信自己与这种最高级别的神灵建立起了稳固的协同关系，当事人便有底气睥睨一切人、物、事，甚至敢于轻慢那些低级别的神灵。在《尚书・商书・西伯戡黎》中，祖伊批评商纣王“淫戏用自绝”，《尚书・周书・牧誓》则指控纣王“昏弃厥肆祀弗答”（不举行报答祖先的祭祀）[②]——纣王何以敢于怠慢世俗人事，乃至荒废对祖先神灵的祭祀呢？归根结底正是因为他持有“至上神无条件地站在自己（作为王）这边”的宗教心理。这种自视天保永在故而有恃无恐的心态，在纣王反问祖伊的那句话——“我生不有命在天”（《西伯戡黎》）——中表现得淋漓尽致。纣王这句不假思索张口即来的反问，盖在一定程度上，表征着那一区域在那个时代的主流意识形态。在此，我想强调的是，纣王或那时那地所流行的这种极端有恃无恐的宗教心态，恰恰植根于《商颂》式“神、福（人所欲

---

① 例如，罗马虽然是军事与政治上的征服者，但后来在宗教上，却整体归向了最初在蕞尔小国以色列（犹太地区）兴起的基督教。这种宗教影响力与政治实力不相称的现象，尤其能体现宗教因素的相对独立性（也即有其独特的感染力与运作逻辑）。然而，在《商颂》式“神福（人所欲求的福）一致”“神与力（人所欲求的力）一致”的信念中，征服者的政治实力始终被视为体现其所供奉的神灵的实在性及其大能的基本指标。

② 本篇中的《尚书》引文皆取自顾颉刚、刘起釪，《尚书校释译论》，北京：中华书局，2005年。除非是大段引用，否则仅随文标注篇名。

求的福)一致”“神、力(人所欲求的力)一致”“(从事神致福蜕化到)至上神无条件地站在我这边”的思维之中。

作为传世《尚书》文献的作者(或文本写作过程的主导者),商周诸王或诸侯们无不希望与神灵尤其是至上神建立协同关系。问题在于,如何确定这种关系之有无呢?这个问题的关键之处在于,如何**界定**神灵与人之间存在着协同关系?按《商颂》文本,神灵在祭祀过程中并不发话。就此而言,《商颂》式宗教不具备“启示”要素。也就是说,这些所谓的神灵并不表达自己的意思;对于祭祀者所希求的协同关系,《商颂》中的神灵实际上从来都是不置可否。那么,有无什么指标,可以有效地检验这种关系的有无呢?我们注意到,祭祀亦不同于巫术,并不追求就事论事的立竿见影果效;至少《商颂》式祭祀者并不追求以立竿见影的实际效果,验证人与神灵之间的协同关系。在这种情况下,祭祀者心中的宗教依赖情感的浓度,就成为表征人与神灵之间协同关系的主要指标,所谓“信则有”是也。

人按照传统仪轨举行祭祀,在行礼过程中往往会生发出肃穆、庄重、与社群一起参加祭祀的人群融为一体等体验。这些体验究竟是从何而来的呢?是由外在氛围触发,还是由当事人肢体动作所导致(犹如导引行气),抑或真的是神灵即时临格的反应?上述种种宗教性的情感或体验往往时浓时淡,甚或时有时无,这些差异究竟应该归因于当事人的资质或身心状态有别(注:如果是出于人的资质与身心状态上的差别,则相关体验就更应该归因于人的身心机能,而非归因于所谓的神灵来格),还是应该归因于受祀的神灵在不同祭祀者身上以及在不同时候有不同的作为呢?这其中,最根本的问题就是,究竟什么样的体验才是神灵临格的效应?对于这一根本性问题,《商颂》并无自觉的思考。实际上,由于祭祀采取人与神灵相对待的形式,在恭恭敬敬地履行祭仪之际,祭祀者自然而然地会倾向于将祭祀中的种种体验视为神灵临格之效应。但是，若严肃地考虑问题的复杂性，尤其是鉴于《商颂》中的神灵并不主动表达自己的心意，将任何体验定性为神灵临格的效应，都可说是一厢情愿的想当然。当然，也正是由于对上述问题缺乏自觉之反思，这种“体验+定性”才会自然而然地起到强化祭祀者宗教依赖信念的作用，使传统宗教信念以某种“实有所感”的鲜活样态得以维持。然而，一旦信仰者（姑且这样称之吧）的现实遭遇与传统宗教信念发生重大冲突，这种一厢情愿的宗教依赖感就会在惊愕中强烈地动摇。

作为上述“一厢情愿”特征的典型表现，《商颂》一方面遵循“事神致福”的原则，践行“媚悦神灵”的仪轨并自信神灵已经允诺赐福，另一方面则对现实中的“苦难”问题绝口不提。例如，《烈祖》开篇曰：“嗟嗟烈祖，有秩斯祜（赐福不断）。申锡（一次又一次地赐福）无疆，及尔斯所。”[①]“有秩斯祜”与“申锡无疆”讲的是以往的赐福与受福经历，过去的生活被叙述为神灵赐福与人从神灵受福的历史。按照这种讲说，烈祖神灵赐福无限，商人的生活理应一片美好。然而，人的生存实况却是，各种困苦总是在所难免；对于福利的祈望与珍视，反而能够反显出现实的苦难。但是，包括《烈祖》在内，《商颂》五篇却对苦难问题只字不提。对比希伯来—基督教的《圣经》传统，“苦难”议题在《商颂》中的缺场，尤能突显这种宗教的“一厢情愿”特征。[②]“嗟嗟烈祖，有秩斯祜，申锡无疆，及尔斯所”，实际上是在借“叙旧”的方式奉承神灵夸赞其以往赐福无限，以此媚悦心目中的神灵，同时也以此鼓舞祭祀者继续持定神灵必会赐福的宗教依赖信念——正因持有这种信念，所以才又一次“及尔斯所”举行祭祀。接下

---

① 本篇中的《商颂》引文及注释依据褚斌杰，《诗经全注》，北京：人民文学出版社，1999年，第443—444页。

② 对这个问题感兴趣的读者，还可参考拙文《〈商颂〉“致福”思维与〈圣经〉中的“苦难”问题》，见拙著《意志与真知——学庸之异》，附论二。

来，《烈祖》中的祭祀者一面摆上清酤、和羹，一面随即在想象中营造出一幅“赐福—接福”的意象(如“绥我眉寿，黄耇无疆”“以假以享，我受命溥将”等)。然而，通观《烈祖》文本，祖灵在整个祭祀过程中，实际上一言未发。神灵们是否悦纳上述言辞与祭物，是否真的决定赐下祝福？这些在“对待”关系中本该由神灵做主并由神灵主动表态的问题，在诗中却由祭祀者不客气地按自己的愿望代为作答了。以祭祀者所珍视的福利(清酤、和羹、乐舞等)媚悦神灵，以此向受祀神灵讨要自己所希求的福利，再按照自己的心愿想象神灵允诺赐福，并摆出受福的姿态——“一厢情愿”的特征，可谓贯穿这种宗教祭祀的始终。

不得不说，这种“媚悦—赐福—接福”的仪式设计，尽管不追求立竿见影的果效，但多少还是带有“相似相感”的巫术操纵意味。当然，与巫术追求立竿见影的利好效果不同，《商颂》式宗教并不追求在特定时间内解决特定的问题。《商颂》中的祭祀者在一厢情愿的信念中，向神灵提出的都是一些泛泛的或长期观察才看得出效果的祝福，如“成(福)”“眉寿(长寿)”“丰年”等。在举行过相应的祭祀仪式之后，祭祀者们即便遇到各种困苦或不如意，但只要人还活着，种族还在延续着，温饱大体能够维持着，就总可以继续相信神灵在赐福保佑。可是一旦出现极其严重的情况，眼看着福祉耗尽或族群急剧衰落，上述一厢情愿的宗教信念就会迫近崩溃。在这方面，《诗经·大雅·云汉》(这是一首周诗)颇值得一提，虽然人们反复祭祖、求神，但严峻的旱情始终得不到丝毫缓解，在此情况下，人们开始由一厢情愿的“赐福—受福”信念，转向对神灵的抱怨与怀疑。

而在不那么严峻的处境下，由于神灵不主动发话，《商颂》式宗教实践者总是想方设法，以自己所愿意信服的方式(如强调血缘纽带、进行叙旧性夸赞等)，将自己的主观愿望加在神灵头上，并在履行祭仪的过程中不断强化相关信念。实际上，人对于福利的主观愿望与人的宗教性情感相结合的契机多得不可胜数，各种传统观念或当下感受、流行观点或个人体验、稳定的社会秩序或突发的社会事件，等等，在特定情况下皆可以成为宗教性信念得以生成、维持、强化的推手。问题在于，如此生成并维系着的宗教性信念，其韧性究竟如何？

按《史记·周本纪》记叙，周武王在伐纣成功之后，曾因思及“维天建殷”而“我未定天保”，无法入寐。[①]这意味着，商纣王用“我生不有命在天”句所表达的“王者无须担负责任，而尽可放心大胆地享受权力与福利”的宗教—政治信念，在很大程度上乃是当时商周文化圈的重要共识。武王急切地牵挂“定天保”问题，无非就是想要为新生的周政权明确地敲定“维天建殷”式的宗教—政治地位。就此而言，这种绝对的(无条件的)“天保”“天建”或“有命在天”意识，确实在商代意识形态中长期占据主导地位，周武王的焦虑充分体现了传统宗教—政治信念的惯性和力量。但尽管如此，从大臣祖伊在商朝末年对商纣王极其严厉的进谏之辞来看，王者理应承担人事人为之责任，这在当时(以及后世)也是一种实实在在的社会诉求。这种人事人为的精神尽管在殷商末年被极端膨胀了的宗教性信念所压制，但它实际上却是同样地源远流长且享有广泛的文化心理根基，这是商周之际商周文化圈中的另一项重要传统(在商周之变之后，它将大放异彩)。也许，是纣王本人的特殊经历(如：生在王家，从小见惯了特权，天资聪颖，并因此而种下了高人一等的优越感)，使他倾向于将《商颂》式宗教依赖意识，极端地膨胀化为一种“王者有命在天(王者无条件地享有天保，可以无忌惮地享受权力与福利)”的

① 《史记》引文取自[汉]司马迁撰，[宋]裴骃集解，[唐]司马贞索引，[唐]张守节正义：《史记》，卷四，《周本纪第四》，北京：中华书局，2011年，第114页。后引《史记》文本，仅随文夹注书名、篇名。

宗教性信念。然而，进谏者祖伊对纣王不负人事努力之责而一味“责命于天”的宗教性信念却非常不以为然(《尚书・商书・西伯戡黎》)，这种强烈的异议声音也能反衬出纣王式的极端膨胀了的宗教依赖信念的一厢情愿性(毕竟是可怀疑的，商纣王凭什么如此信誓旦旦，可曾得到过至上神天的明示?)——当然，在上述极端化宗教信念的持有者(纣王)仍然强势掌权的情况下，祖伊不以为然的表态与反衬不可避免地会显得软弱无力。

前面指出，出于依附神灵能力以致福的动机，人人都希望大能的神灵站在自己这一边。在这种主观愿望的作用下，生存者对于神灵和自己的协同关系“宁愿信其有，不愿信其无”，因而会抓住各种契机巩固自己对于上述协同关系的确信。在《商颂》式宗教传统中，在个人成长的特殊境遇下，商纣王对于上述协同关系的一厢情愿的确信，膨胀到了无以复加的极端地步。极端膨胀了的主观(一厢情愿)的宗教性信念，表面上看极为强烈，实际上却更容易被现实中的重大风浪所摧折。一旦这种最显赫的宗教—政治信念遭摧折，一般意义上的宗教依赖意识(不那么极端的，或者按其他模式运作的)，往往也会不分青红皂白地受到连累而名誉扫地。

宗教意识都是有内在逻辑的。在一厢情愿的宗教性意识中，当事人所拥有的，不过是基于主观愿望的信念而已。假设真的存在拥有无限致福能力的神灵(如所谓帝或天)，但若当事人的主观信念与神灵自己的心意相违，那么不管当事人主观热情多么高涨，其都将无法通过践行这种信念分享神灵的致福能力。相反，他会因为践行了违逆神灵心意的主观信念，而得罪神灵并致祸。这是强调“神灵主权”的宗教意识的共同逻辑。“违逆神灵心意”或“得罪神灵”的意识与提法，为不如意的苦难现实提供了巨大的宗教解释空间，从而有助于信仰者在逆境中继续维持其对神灵的依赖，并相应调整其具体信念和行动。也就是说，在强调神灵主权的宗教模式中，宗教信赖情和具体信念之间存在着“寻求神灵的旨意”这个缓冲带，宗教信赖意识不会因为具体信念遭遇严峻挑战而急剧崩溃。但在一厢情愿的宗教性意识中，由于当事人始终意在按照自己认定的主观性宗教信念事神并受福，实际生活中一旦出现事与愿违的重大苦难，那些基于主观愿望的宗教性信念往往就难以为继。因为单就人的主观愿望而言，只有不断获得合乎自己预期的福利，才能维持其宗教性信念。巫术之所以日益被经验科学所取代，归根结底也是因为，在经验上可重复验证和利用的科学知识，较之想当然的巫术信念与操作，能更有效地满足人通常的致福需求。

一种宗教性信念，如果未能保障当事人获取或保有至关重要的福利，那么在仍旧相信相应神灵存在的前提下，逻辑上，人们或者会归咎于当事人践行相应宗教信念（包括宗教礼仪信念等）的力度不够（因而未能打动神灵），或者则会干脆质疑相应的宗教信念（包括宗教礼仪信念等）本身的正确性，怀疑其并不符合该神灵的真实新意。不过，对于将《商颂》式宗教依赖信念极端化为“王者无条件地拥有天保”的商纣王来说，这里根本不存在“对相应宗教信念（包括宗教礼仪信念等）践行力度不够”的问题，因为这种极端化了的宗教性信念根本不要求他努力做什么，而只是一味授权他无忌惮地享受权力和福利。但是，当铁一般的商周之变事实将商纣王连同整个商族从王权享有者地位上推下来之后，纣王式无条件的“有命在天”信念便会沦为众所共弃的敝屣，被认为根本不符合天的真实心意。在接下来的反对清算这种极端膨胀了的一厢情愿的宗教依赖意识的新思潮中，《西伯戡黎》篇中祖伊所代言的人事人为的责任意识，就会转而成为有识之士反思批判纣王式的一厢情愿且自我膨胀的宗教性信念的基本参照（这大概正是《西伯戡黎》得以撰写并收入《尚书》的动因所在吧）。在此基础上更进一步便是，一般意义上的宗教依赖意识开始在反思中带上臭名，而在文化和意识形态大传统中式微。[①]

在本节最后我想再次强调，商纣王式的“王者无条件地享有天保”的信念尽管极端，但本质上仍然属于“《商颂》式宗教意识”的范畴。在一厢情愿地保有宗教依赖信念这一点上，商纣王所自信的“有命在天”，与《商颂》式“事神致福”如出一辙。《商颂》式祭祀者并不试图对自己与神灵的关系进行有效性验证，他们毋宁是采取了一种“宁愿信其有”的态度；只要商纣王手中尚握有足够的政治权力，尚有余地去轻视“西伯既戡黎”之类的负面事实以及大臣祖伊的劝谏、责备，他的内心世界就会一直如其所愿地充斥着“有命在天(天保同在)”的主观信念。《商颂》与商纣王(《西伯戡黎》所呈现的纣王)，本质上都是在以“宗教性信念”的形表，包藏“一厢情愿的主观意愿”。它们的区别仅

---

① 《尚书·商书》之《高宗肜日》《西伯戡黎》《微子》，均旨在克制宗教依赖意识，而提倡人事人为精神，它们在气质上与《商颂》反差极大。这种差异盖为选择性追述，或者是对既有文献重新选编的结果。考虑到在商纣王统治下商族仍有祖伊、比干、箕子式人物出现，在商周之变之后，商遗民中会出现积极认同“敬德修德以配享天命”这一新意识形态命题的上层人物并不奇怪。而在胜利者周人的新意识形态话语感召力日隆的背景下，商遗民中的这类人物在保存、编辑、续写商人《尚书》类文献时，自然会尤为珍视商族历史上能够凸显“敬德修德”意识的人物、事件和言论。此外，周人统治者为了强化其“敬德修德以配享天命”的新意识形态宣传，也可能会有意识地推动商遗民本着新的意识形态原则，追述或重编诸如上述三篇的《尚书》类文字，并将其郑重纳入自己所传承的《尚书》系统之中。

王正则基于《高宗肜日》《西伯戡黎》《微子》三篇文字认为，商代后期中原文化圈即已出现了“由上帝宗教到人文德性的转折”(参见氏撰《殷商后期由上帝宗教到人文德性的转折》，《殷都学刊》2012年，第4期)，这一论述未能虑及《尚书·商书》存在着选择性编辑与选择性继承的可能，低估了商周之变“重塑”古事记叙与古代文献的力道。此外，“人文德性”(笔者更喜欢将其还原为“人事人为精神”)在时间上未必后于“上帝宗教”，特别地，“人事人为精神”绝非如徐复观所认为的那样只有自觉突破了上帝宗教意识之后才会首次“跃动”。这种“上帝宗教禁锢人文德性，打破宗教桎梏之后，人文精神才闪亮登台”的早期中国思想史叙事框架，其实不过是对近代欧洲“启蒙运动”叙事逻辑的不自觉且不恰当的模仿。而按照笔者的考察，作为“人文德性”之原始核心的人的“谋求”意识，其实正是甲骨“德”字的基本含义，而且，这一义项直接就是传世“德”观念的源头。可参考拙文《古“德”释考：，谋求》，见拙著《意志与真知——学庸之异》，附论一。

仅在于，前者要求信念持有者定期举行祭祀活动，将此祭祀制度视为人对神灵的应尽义务（就人要操持这些仪式活动而言，这实际上也是一种人事与人为，这些义务因而可以归类为“宗教性德目”）；后者则将信念持有者从一切人事人为意识中抽离出来，使当事人趋于沦为彻头彻尾的好吃懒做者（当然，这只是就趋势而言，后一种信念会不断消解持有者的人为努力意识；但现实中的人类生存者，不可能毫无人事人为的努力意识与努力举动，《史记·殷本纪》谓纣王“距谏”“饰非”“矜人臣以能，高天下以声”，这些其实正是商纣王为了维护自己极端的宗教—福利信念，而采取的一种防卫性的人为努力）。

（三）商周宗教观念之变：人为之德架空宗教主宰

在《为中国文化敬告世界人士宣言》中，四先生指出：“而真正研究中国学术文化者，其真问题所在，当在问中国古代人对天之宗教信仰，如何贯注于后来思想家之对于人的思想中，而成天人合一一类之思想，及中国古代文化之宗教的方面，如何融和于后来之人生伦理道德方面及中国文化之其他方面。”[1]实际上，“商周之变”与《尚书·周书》，正是上述“贯注”“融合”的起点与关键。其中，最关键的一环就是，将“天”或“帝”所代表的至上的宗教性权威转移（“贯注”“融合”）到人为之“德”头上。

前面指出，“王权出自天命”“天命为王权护航”之类的信念，在商周之变之前，已经成为商周文化圈的一大共识。在《西伯戡黎》所呈现的商纣王的生存意识中，此类信念占据着彻底压倒了人事人为意识的强势地位。与此相应，尽管在革命成功之

---

① 牟宗三、徐复观、张君劢、唐君毅合撰，《为中国文化敬告世界人士宣言——我们对中国学术研究及中国文化与世界文化前途之共同认识》，第五节，《民主评论》1958年元旦号。

前，周人已经有了长达数代的铺垫，早已树立起比较坚定的代殷决心，但革命一朝成功，周武王亲自坐上王权宝座之后，一种迫切需要至上神佑护王权与大业的安全需求，立马在周人统治者心中油然而生。这种需求的迫切性，仅从代殷成功之后，周武王思及“维天建殷”而“我未建天保，何暇寐”便可见一斑。按《史记·周本纪》记叙，周武王在伐纣功成归来之后，竟因思及“维天建殷”而“我未定天保”，而无法入寐！传统的“王权”与“天命”、“天建”与“天保”宗教政治议题，在革命成功之后，开始更加正式地占据革命者的头脑。在这种情况下，如果周人统治者仍然打算正视自己的革命史，那么他们就无法简单袭用“天命无条件护佑王权”的传统信念（在殷商末代尤其突出），而是必须重新构建一套宗教—政治意识形态，既充分解释自己的历史经验，又赋予新生的王权与王族以“天保”的安全感。正是这种内在需求，使得周人的新意识形态构建无法草草了事地袭用革命对象曾经宣称的“王者无条件地有命在天”，将其套在自己头上招摇过市。周人的革命史恰恰告诉他们，“天命”或“天保”是有条件的。

周武王所谓的“我未定天保”之“定天保”，在《史记·周本纪》上下文中直接与在“天室山”营建沟通上天与王权的宫城相关。[1]就此而言，让周武王夜不能寐内心焦急的，主要是赶快营

---

① 多数学者认为上引《史记·周本纪》中的“天保”意指“上天保佑”，联系上下文我们可说，武王决定在天室山营建宫城（“定天保，依天室”“营周居于雒邑”），其根本旨趣即在于巩固周族王室与至上神的协同关系。与此主流见解不同的是，彭裕商在1999年提出，在上下文中，“天保”只能理解为“大堡”，“定天保”在上下文中因而不过是“修建大城堡”，且目的是为了“把这些在当时仍有较大政治影响的殷代遗族迁到该地”（“悉求夫恶，贬从殷王受”）。彭裕商尽管也承认此“大城堡”“也就是后来成周和王城的所在”，但在行文中却坚决拒绝考虑王城的宗教属性，可谓刻意回避了“天保”的“上天保佑”意涵。彭裕商的论述参见氏撰《周初的殷代遗民》，《纪念殷墟甲骨文发现一百周年国际学术研讨会论文集·商史研究》，河南：安阳，1999年，第569页。实际上，营建旨在巩固上天保佑的都城，与迁徙、控制殷遗民，完全可以并行不悖，而根本无需（在道理上亦不成立）非此即彼地以后者为由，论证在周人统治者那里不存在前一种动机和行动。

建新都，以便在规制上完成宗教对政权的背书（与此同时还涉及殷商遗民的控制问题，这直接关系到新生王权的政治安全）。接下来的事态如果继续沿此逻辑进展的话，周人的“定天保”意识最终势必与商纣王所代表的“（无条件的）有命在天”信念相一致，换言之，蕴含在前述不安全感中的“革命的合法性问题”，将从总体上被革命成功的事实所遮蔽。也许真的是上天不希望中国文化大传统长期在商纣王式“极端膨胀的一厢情愿的主观宗教性信念”中徘徊，稍后发生的武王驾崩，管叔、蔡叔趁机联合殷商遗民叛乱，直接向新生的周王朝提出了究竟要不要振作起来重新巩固刚刚取得而又岌岌可危的“王权—天命”的难题。这一系列新事态，重又将“革命的合法性”“王权与天命的关系”问题无可推诿地摆在了新的周王（周公和成王）、周人统治者阶层、周族的革命联邦面前。

《尚书·周书·大诰》反映了周王（周公和成王）在紧要关头的艰难思考与决断过程，包括他们面对问题时的真诚态度，也包括他们对先人的创业（革命）史以及代代相传的历史（革命）经验的珍视，还包括人在重大关头不敢代天立言而诉诸“大宝龟”占卜以“绍天明命”的传统宗教性做法。这三重因素构成了《尚书·周书》的思想动力，后两者的此起彼伏，可以说，历时性地决定着周代“宗教—政治”意识形态的格局。本节，我们先来检讨最典型的一种格局，也即“人为之德架空宗教性主宰”的格局。

周人的历史经验，是构建新的宗教—政治意识形态的一大宝藏。在成功代殷之前，周人虽然也笃信“王权必须有天命作保”，并日益相信本邦已经“受命”，且在友邦和诸侯们中间越传越盛，[1]但因事实上远未登基，周人统治者绝对无法理直气壮地

---

① 《史记·周本纪》记载，古公亶父在立嗣之际曾预言曰：“我世当有兴者，其在昌（西伯，即周文王）乎”；西伯晚年，诸侯中间开始出现“西伯盖受命之君” （转下页）

诉诸这种“受命”信念，在诸侯们中间作威作福。按照《史记·周本纪》的记叙，在谋划并实施代殷革命的过程中，周人统治者从文王到武王始终充满谨慎，避免给人留下作威作福的印象。为了不断争取人心、积聚势力，以便最终实现夺权大业，周人统治者长期保持清醒的自我克制(这一点正与商纣王“无忌惮地享受权力与福利”的形象形成了鲜明对比)，尽可能按照大家都能接受的火候和分寸行事，以稳步发展自己的势力。[①]此所谓“大家都能接受的火候与分寸”，当然不是指乌合之众一拍即合意义上的“能接受”，而是指那些经得起推敲和品评的应然共识。在观念进化缓慢的上古时代，这种应然共识通常就是传统信念，或者至少是有传统文化心理结构为其背书的原则或规范。《尚书·周书》用“德”字概括指称这些应然的信念、原则或规范，当代汉语学界因此常常称之为“德目”。[②]

(接上页注①)的传言，“诗人道西伯，盖受命之年称王而断虞、芮之讼”。种种迹象表明，周人在正式代殷之前，即自认为或被认为已经“受命”。此外，王晖甚至指出，《逸周书·世俘》篇所谓“(武王)告于周庙曰：‘古朕闻文考修商人典，以斩纣身，告于天于稷’”，指的是“周文王行用商人典祀”，周原甲骨中甚至发现了文王、武王时遗留下来的帝祀殷先王，以求册封周方伯有天下之命的卜辞。参考王晖，《殷周文化比较研究》，北京：人民出版社，2000年，第134—136页。

① 可参考《史记·周本纪》对“西伯阴行善，诸侯皆来决平”的记叙。武王的自我克制，在盟津之会末了表现得极为充分：“武王渡河，中流，白鱼跃入王舟中，武王俯取以祭。既渡，有火自上复于下，至于王屋，流为乌，其色赤，其声魄云。是时，诸侯不期而会盟津者八百诸侯。诸侯皆曰：‘纣可伐矣。’武王曰：‘女未知天命，未可也。’乃还师归。”在众望所归且瑞兆两现的情况下，武王还是以“汝未知天命”为由，在超额取得了继承文王(西伯)威信的效果之后，便果断结束了这场观兵会盟之旅，而非匆匆启动伐纣的计划与征程。这说明，以武王、周公旦等为代表的周人政治家是非常讲究处事的火候与分寸的。

② 《尚书·牧誓》表明，在商周之变之际，关于重大政治事务，商周文化圈中确实存在着一系列应然共识(也即德目)。大战在即，《牧誓》作为动员军心的誓词，特别数落了纣王的四大罪状。数落这些罪状之所以能收到动员军心的效果，正是因为讲者与听者在大是大非问题上共享大致相同的判定标准(可谓之基要德目)。关于这种“德”观念之起源的探讨，可参考拙文《古“德”释考：，谋求》，见拙著《意志与真知——学庸之异》，附论一。

周人数代以来稳扎稳打的革命史，使其政治精英深刻体会到了传统德目的力量。这种力量最鲜明的体现就是，诸侯们在代殷过程中，真心拥护努力按“德”原则与“德”精神办事的周王与周邦。这样一来，当“定天保”或“构建新的宗教—政治意识形态”的重大议题正式提出时，周人统治者势必就会近乎本能地提出“敬德修德以配享天命”的原则性命题。[①]而从听众角度看，既然周人在历史上已经通过“敬德修德”赢得了包括本听众在内的普遍拥护，他们就势必还会继续买“敬德修德以配享天命”命题的帐。就此而言，“敬德修德以配享天命”命题甚至在尚未提出之际，即已经潜在地拥有了广泛的群众基础。这样，它一经提出，就会迅速而广泛地打动人心，顺利取代“王权与王家无条件地受上天保佑”的旧信条，一举上升为意识形态领域的首要原理。

我们进一步解析这条新命题的宗教哲学意涵。由于“敬德修德以配享天命”之“德”指称一系列传统德目，这个命题实质上是将遵行传统德目的人事人为努力，设定成为王者配享天命（王权）的条件。而由于基于既定标准的人为努力被设定成为配享宗教性保佑的条件，这一信念一旦普及开来，《商颂》所代表的传统宗教依赖意识势必就会全面衰落。

---

① “敬德修德以配享天命”或简称“以德配天”并非《尚书》原文，但可视为对诸如《尚书·召诰》中的相关论述的准确概括。顺便一提，在当代语言分析哲学中，“命题”一词指的是“句子的含义或所指”，而非是指句子本身。本篇也是在这个意义上使用“命题”一词的。

此外，还需补充说明的是，在《召诰》之前，《大诰》《康诰》《酒诰》提出了一种基于“上天佑助”的“天若德/天若元德”概念，此与《召诰》以人事人为的“王其德之”重新界定宗教性的“祈天永命”，在旨趣上存在较大差异。不过，这并不意味着“以德配天”意识，在《尚书·周书》中晚于或从属于“天若德/天若元德”意识。实际上，武王伐纣的《牧誓》尽管未使用“德”字，但其所秉持的基本思路就是，有德才配享天命，商王纣败德过甚，我等故而奉天命讨罚之。此《牧誓》面世时间正在《大诰》《康诰》《酒诰》之前。至于在“以德配天”的大原则下，为何还会出现“天若德/天若元德”概念，可参考本篇第（四）节的讨论。

周人所推崇之“德”必待人为努力才能成就，关于这一点，劳思光先生的以下论述值得一读：“周以一‘小邦’（周人如此自称），而推翻殷人之霸权，为中原之主。其事至艰，其所遇抗力亦极大。尤其殷人败后，纠合同盟，集东夷集团及其它部落之力量再与周人相争时，周之领袖武王已死，本族中人心亦不安定，以致管蔡之流竟反助殷人。形势险恶可以想见，此时周人遂不得不自求奋发，做存亡之争。人在艰苦环境奋争时，必要之观念基础在于坚信人之努力可克服客观存在之困难：周人正处此历史环境中，遂发展出强调人之主宰地位之思想倾向。”①劳先生在此虽然没有援引《尚书·周书》，但他正确地点出了《周书》中反复出现的“敬德”“修德”之“敬”“修”二字的“人事人为”本质。这种自主努力的意识（而非宗教依赖意识），实乃“周德”的首要特征与基调。而由于将人事人为之“敬德”“修德”设定成为“配享天命”的条件，“敬德修德以配享天命”命题中虽然也含有“天命”元素，但由于“敬”与“修”的人为努力成了配与不配的条件，用来规范人之“敬”“修”行为的传统德目，实际上同时被设定成为“天”用来考核人（以决定是否眷顾、保守之享受王权—天命）的标准。就此而言，“天”作为至上神的主权，被完全让渡给了传统“德目”：严格遵行传统德目者，天没有理由厌弃之，而是必须充充足足地福佑之。

与商纣王蔑视人事人为努力的“有命在天”信念正相对反，周人的“敬德修德以配享天命”意识则是在宗教命题的外衣下，彻彻底底地以人事人为的自主努力架空了被设想为至上神的宗教性主宰。经此架空，传统德目与人为努力被最大限度地高举起来，“天”或“天命”则只有作为附丽为功成名就者增光添彩的份儿。质言之，宗教性的“天命”，在“以德配天”命题中的实质性

① 劳思光，《新编中国哲学史》，桂林：广西师范大学出版社，2005年，第54页。

作用，将仅止于为“以传统德目为标准的人事人为精神”背书。相应地，接下来的中国思想史的主流趋势就会是，宗教依赖意识日趋衰落，人为努力意识日益自觉。

在本节最后，我们通过一个例子，来展示上述大势。《尚书·周书·召诰》中有这样一段：

> 我不可不监于有夏，亦不可不监于有殷。我不敢知曰有夏服天命惟有历年，我不敢知曰不其延，惟不敬厥德乃早坠厥命。我不敢知曰有殷受天命惟有历年，我不敢知曰不其延，惟不敬厥德乃早坠厥命。今王嗣受厥命，我亦惟兹二国命，嗣若功。王乃初服！呜呼，若生子，罔不在厥初生，自贻哲命！今天其命哲？命吉凶？命历年？知今我初服。宅新邑，肆惟王其疾敬德！王其德之，用祈天永命。[①]

“祈天永命”本是表达宗教依赖意识的典型用语，放在《商颂》语境中显得尤为和谐。“疾敬德”“德之”在《尚书·周书》中，则旨在强调人事人为或自主努力精神。此处，“鉴于有夏”“鉴于有殷”所得出的“自贻哲命”教训之“自贻”二字，其实正是针对商纣王式的“有命在天”而发，力求以一种“自求多福”的意识取代对“天”或“天命”的依恃。所谓“自贻哲命”，站在传统的“敬天畏命”立场看，简直就是大逆不道。与此自求多福的意识相一致，接下来的三个问句——“今天其命哲？命吉凶？命历年？”——则从骨子里透露出了“天命不可信”的意味。而与“自贻哲明”的意识相呼应，这段文字最后竟堂而皇之地将旨在强调人事人为或自主努力的“疾敬德”“德之”，奉为“祈天永命”的基本途径。这实际上是在强行修改传统宗教术语的定义，

① 顾颉刚、刘起釪，《尚书校释译论》(第三册)，第1441—1442页。

力求在公共语言层面彻底瓦解《商颂》式宗教依赖意识！

（四）宗教依赖意识在“天若（元）德”信念中的曲折表达

不过，在西周崇“德”语境下，宗教依赖意识也并未彻底归于无有。这是因为单方面崇尚人事人为（人为努力）的“敬德修德以配享天命”的命题，无法完全满足周人在现实政治中对于安全感的诉求。在概念上，“以德配天”允许任何有德者占据王者之位。这里，德（德目）是唯一的标准。任何人，在为人处事上能充分满足这些标准，原则上便有资格掌握王权（天命）。站在现实政治尤其是统治者角度看，这是一个巨大的不稳定因素。想想看，普天下的诸侯若皆以谋求王权（天命）作为修德动力，那么敬德修德反而就会成为动乱的根源。特别地，作为被革命者，殷商旧族完全可以通过宣称“商人已经痛改前非，已经恢复先祖之德”（周人也将“殷先哲王”奉为学习的榜样，见《康诰》），要求重掌王权（天命）。在逻辑上，“以德配天”命题，无法杜绝这种诉求。

周族初履大位，根基有待进一步巩固，对许多王权事务尚不熟悉，相关纰漏均可视为“无德”或“德不足”的表征。实际上，按《尚书·周书·洪范》记叙，武王于克殷后第二年访问殷商贤臣箕子时，曾开门见山地直说：“呜呼！箕子。惟天阴骘下民，相协厥民，我不知其彝伦攸序。”所谓“我不知其彝伦攸序”，实际上就是在承认统治经验不足。在这种情况下，殷商旧族若重整旗鼓并宣布因悔过、改过而重新受命，周人仅凭“敬德修德以配享天命”命题将无法招架。而根据《史记·周本纪》记叙，周武王去世后，商纣王之子武庚很快即联合周人管叔、蔡叔发动叛乱。《尚书·大诰》对此亦有所反映：“越兹蠢殷小腆，诞敢纪其叙；天降威，知我国有疵，民不康，曰：‘予复！’”这里，叛乱的殷人声称要“纪其序”“予复”，意思正是要重掌刚刚失去的“王权—天命”。

尽管周人此时在实力上占据压倒性优势，并因此蔑视作乱的殷人为“蠢殷小腆”，但对新生的王权来说，这着实也是一场重大的政治危机。若缺乏坚强有力的应对，新生的政权真有可能毁于一旦，而要做出强有力的应对，周人统治者便不能再像《史记·周本纪》所表现的西伯（文王）、武王在蓄势待发阶段那样过于讲究克制，这样反而会消解同盟的信心与士气。现在，正是千钧一发的“保命”时刻！

而且，也正是在《大诰》这篇诰文中，周王（成王与周公）毫不掩饰地将“王权—天命”称为“大功”“文武图功”“文考图功”“丕丕基”“成功”“文王图事”“前文人图功”等。这意味着，对“王权—天命”所内含的“大权”与“大福”的欲求，构成了周人“敬德修德”的原始而基本的动力。反过来看，正因为这是一个众所垂涎的大福，西伯（文王）、武王当初长期表现出来的自我克制（宁肯延缓进程，以便在联邦中最大限度地凝聚共识），才会被视为“有德”的体现。现在，革命夺权成功，周人数代以来经之营之、心向往之的大业和福祉已然处于掌握之中——周人统治者这时怎么舍得进一步发扬自我克制的精神，以一种超越功利的姿态，采取诸如在殷商遗民中择贤而立的方式，将到手的“王权—天命”归还殷商民族？周人领导层中的个别人即便萌生出这种想法，也势必会被数代以来流行于族群内外的“受命—革命”的思维惯性压制下去。就此而言，以周王（成王与周公）为代表的周人统治者，势必倾向于用强力应对反叛，重新巩固刚刚到手的王权。然而，这是一场巨大的冒险，因为它不像武王伐纣那般从容自得（经过了至少两代人的精心铺垫）。为此，周人统治者需要在短时间内专门凝聚起更大的信心和共识。

《大诰》中的周王是如何做到这一点的呢？简言之，其基本思路是，想方设法重申天或天命已经完全站在或落在了周王室这一边。质言之，这是商纣王式的“有命在天”意识的回潮。然而，

《大诰》在崇“德”语境下，对它进行了新的论述。下面，我们具体展示它的论述逻辑。

我们知道，在武王伐纣功成逝世之际，作为继承人的成王尚且年幼，“德业”标准对于成王本人和折损了武王的周王室来说，因而成为了一种巨大的压力。盖即因此，作为《大诰》名义上的作者，这位年幼的成王根本不敢理直气壮地宣称自己配享天命，亦不敢开门见山地要求“多邦”“御事”与自己同心出战巩固政权。《大诰》开篇以年幼之成王的语气，实打实地坦陈：

> 洪惟我幼冲人嗣无疆大历服，弗造哲，迪民康，矧曰其有能格知天命！

刘起釪先生将这段开场白翻译为：

> 我小子继承了这千秋万世宏伟无边的大业，偏偏遭遇得很不顺利，还不能使我们的人民达到安乐的境界，便何能说什么完全懂得天命了！[①]

一方面承认自己是稚嫩的小子，也即承认自身德业不足；另一方面是“遭遇得很不顺利”的现实处境；再一方面又声称自己不敢“说什么完全懂得天命”。若按“以德配天”逻辑论处，这无异于自动宣布出局。成王所道出的处境，其实就是周政权在当时的处境。一方面是执政经验不足，另一方面是天灾（武王去世）人祸（管蔡叛乱），在此局面下所有人都难免疑忌：难道这天灾人祸是在宣示周人无德不配享受天命（王权）？当此处境，周人统治者们似乎体会到了“天”的严厉；面向未来，究竟能否克服危机重拾

---

① 顾颉刚、刘起釪，《尚书校释译论》（第三册），第1262、1282页。

胜利果实，显得捉摸不定。《大诰》开篇谓“弗弔天”，刘起釪先生将其释为“不淑天”，义即“不善的天，降灾害的天”。[1]在如此低落的天人关系意识下（不敢相信自己与至上的天之间存在协同关系），周人又怎么可能凝聚起平定反叛并巩固王权的底气与共识呢？

总地来说，“以德配天”命题具有突出的革命性，在守成方面显得捉襟见肘。周人的宗教—政治意识形态如果仅由这一条原则支配，那么鉴于“弗造哲，迪民康”等现实危难，周王室恐怕只宜放弃刚刚到手的“王权—天命”。然而，周王（成王与周公）发布诰辞显然不是为了言弃，而恰恰是为要克服危机并巩固政权。尽管“以德配天”命题对自己显示出了某种不利。但实际上，它对于被纣王的负面作为极大地污损了的商族更为不利，如此权衡，周人统治者们当然就不会放弃他们数代以来所躬身践守的“敬德修德”原则与“以德配天”信念。当此之际，他们需要做的是，寻找更强势的宗教—政治话语。考虑到畏难情绪普遍地存在于包括成王在内的周人统治阶层以及众联邦内部，这种更强势的宗教—政治话语必须能够直面问题，并且充分地感染、说服、鼓舞被上述问题深深困扰的言说者自己。就此而言，《大诰》接下来的言辞，也可以视为周王室重新或进一步谋求宗教性确据的心路历程。

这其中，至关重要的一环就是“用从文王传下来的大宝龟来叩问上天的旨意”（“用文王遗我大宝龟绍天明”），并且“结果，我那三个龟版上所表现的卜兆上，全都表现了吉兆”（“卜并吉”）。[2]在此，我们不打算本着现代人的眼光，追问占卜的机制与有效性问题。要之，通过这种古老的决疑渠道，周王室深深地

---

① 顾颉刚、刘起釪，《尚书校释译论》（第三册），第1262—1264页。
② 同上，第1266、1282页。

为所得的吉兆所鼓舞。接下来，我们在诰文中就读到了周王底气十足的宣言：

> 予得吉卜，予惟以尔庶邦于伐殷逋播臣！

刘起釪的翻译是：

> 我已经得到了很吉利的卜兆，我要带领你们各邦的军队去讨伐殷商叛乱集团的那些亡命的奴才！①

占卜的操作与吉兆的结果，使周王室再次坚信天站在他们这一边。有了这种底气，《牧誓》那种"共(恭)行天之罚"的意气便又一次勃然而兴，王者的角色与责任意识亦全面复苏，《大诰》的关注焦点随之转向了悲悯叛乱将给老百姓造成灾难。顺着这种王者角色与责任意识的恢复，《大诰》开篇所谓的"弗弔天降割于我家"，于此被郑重解释为："这是我遭到了老天爷的责罚"，因为未能进一步负好巩固王权并造福百姓的职责。危机与挑战最终被视为上天在督促我们去争取最后的胜利。②

经此解释，"以德配天"的普适性便打了折扣，其革命性锋芒被挫钝。相应地，一幅"上天必将佑助有德的周人彻底夺取并巩固王权"的图景，就此浮现出来。这一图景与纣王"有命在天"意识究竟相去几何，这完全取决于"敬德修德"意识在周王室心目的实际分量。而沿着这种"上天必将佑助……完全夺取并巩固王权"的意识，当事的王者再次因宗教依赖意识极端膨胀而重蹈

---

① 顾颉刚、刘起釪，《尚书校释译论》(第三册)，第1270、1282页。

② 参考《大诰》文本及刘起釪先生的解释和翻译，见顾颉刚、刘起釪，《尚书校释译论》(第三册)，第1272—1284页。

纣王覆辙的可能性也是存在的。实际上，《大诰》在迫近结尾的时候，已然流露出“上帝的命令是根本不会改变(天命不易)”[①]的念头。所幸的是，在立国之初，基于过往和当下的奋斗经验，又鉴于商纣王自恃“有命在天”结果却荒淫败亡的教训，《大诰》的作者始终清醒地知道，任何“天命”和“图功”都需要通过艰苦的人为努力才能实现出来。在这个意义上，《大诰》的作者以及周初的统治者们又始终持有“天棐忱(不可一味地信赖天)”[②]的意识，也正是在这个意义上，我们说，“敬德修德”原则是周代意识形态的主旋律。那么，在这种强调人为努力的“敬德修德”原则下，不变的“天命”及其蕴含的“天保”意识，又将如何在主流话语体系中占有一席之地呢？

对此，我们可以稍微留意一下《康诰》《酒诰》中的两个提法。其中，《尚书·周书·康诰》在重申文王因有德而受命这一共识性信念之后，进而又对受诰者发出了“宏于天若德，裕乃身不废在王命”号召。[③]何为“天若德”呢？对此，刘起釪先生只是笼统地解释为“天之德”。[④]而考虑到“若”字在殷墟卜辞中有“允诺”义(指帝或先王先公对所卜之事是否“允诺”)，[⑤]我倾向于将《康诰》中的这处“天若德”释为“天所允诺故而必然佑助成全之德”。与此类似，《尚书·周书·酒诰》有“兹亦惟天若元德，永不忘在王家”的提法。[⑥]在《康诰》《酒诰》这两处片段中，“天若德”“天若元德”分别与“王命”“王家”相提并论。据此似可推断，周王在分封诰命之际，不但将地土、爵位赐给诸侯，同

---

① 顾颉刚、刘起釪，《尚书校释译论》(第三册)，第1279页。
② 同上，第1279页。
③ 同上，第1299—1300、1310页。
④ 同上，第1312页。
⑤ 陈梦家，《殷虚卜辞综述》，北京：中华书局，1988年，第567—568页。
⑥ 顾颉刚、刘起釪，《尚书校释译论》(第三册)，第1396页。

时还将“天所允诺给王家故而必然佑助其成全的大德”（也即“天若德/天若元德”）分配给诸侯。这种“天所允诺给王家故而必然成全的大德（天若德/天若元德）”，除了具有通常意义上的“德”所必须具有的“人为努力”特征之外，还额外具有“天所允诺故而必然佑助其成全（天若）”的特殊保障。也就是说，受命者在“天若（天所允诺故而必然佑助其成全）”这一前提下敬修德业，冥冥之中的天之佑助必将保证受命者的人为努力立于不败之地。

对于以上推断，我们还可以提供一个旁证，这个旁证本身也是周代宗教—政治思想史的组成部分（尽管已经接近尾声）。前面指出，《史记·周本纪》记叙武王在伐纣功成之后，曾思及“维天建殷”而“我未定天保”竟无法入寐。按照本篇前述解释，此“天建”和“定天保”意思相近，实即“天命—受命”。若细玩其辞，可以说，天所“建”立者，必然享受冥冥之中的天之“保”佑。我们要举的旁证，正与这个“建”字相关。按《左传·隐公八年》，众仲在回答有关谥号的问题时，这样说道：

> 夫天子建德，因生以赐姓，胙之土而命之氏。[①]

天子在宗教上代表天，天子“建德”“胙土”“命氏”，与“维天建殷”类似，盖被相信具有将某种级别的“天命（天保）—天若德”分赐并纳入某一宗族的果效。考虑到谥号有“因以为族”的用处，而宗族的一个重要标志就是祭祀，说“天子建德”具有上述宗教性意义估计并不为过。

根据以上分析，我们可以说，《康诰》与《酒诰》中的“天若

---

① 文本与注释参考杨伯峻编著，《春秋左传注》（第一册），北京：中华书局，2009年，第60—61页；还可参考郑开，《德礼之间：前诸子时期的思想史》，第二章，第二节“封建析论”，北京：生活·读书·新知三联书店，2009年。

德”“天若元德”概念，既保持了“德”的人为努力精神，同时又为敬德修德者许诺了一层宗教性保佑，使服膺“受命”信念的敬德修德者获得了一种“必成”“必胜”的底气。相形之下，其他未受此“命”与“若”的敬德修德者，遂从气势上比统治阶层(以王者为核心)弱了一大截。而作为观念，任何意识形态所能起到的压制与维稳作用，也都不过如此了。

随着叛乱被平定，周政权进一步巩固，与“周人有命在天”意识相绑定的“天若德/天若元德”信念，便开始成为“宗教—政治”意识形态中的一条共识。换言之，周人通过敬德修德不断建立的功业，会在“天若德/天若元德”信念的笼罩下，不断诱发“上天必将继续保佑周人不断实现伟大德业”的信念。如此一来，原本侧重人事人为或自主努力的“周德”，慢慢就会带上“冥冥之中的天佑”，以致“命数”或“运数”色彩。

到了春秋时代，周朝德业明显已经衰微。《左传·宣公三年》记载楚王“问鼎之大小轻重焉”，其觊觎周室王权之意溢于言表。作为王室代表，王孙满在回应楚王之问时，先是指出“在德不在鼎”。这大致还可以视作“敬德修德以配享天命”思路的延续。但紧接着，王孙满便转而强调：

> 天祚明德，有所底止。成王定鼎于郏鄏，卜世三十，卜年七百，天所命也。周德虽衰，天命未改。鼎之轻重，未可问也。[①]

站在人事功业角度看，王孙满并不否认“周德已衰”；但若仅止于此，按照“以德配天”的原则，周人正当主动放弃“王权—天命”或者径被取而代之，而楚王问鼎的野心则正可类比于文

① 杨伯峻编著，《春秋左传注》(第二册)，第669—672页。

王当年代殷的决心。然而，这不是王孙满的思路。在承认“周德虽衰”之前，王孙满特别铺设了“天祚明德，有所厎止”，也即周德有其定数的伏笔。如此一来，周德虽衰，但因“卜世三十，卜年七百”的大限未至，冥冥之中的天意保佑，必将使周王室与周政权维持弱而不亡的局面。《左传》记载王孙满与楚王的对话到此戛然而止，《楚世家》则补充曰“楚王乃归”。[1]楚王至此无话可说，亦未进一步采取出格的举动，就此而言，“天祚明德，有所厎止”“卜世三十，卜年七百，天所命也”所传递的“天命”“天佑”与“命数”“运数”意识，确实对楚王构成了一定程度的震慑。在人事努力几乎全盘衰落且复兴无望之际，“周德”的“天若”与“命数”维度，成了周代宗教—政治意识形态中抑制王权沦丧的最后的救命稻草。而王孙满的“天祚明德”概念，正可追溯到《康诰》与《酒诰》中的“天若德”“天若元德”。

总之，“天若德/天若元德”是宗教依赖意识在“敬德修德”语境下的曲折表达。在倾向于以“敬德修德”原则架空“宗教性主宰”的大的思想格局下，《尚书·周书》之所以还会出现上述宗教依赖意识的曲折表达，乃是因为在面临重大挑战之际，未来结果的极大不确定性会大大消解当事人敬德修德的信心与毅力，敬德修德者需要更加坚强有力的宗教信念相支持。《大诰》以占卜与吉兆为契机，最后生发出来的“上天借危难指示王者负起彻底的平叛、安民之职责”信念，是上述需求与逻辑的鲜活表现。这种倾向于“预定”未来的、较强势的宗教性信念，在一定程度上对冲了“敬德修德以配享天命”命题的革命性锋芒，“周德”因而相应地带上了一些“命数”或“运数”的色彩。在百废待兴欣欣向荣的建政之初，远远地望着那漫长的“卜世三十，卜年七百”的宗教性允诺，这种“命数”或“运数”对于敬德修德者来说乃是一幅

---

① 杨伯峻编著，《春秋左传注》(第二册)，第672页。

巨大的激励图景。在这种大有为的时局与积极向上的精神状态下，《康诰》《酒诰》中的“天若德”“天若元德”，亦皆旨在鼓励受诰者尽心尽力敬德修德。而随着时间推移，“卜世三十，卜年七百”的定数已经消耗大半，在“周德”明显“已衰”的时局下，上述极具体的“卜世三十，卜年七百”的“命数”“运数”信念，就只能沦落为当事人用以消极地维系残局的最后的意识形态屏障。由此观之，“敬德修德以配享天命”所代表的“人事人为的自主精神”，与“天若德”“天若元德”所蕴含的“宗教依赖意识”，在周代宗教—政治意识形态中，并未找到有机共存的长效机制。

（五）周孔皆以教学作为德目传承的基本途径

前面指出，《商颂》式宗教缺乏启示要素，无法对神灵的旨意与祭祀者的主观意愿进行有效的区分。这种宗教模式的巨大隐患在于，一旦祭祀者一厢情愿地用宗教性理由认定了不合理的欲望目标或处事方式，那么被宗教性信念所强化了的心志反而会成为加速败亡的推手。商纣王自恃“有命在天”，无忌惮地按照自己的意愿享受权力与福利，最终被周人数代以来精心经营的德业和革命所取代，这是《商颂》式宗教的一厢情愿（主观性）隐患留给中国思想史的深刻教训。所以说，商周之变不仅仅是王位或政权的转移，而更是对殷商“宗教—政治”意识形态的反转。相对于“有命在天”的宗教性依赖意识，周人转而强调“敬德修德”的巨大功效，乃至将“敬德修德”奉为“配享天命”的条件。我们指出，“敬德修德”之“德”实即传统“德目”，“敬德修德”因而无非就是尊崇传统德目，踏踏实实地躬身践行传统德目。在周人看来，这首先是一种后天的人为努力；仅在这种人为努力的极限处，周人才会诉诸带有“预定”和“天佑”意味的“天若德/天若元德”，为人为努力提供更强势的宗教性定力。总地来说，《尚书·周书》以“崇尚传统德目+持守传统德目”的人事人为意识，取代或至少从总体上压制了《商颂》所代表的传统宗教意识。尽管在人事人为地敬修德业的极限处传统宗教依赖意识会有所回潮，但上述“以人为努力持守传统德目”的意识却委实成为“周德”的基调。在礼乐崩坏与学术下移的东周时代，孔子与早期儒家自觉继承了《周书》中的这种基本格局。①

“持守德目”需要以“知道德目”为前提。在《尚书·周书》和《论语》中，“学”与“教”便是传承传统“德目”的基本途径。《论语·为政》记叙了孔子自道其成长历程的名言，其中第一阶段就是：

> 十有五而志于学。

从孔子在成熟之年的教学活动看，孔子之学的具体内容或教

---

① 鉴于“孔子删诗书”(当然，存在争议)，我们当然可以追问：在周代，传统宗教依赖意识实际上是否要比其在传世《尚书·周书》中强大得多(而只是因为孔子的删削，《尚书·周书》中的宗教依赖意识才大大淡化)？通过本篇上节对《尚书·周书·大诰》的解析，我们无法否认，传统宗教依赖意识在“周德”语境中仍有其继续存在(残存)的必要性。但从思想史大势来看，“敬德修德”的“人为努力”意识在《尚书·周书》中却是主导性的，否则，周人的革命就会完全失去合法性。此外，鉴于《大诰》记载有人建议“王害不违卜(王啊，您为什么不违背这卜兆呢)”(顾颉刚、刘起釪，《尚书校释译论》[第三册]，第1271、1283页)，不得不说，传统宗教节目的可信度在当时人们的心目中已经打了折扣。就此而言，周人统治者更不能放松对“敬德修德以配享天命”这块更易引起广泛共鸣的新意识形态基石的强调。
反过来看，“孔子删诗书”以及孔子的教学活动之所以能在当时产生广泛而深刻的影响，根本上还是因为借了商周之变与《尚书·周书》思想传统的势。换言之，孔门或早期儒学的思路取向，乃是商周之变以来的中国思想史大势在学术下移的时代处境下的进一步推扩。顺便一提，商代并非不存在注重“人为努力”的“德”精神，而只不过是被日趋膨胀的《商颂》式宗教依赖意识渐渐压制住了。除了可以在前述《尚书·商书》之《高宗肜日》《西伯戡黎》篇中看到祖己、祖伊为这种人事人为精神代言之外，殷墟甲骨刻辞中的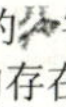字更为原始地反映了“人为努力”或“主动谋求”之意识在商代思想文化中的存在，可参考拙文《古“德”释考：，谋求》，见拙著《意志与真知——学庸之异》，附论一。

材，包括“小六艺”（礼乐射御术数）和“大六艺”（诗书礼乐易春秋）。它们无一例外都属于代代传承的“传统文化”，学习者需要花费生命中的较长一段时间，了解这些内容并付诸实践，记住这些内容并深入地加以理解。这当然属于后天的人为努力。孔子“十有五而志于学”的“志”，所标示的正是后天之“学”这种“人为努力”在自己生命历程中的开端，以及接下来持之以恒的努力劲头。

与此相关（作为这种“求学”意识的渊源），《尚书·周书·康诰》中有这样一段：

> 呜呼！封，汝念哉！今民将在！祇（敬）遹（述）乃文考，绍闻衣（殷）德言。往敷求于殷先哲王，用保乂民；汝丕（不）远惟商耇（老）成人，宅心知训；别（遍）求闻由（于）古先哲王，用康保民。①

敬德修德需先知德，也即知道那些应然的为人处事准则——具体“德目”。前面指出，在革命胜利之初，周人统治者初履大位，对许多王权事务尚不熟悉。周武王见箕子时，曾表达过这种难处，并希望箕子传授统治大法（《尚书·周书·洪范》）。周武王正是在主动地向殷商贤人求学，而箕子与《洪范》便是他的教师和教材。上引《康诰》段落，继续发扬了这种积极求教的精神。周公在此谆谆告诫受封的康王（周文王的儿子康叔，此时正要分封于卫国②），要注意“祇（敬）遹（述）乃文考”“绍闻衣（殷）德言”“往敷求于殷先哲王”“丕（不）远惟商耇成人（老成人）”“宅心知训”“别（遍）求闻由（于）古先哲王”。殷人虽在政

① 顾颉刚、刘起釪，《尚书校释译论》（第三册），第1309—1312页。
② 同上，第1291页。

治上失败了，但其在长期的执政历史中所积累和保存的政治德目（一度被纣王式极端膨胀的宗教意识所压抑），却仍然是周人统治者的学习对象。上述周公诰辞的主旨便是，在知德（也即了解传统政治德目）这一点上，康王应注意扮演学生角色，自觉继承周邦自己的政治传统，同时不断地向有经验的前朝遗老请教、学习各种政治德目。

实际上，即便在周王室通过请教、学习完全掌握了殷商政治智慧（德目）之后，“教—学”也还是不会消失。周王室总有一代又一代的新人需要成长，他们同样需要通过“教—学”继承前辈所熟稔的政治德目。可见，在“敬德（尊崇传统德目）修德（践行传统德目）以配享天命”的大原则下，“教—学”具有永恒的基础性地位。就此而言，《论语》以“学而”开其端，恰恰是继承了周代的这种最基础的生存意识。

孔子“十有五而志于学”——其所学习的内容，正是作为传统文化的“周德”“周文”“周礼”（“周礼”是“周德”的具体表达，是具体可见的“教材”或学习内容）。除了《论语》这句“十有五而志于学”之外，《史记·孔子世家》还记载：

> 孔子为儿嬉戏，常陈俎豆，设礼容。

《孔子世家》记叙这则故事的基本旨趣，盖是要表现孔子的“学礼”意识萌生之早。一个儿童不满足于嘻嘻哈哈的平常游戏，而是常常模仿大人摆弄礼器行礼仪，并且，这事还引起了时人注意并被传颂下来——在背后推动这一切的，正是深厚的“崇德学礼”意识。可以想象，在“崇德学礼”的传统中，未到入学年龄的儿童只要表现出“学礼”“行礼”的样子，秉奉“崇德学礼”意识的大人们就会感到万分欣喜了。

《论语·述而》则记叙了另一则夫子自道的语录：

“我非生而知之者，好古，敏以求之者也。”

正因为“我非生而知之者”，后天之“学”才是必要的。这则语录进一步表现了孔子在“求学”意识上的自觉，这种意识在该语录中已经深入到了人性论的层次。其中，“古”即传统文化，更明确地说，即传统德目。“好古”实即“志于学”。“敏以求之”则类似于前述《康诰》引文中的“绍闻”“往敷求”“丕(不)远”“宅心知训”“别(遍)求闻”，表示极其勤恳的求学姿态。此“好”字、“敏”字，连同前述“志于学”的“志”字，均表明学习或受教是一种有待后天努力的人为活动。

非但“学(受教)”是一种后天的人事人为努力，“教(施教)”同样也有待人为。我们看到，《论语》中的孔子在自己学有所成之际，又进一步扮演起了教育后学的教师角色。[1]“教(施教)”的必要性在于，一方面，除非经过系统的学习并且学有所成，否则，即便是受人尊敬的长者也只能了解传统德目的一部分——广泛、系统的搜求工作极其费时、费力、费资源，多数人会因为欠缺机缘和条件而无法进行这种广泛搜求的工作；另一方面，古书参差不齐，作为学习对象的文王、周公等的典范事迹与教导，混杂在良莠不齐的各种文献记叙中，如何去芜存菁、理出个头绪来，也是个颇费周折的问题。学有所成者在这两方面则都已经过关，如果愿意本着自己的系统性所得，教授自己亲手删正过的教材

① 陈少明教授明确指出：“《论语》中孔子的角色是师，师的职责是施教。”他还进一步分析道：“与之相关的问题是，孔子为师的地位是如何形成的。一般情况，它应该包括三方面的条件：为师的资本(学识与人格)，社会(或他人)对师的需要，以及制度性的确认。制度性确认于史无据，但孔子为师的资本很充足。论学识，他精通《诗》《书》礼乐，且‘诲人不倦’，有施教的热情，《论语》的这类资料很多。”就其“精通《诗》《书》礼乐”而言，孔子的为师资本显然与其学有所成密切相关。参考陈少明，《“四书”系统的论说结构》，刘笑敢主编，《中国哲学与文化》，第九辑，《伦理、推理与经验科学》，桂林：漓江出版社，2011年，第219—252页。

（古书选集），那么后学者从之而学（受教）势必就会事半功倍。无论从德目传承的可能性角度，还是从德目传承的效率角度来看，学有所成者出来施教都很有必要。与此相关，《论语·述而》记载孔子夫子自道曰：

> “学而不厌，诲人不倦。”

做教师当然有风光的一面，学生在崇德意识中，会仰望作为传统德目代言人的教师。但是，若遇上不那么中意的学生，则施教也是一件很令人苦恼的差事。孔子用“诲人不倦”之“不倦”二字，来形容为人师者的耐心付出，“教（施教）同样需要人为努力”这一点跃然纸上。

《商颂》式的神灵佑助意识，在《论语》的“教—学”实践中，基本上没有用武之地。在具体的“教—学”实践中，孔子及其弟子对传统宗教遗产，采取了限制、改造、利用的方针。这实际上是对《尚书·周书》的人事人为原则的进一步推展。例如，《论语·子路》记载孔子曰：

> “南人有言曰：‘人而无恒，不可以作巫医。’善夫！”“不恒其德，或承之羞。”子曰：“不占而已矣。”

《易》本为卜筮之书。“不恒其德，或承其羞”是《周易》恒卦九三爻爻辞，原文中紧跟着“贞吝”作结。“贞”者，占也，“贞吝”明显是在谈论筮占的结果——但孔子却转以“不占而已矣”结束自己对爻辞的引用，道理何在呢？本篇第三节已经指出，人事人为或自主努力之“敬德修德”，乃是《尚书·周书》所提倡的用以谋求或保有“王权—大福”的基本国策。这原属统治阶层的政治哲学命题。春秋时代学术下移，孔子以“人而无恒，不可以作巫医”“不恒其德，或承之羞”教导学生，乃是在进一步将人事人为（自主努力）之“敬德修德”，推广为普通人在日常生活中致福的基本途径。“不占而已矣”意味着，只要做好“敬德修德”的人为努力，一切福祉就都有了，根本不需要再去疑神疑鬼地占问。实际上，孔子所引爻辞中的“恒其德”之“恒”字，所刻画的正是敬德修德者持久地践守德目的意志努力。关于这种意志努力，读者可进一步参考本篇第（七）节。

对于传承传统宗教意识来说，较之卜筮，如何看待神灵实际上更为关键。生存者一旦相信神灵可以直接作用于人的日常生活，便不得不分出不定量的精力，用以打理自己和神灵的关系。在逻辑上，这是对人事人为之“周德”精神的背离；在现实中，这会干扰生存者敬德修德的定力，使当事人总想着如何讨好神灵，或者担心犯了什么忌讳而得罪神灵。为此，《论语·述而》专门记叙孔子“不语怪力乱神”，《八佾》则记叙：

> 祭如在，祭神如神在。子曰：“吾不与祭，如不祭。”

就宗教意识而言，“如”字即便没有彻底取消神灵的实在性，至少也意味着冷静的悬隔。这种仅限于在有固定仪轨的宗教性场合向神灵致敬的“祭如在，祭神如神在”“吾不与祭，如不祭”原则，从根本上抑制了在日常生活中“疑神疑鬼”的空间。“有恒”之“敬德修德”的人为努力，遂存而不论地排脱了传统鬼神观念的干扰，而进一步成为主导日常生活的基本原则。与此异曲同工，《论语·述而》记叙：

> 子疾病，子路请祷。子曰：“有诸？”子路曰：“有之。诔曰：祷尔于上下神祇。”子曰：“丘之祷久矣。”

就孔子自觉秉承了商周之变以来的人事人为或自主努力精神而言，他对子路之“请祷”当不怀好感。这种“祷”，更像是未经“敬德修德”的人为努力精神充分陶冶的民间宗教活动，乃是孔子所服膺之“德（文）”的教育、修正对象。有意思的是，孔子在此并没有直接反对，而是比较认真地问子路：传统典籍鼓励这样做吗（“有诸”）？而子路居然真能指出文本依据——“诔曰：祷尔于上下神祇”。在对话中，孔子并未直接挑战这个文本的权威性，而是以“丘之祷久矣”回应之。将孔子的这句回话，和前引《尚书·周书·康诰》之“肆惟王其疾敬德！王其德之，用祈天永命”加以对照，二者简直如出一辙。前面指出，《康诰》将“疾敬德”“德之”作为“祈天永命”的基本途径，这实际上是本着人事人为的自主努力精神重新定义传统宗教性术语。与此类似，孔子所自称的“丘之祷久矣”，必与子路“请祷”之“祷”有着不同的意指。[①]大概是因为“上下神祇”颇有泛指天地间一切灵明的意味，“祷尔于上下神祇”这句诔语遂可以读出“在进退出处采取一切言行举止之际皆保持敬慎姿态”的意思——这在孔子看来正是敬德修德者所应秉持的基本态度，而他自己一直都是这样做的，“丘之祷也久矣”因而实际上指“自己早已养成了敬慎处事的品格”。看似一个不起眼的细节，细究之下，却突出地反映了孔子深入骨髓般的“周德（周文）的精神继承人”底色。[②]

对于传统宗教遗产，《论语》还提出了其他转化利用的方

---

① 《论语集释》至少搜集了“祷”字的两种解释：其一，祷于鬼神，以禳除疾病；其二，无时无处而不悔过迁善。参见程树德撰，程俊英、蒋见元点校：《论语集释》，北京：中华书局，1990年，第501—504页。可以说，前者是子路的理解，代表当时的民间宗教状况；后者则是“肆惟王其疾敬德！王其德之，用祈天永命”与“丘之祷也久矣”引发的新思维。

② 善于追究历史事实的读者往往会提出这样的问题：之所以会出现这种一致性，究竟是因为《尚书·周书》影响了孔子，还是因为孔子编修了《尚书·周书》？我们知道，《论语·八佾》记叙孔子曰：“周监于二代，郁郁乎文哉！吾从周。”就此而言，《尚书·周书》是开创者，孔子和《论语》则是继承者。

案。例如，《颜渊》篇记叙孔子曰：

> "出门如见大宾，使民如承大祭。己所不欲，勿施于人。在邦无怨，在家无怨。"

又如，《学而》篇记叙曾子曰：

> "慎终追远，民德归厚矣。"

孔子和曾子注意到，祭祀中的某些情态，与有德的品格颇相吻合。祭祀体验因而可以充当德目教学的喻体，祭祀活动本身甚至可以直接用来操练有德之品格。[①]此可谓是对传统宗教资源的转化利用。

（六）"教—学"的限度与有差等的"天资—禀赋"

不过，正如《大诰》中的敬修德业者在面临重大挑战之际心理上会产生动摇，因而需要更强有力的宗教信念相支持那样，《论语》中自信学有所成的教师孔子，亦时常感受到"教—学"活动中存在着人无能为力的层面。《论语》一方面明显延续了商周之变以来的"传统宗教依赖意识日趋衰落，人事人为的自主努

---

① 还可参考孟庆楠的以下观察："祭祀祖先神的场景提供、营造了敬肃、亲和之情。而上博楚简《诗论》借助于宗教祭祀所固有的敬肃、亲和之情，发明并阐释了'宗庙之敬'的观念。在围绕《清庙》、《甘棠》所展开的论述中，敬肃被转化为敬重之情，而由亲和也导引出了喜爱之情。这两种情感被纳入到'宗庙之敬'的观念中，并由此完成了对春秋时期敬慎观念的改造。这样一种包含着敬重、喜爱之情的'宗庙之敬'的观念，在有关《清庙》、《甘棠》的论说中建构起了礼的内在依据，以一种更积极的姿态强化了对于礼的秩序的自觉遵守与维护。"（氏撰《论早期〈诗〉学中敬的观念》，《哲学研究》2011年，第4期，第82页）

力意识日益自觉”的思想史轨迹，另一方面则亦在“教—学”语境下基于对这些“人所无能为力之层面”的体会，不自觉地继承了传统宗教性意识。接下来，我们就大致清点一下《论语》中的准宗教意识与宗教性意识，看看这些生存意识在《论语》中占据着怎样的位置。

站在教师的角度看，“教—学”并非教师单方面卖力地教，它同样，甚至更有赖于学生的配合与反应。《论语·述而》记录孔子曰：

> “不愤不启，不悱不发，举一隅不以三隅反，则不复也。”

“教—学”的目的在于促成学生的理解，而理解归根结底是当事人亲自弄通、理顺。就此而言，学生自己若不开窍，教师再苦口婆心也只能干着急。有鉴于此，孔子在教学过程中的一个重要窍门就是，不去强求灌输，而是抓住学生最有可能开窍的时机予以点拨。所谓“启”“发”式教育固然对教师的时机把握提出了更精妙的要求，但更重要的是，教师所采取的一切手段都只是学生“亲自开窍—亲自理解”的机缘，而无法代替学生“亲自开窍—亲自理解”。进一步，在施教过程中，孔子发现，有的人开窍快些，有的人开窍慢些，有的人则简直死不开窍。基于这种观察，他把人(学生)分为上、中、下三等，而曰：

> “中人以上，可以语上也；中人以下，不可以语上也。”(《论语·雍也》)

在此，孔子虽然没有提到“天”，但所谓的“中人”“中人以上”“中人以下”，大体上就是指生而固有的资质，即“天资—禀赋”。教师可以变换自己的教学花样，但却无法从内部改变人生而固有的“天资—禀赋”；毋宁说，教师的教学活动，只能因应学生固有的资质。上、中、下三等的“天资—禀赋”可说一个准宗教性概念，它虽然触及“天”，但却并没有在宗教依赖情感中把“天”作为生存活动（在此是“教—学”）的出发点。在这里，“天资—禀赋”更多地只是一种解释性的感慨用语，指向的是“教—学”活动中人无能为力的层面。就此而言，孔子鲜活地体会到了“教—学”活动的限度。

教师在“教—学”过程中除了无法决定学生开窍快慢或是否开窍之外，更无法决定别人是否愿意来拜自己为师，亦无法强求那些在教师自己看来“有眼无珠，不识泰山”之人对自己保持敬重，有时甚至连起码的尊重都无法强求。这是自信学有所成并以教师角色自任的人，在世上不时会遇到的无奈遭际。周代意识形态的基本口号是“以德配天”，这意味着敬德修德者一旦达到了“成德”的境界，便义不容辞地负有治教天下的使命。作为自信的学有所成者，孔子手中虽不掌握政权，但仍然认为自己有责任通过游说执政者（各国国君），以及向潜在的官员（追随他的学生）施教，帮助更多的人养成“有德”的识见与品格。在孔子看来，以这种方式将自己所掌握的“文”或“德”传承下去，是他义不容辞的使命。尽管孔子着意保持着“毋意毋必毋固毋我”（《论语・子罕》）的谦虚心态，但对自己每隔十年就上一个台阶的进步历程（“吾十有五而志于学，三十而立，四十而……”，见《论语・为政》），孔子自己显然也是冷暖自知并勇于承认。“谦虚”只是“有德”之品格的一个方面，孔子绝不会一味地为了所谓的“谦虚”，而否定或放弃自己教育天下的使命感。这犹如马克思所说的“真理像阳光一样，它很难谦逊；而且让他向谁谦逊呢？”[1]然而，持

① ［德］卡・马克思，《评普鲁士最近的书报检查令》，中共中央马克思、恩格斯、列宁、斯大林著作编译局编译，《马克思恩格斯全集》（第一卷），北京：人民出版社，1956年，第2版，第6页。

有这种高度自信的使命感的教师，其在人际关系方面的遭遇未必总是顺风顺水。按照“敬德修德以配享天命”或“大德配天”的逻辑，如此自信的教师自然会期望随时随地获得所配享的高级礼遇，但现实中的孔子有时则甚至会遇到生命威胁。

例如，《史记·孔子世家》记载，孔子过宋，宋国军事长官桓魋“欲杀孔子”。自信有大德(文)者竟然遭遇此等极端威胁，这与“敬德修德以配享天命”或“大德配天”命题的“福德一致”蕴意何其相违！对于“大德”所当然应该具有的普遍而深刻的感召力，《论语·为政》记叙孔子曾曰：“为政以德，譬如北辰，居其所而众星共之。”较之《尚书·周书》中的“宗教—政治”意识形态命题，这句孔子语录完全省略了“天”字，直接将“德”或“有德者”比作必然被众星环绕的北极星——有德者居其所，众人会自然而然地围拢并维护之。而按照“为仁由己”(《论语·颜渊》)的精神，有德者的有德品格当然只能靠当事人自己的人为努力去练就。这是一种彻头彻尾的“德能一致，自求多福”思想。但现在的问题却是，自信有大德的教师，碰到了欲置之于死地的官兵。在如此峻急的情势下，《尚书·周书》中的宗教性意识，在孔子的思想中被重新激活。按《论语·述而》记叙，孔子颇有信心地说：

“天生德于予，桓魋其如予何！”

尽管仍然是以“德”作为唯一的标准，但较之“为政以德”那则语录，“天”字在这里总算重新出现了。在这里，孔子笼统地将自己所取得的有德(大德)境界归功于“天生”——这里似乎存在这样一个逻辑：“大德”只有归根结底是“天生”的，大德者在束手无策之际才有可能得到冥冥之中的天之佑助，换言之，天不会对自己所生之德袖手旁观。读过本篇第四节的读者马上就会意识到，这种生德、护德的“天”，非常类似于《尚书·周书》“天若德”“天若元德”与《左传》“天祚明德，有所厎止”之“天”。这样的“天”具有说不清道不明的宗教性的护佑活力，是极端的生存挑战在“周德”语境下所能激起的最大限度的宗教依赖意识——超过了这一限度，“德”的“人事人为”或“自主努力”特征，就会受到极大的侵犯。

与此相关的另一段孔子语录出现在《论语·子罕》中，按《史记·孔子世家》，它比“天生德于予，桓魋其如予何”发生得更早。相关记叙如下：

> 子畏于匡。曰:“文王既没,文不在兹乎?天之将丧斯文也,后死者不得与于斯文也;天之未丧斯文也,匡人其如予何。”

按《史记·孔子世家》孔子被匡人围困，要比他后来遭桓魋威胁的形势更为严峻，因为匡人误将孔子当作了季孙氏家臣阳虎——“阳虎尝暴匡人”，匡人以为抓住了报仇雪恨的机会。在这种情况下，孔子自身的声名根本起不到任何解救作用(匡人不信这是孔子而不是阳虎)，而相形之下，桓魋则对孔子的声望有所忌惮。(按《史记·孔子世家》：“孔子去曹适宋，与弟子习礼大树下。宋司马桓魋欲杀孔子，拔其树。孔子去。弟子曰：‘可以速矣。’孔子曰：‘天生德于予，桓魋其如予何！’”一方面，桓魋只是通过“拔其树”，发出“欲杀孔子”的威胁；另一方面，从弟子的催促“可速矣”[也即“快走吧”]可知，桓魋在发出威胁之后，给孔子一行留出了撤离的间隙。就此而言，桓魋之“欲杀孔子”，更多地只是一种威胁姿态，他似乎并不打算真将声望卓著的孔子置于死地。孔子盖约略看透了桓魋的色厉内荏，故而才说“天生德于予，桓魋其如予何”。)

在“畏于匡”而有口莫辩的危难关头，孔子的“文王既没，文不在兹乎？天之将丧斯文也，后死者不得与于斯文也；天之未丧斯文也，匡人其如予何”这段陈词，表现出了一定程度的“天”“德”（“文”是“德”的载体）相分倾向。这里，“天”之命多少有点不按“德”标准出牌的意味，因为它极有可能决定“丧斯文（德）”。在极其偶然并且人力几乎完全无法控制的危难处境下，孔子对于“天之将丧斯文”的设想，盖类似于《尚书·周书·大诰》开篇所谓的“弗弔天降割于我家”——天似乎并不必然按照“德”的原则，保佑敬德修德者的人身安全。但与此同时，这段陈词也掷地有声地显示出了一种“拥德（文）自重”的心态：孔子自信是文王之德（文）的关键传人，自己如若出于极偶然的原因而被莫名其妙地误杀，那么其中盖一定蕴含着这样的天意——这个世界不配继续传承这种大德（文）。换言之，孔子若以大德（文）的唯一传人身份横死而无功，这种结局盖只能理解为天以大德（文）为孔子陪葬。而相反，如果上天仍旧希望这个世界继续保有、传承这种大德（文），那么，由于孔子自信自己是这种大德（文）的关键（唯一）传人，他认为自己必然就会平安无事。沿此思路，我们可以进一步推演说，《论语·述而》所谓“天生德于予”之“天生”，无非就是上天安排周德（文）传承至孔子时代，并且在它全面崩坏之际，于冥冥之中通过各种机缘（《史记·孔子世家》记叙了孔子求学的一些重要机缘）促成孔子精深而系统地掌握这种大德（文）。

孔子的上述宗教性宣言与宗教性感慨，实质上都是自信的教师，在极端得不到师道尊严的情况下被激发出来的。如果匡人正确地识别出了孔子，并予以起码的礼遇，如果桓魋对孔子的声名再敬畏一些，而不做出“欲杀孔子，拔其树”的威胁姿态，孔子就不会发表上述宗教性宣言与感慨。反过来说，作为自信的教师，孔子在极端不受礼遇（反而惨遭威胁）之际的宗教性陈词表明，他在一定程度上将“教—学”或“师—生”关系，上升到了宗教性的高度。实际上，《论语·季氏》中所谓的“君子有三畏”，便多少表达了这层意思：

> 孔子曰："君子有三畏：畏天命，畏大人，畏圣人之言。"

"畏天命"本是传统宗教的遗迹，"畏天命"这个提法意味着，"畏"这种情感可以是宗教性的。就《论语》所能接受的"宗教性"而言，此"畏天命"盖与"五十而知天命"相关，指的是承认人事人为有其限度，并将注意力集中在人力所能及的使命上。至于"畏大人"——在一个"犯上作乱""陪臣执国命"乱象层出不穷的时代，"畏大人"当然有提倡"敬畏上级"的意思，孔子的"正名"思想也包含着这方面的重要考虑。但是，对官职意义上的"大人"的敬畏，在《论语》中并非是无条件的。《论语·子路》记载子曰"今之从政者……斗筲之人，何足算也"，这一言论俨然给"畏大人(官职意义上大人)"设立了门槛——无德(文)的官员，甚至是备受鄙视的！就此而言，"大人之位(官位)"在《论语》中不具有绝对性权威，"有德(文)"才是一个人值得敬畏的根本所在。"德(文)"这个标准，换言之即"圣人之言"。考虑到"有大德(文)的当代教师"就是"圣人之言"活生生的传话筒，"畏圣人之言"自然蕴含着"敬畏有大德(文)的当代教师"之义。或者，更全面地说，"畏圣人之言"具体包含两个方面：敬畏承载圣人之言的传统经典(教材)；敬畏传承圣人之教的当代教师。"君子有三畏"将对经典(教材)与教师的敬畏，与宗教性的"畏天命"相提并论，俨然已经将"教—学"或"师—生"关系抬升到了宗教性的高度。

简单总结一下第(五)(六)两节。"知德"(也即了解传统德目)是"敬德修德"的前提，而"教—学"则是"知德"(也即德目传承)的基本途径。如此一来，"教—学"就成了人事人为或人为努力的基础，《尚书·周书》和《论语》都一脉相承地重视"教—

学”。“教—学”本身显然也是一种后天的人为活动。在“教—学”关系中，学生的“学”从属于教师的“教”。不过，进一步的考察也表明，“教—学”之中存在着教师无能为力的层面：学生因资质不同，开窍有快有慢（甚至死不开窍）；学有所成的教师未必总能受到礼遇，甚至无法保证自己活着并成功地将“德（文）”传授下去。前者导致了有差等的准宗教概念“天资—禀赋”，但仅止于解释并感慨学生之间的差异，而非旨在解决开窍慢乃至死不开窍的教学难题。后者促使教师孔子将《尚书·周书》中的“天若德/天若元德”因子引入“教—学”或“德（文）传承”语境，催生了“上天必然保佑大德（文）的关键传人（教师）”或“这个世界若不配继续保有此大德（文），上天便会允许大德（文）的关键传人（教师）惨遭毁灭”的宗教性信念。其中，“这个世界若不配继续保有此大德（文），上天便会允许大德（文）的关键传人（教师）惨遭毁灭”更多地只是一种感慨（用以对冲绝望情绪），而“上天必然保佑大德（文）的关键传人（教师）”则会赋予自信的教师以更坚韧的底气，并会在一定程度上提示自信的教师在逆境中察验上天的佑助。

（七）笃信“教—学”之效能者片面强调意志努力

本篇在上两节中先是展示了《尚书·周书》和《论语》对“教—学”关系的重视（因为这是传统德目传承的基本途径），进而又着力考察了《论语》中的孔子对“教—学”这种人为努力之限度的体会。这种限度主要表现为：其一，学生的资质不受教师控制，学生死不开窍的情形尤其令教师无奈；其二，自信的教师未必总能获得相应的礼遇，在现实中未必总能如愿以偿地出现或建立起相应的（自信的教师所认为应有的）“教—学”或“师—生”关系。不难指出，越是强调这些负面现象，“教—学”的有效性就越会显得可疑。与此相反，发掘“教师”概念的宗教性潜力，或者赋予“教师”以某种宗教性能力，或可成为挽救“教—学”概念的出路。读者们在下一节中将会看到，《中庸》后半篇沿此方向迈出了引人注目但不甚坚实的一步。[①]

不过，“教—学”的限度问题是教师（孔子）在教学过程中逐渐体会到的，换言之，人们未必总会强调“教—学”的限度问题。实际上，包括孔子在内，所有人都是在尚未发现这一问题的严重性的情况下，投身到“教—学”实践中去的。孔子本人，实际上

---

① 值得一提的是，丹麦著名哲学家基尔克果（Søron Aabye Kierkegaard，1813—1855）在其代表作《哲学碎屑》（英译*Philosophical Fragments*, Edited and Translated with Introduction and Notes by Howard V. Hong and Edna H. Hong, Princeton: Princeton University Press, 1985）一书中，在将希伯来—基督教传统与古希腊哲学（以苏格拉底为代表）相比较的视域下，称上帝为“教师与救主”（第二章标题）。我们知道，苏格拉底常被视为柏拉图以及柏拉图对话录中其他对话者的教师，然而，这位教师从来不认为自己有能力向听众灌输真理（他自知无知），而是始终将自己放在对话者与提问者的角色上，自觉而甘心地充当他人自行“回忆真理”（灵魂回忆说）的机缘（不具有决定性意义的接生婆）。顺此进一步推演，则可以说，对于具有“自行回忆真理”之能力的人来说，任何对话者都可以成为他“认识真理（自行回忆真理）”的机缘；换言之，对话者是不是苏格拉底根本无关紧要，有“回忆”能力的人可以在任何对话（处境）中，回忆起（认识到）与话题（处境）相关的真知。这无异于取消了“教师”概念。然而，基督教意义上的“真理教师”，则不但自己拥有真理，而且有能力将学生原本不具有的“认识真理的条件”从无到有地赋予学生（这是对基督教之“重生”与“信仰”的认识论解释）——如此一来，学生（重生者/信仰者）在接下来的生存处境中，每每运用这种“认识真理的条件”（其实就是“信仰”）从真理教师处领受与处境相适切的真知时，都会想起“自己当初在重生中接受真理教师赋予认识真理的条件（信仰）”的时刻，无此“决定性时刻”作为标志，他就不知道自己究竟是不是在运用当初从真理教师那里接受来的“认识真理的条件（信仰）”。因为只有回到“重生”时刻的那种体验，他才能在自己林林总总的意识中，正确辨认并运用那“认识真理的条件（信仰）”。就此而言，基督教通过实质性地强化“教师”的功能，从根本上保住了“教—学”概念。关于“师—生”名分的意识，必然会伴随着当事人对自己“重生”时刻的回想，以及当事人（重生者）凭借这种“条件/信仰”在真理教师那里的不断领受（领受处境化真知），而始终在当事人（重生者/信仰者）的生存意识占据核心地位。基尔克果明确指出，这种能够将学生原本不具有的真理认知能力赋予学生（是学生重生）的教师，就是上帝本人。这明显是一种“宗教”本位的“教师”概念。汉语学界的读者可参考基尔克果的论述，反观本篇第（五）、（六）、（七）节对早期儒学中的“教—学”意识的考察与探讨，以便前瞻其中的深意。

也只是在极端情况下——遇到了死不开窍的"中人以下"者，或者自己的生命安全受到了严重威胁，恐怕无法完成德(文)传承之重任时——才会感慨"教—学"的有限性。在常规时段，孔子则是兢兢业业地"学而不厌，诲人不倦"。既然如此，我们就有必要进一步追问：如果悬搁"教—学"的限度或有效性问题，"教—学"活动中最突出的问题又是什么呢？换言之，常规时段的"教—学"，一般会将着力点放在哪里？

《礼记·大学》可以作为我们考察常规时段的"教—学"意识的一个范本。《礼记·大学》中存在一个令人困惑的现象，那就是，该文本在排列朱熹所谓的"八条目"时，明明将"致知""格物"放在了最"本—始—先"的位置上，但在进一步解说这八个条目时却略过了"格物""致知"，而径从"诚其意"大谈特谈开来("所谓诚其意者"章竟占用了《大学》全篇约1/3的篇幅)。这一反常现象后来成为宋明儒学史上的一大公案。[①]但在笔者看来，《大学》开篇的"学"字，其实已经透露了上述反常现象的缘由。"学"的对应面是"教"，而在《尚书·周书》以及《论语》传统中，"教—学"的基本特征即"授受传统知识(德目)"。这意味着，在"教—学"关系或"教—学"意识中，人们会倾向于认为"知识"是现成的，就在教师与教材那里。而既然下意识地认为"知识是现成的"，那么《大学》作者自然就不会再去深究知识的原始来源问题(会认为这个问题实际意义不大)，更不会鼓励读者舍弃"教—学"授受而自行从零求知(相形之下效率太低)。可以说，《大学》作者只求对"现成的传统德目之知"之原始来源及其现实有效性做出笼统的说明与认定，接下来的迫切任务则是依据这种"现成之知"去修身、教学、为政。对于这种笼统的说明与认定，"致知在格物""物格而后知至"这两句话已然够用。

---

① 更多探讨可参考拙著《意志与真知——学庸之异》，第三章。

由此可见，《大学》对于“格物致知”（也即广义的认识论问题[①]）的轻忽，恰恰正是《大学》作者对“教—学”之有效性充满信心的表现。就此而言，《大学》并不关注“教—学”的限度问题。[②]

《大学》排列“八条目”时的发语辞——“古之欲明明德于天下者……”——颇值得玩味。《大学》以“古之欲明明德于天下者”的名义开始排出了一系列条目，这意味着作者丝毫不认为这些条目是他自己的发明创造，而是恭敬地认为自己只是自古以来的优秀知识传统的继承者。可见，《大学》作者虽然以读者的教师自居，但却始终不忘自己也是先贤与传统的学生。换言之，《大学》作者对自己的定位是“学有所成的教师”，而非创制立法的天纵之圣。本着“学有所成”的过来人经验，他自然会鼓励学生在“受教”中“为学”，而非凭一己之力自行“格物致知”。鉴于此，“格物致知”命题大可放在那里笼统地为“传统之知（传统德目）”背书，而没有必要作为后学“求知”的方法论实打实地大谈特谈。

既然《大学》作者在“教—学”意识中认定了“应然之知是现成的”，那么能否以及如何将教师所代言的“应然之知”切实地“行”出来，就成为摆在师生面前的突出要务。这正是“教—学”的常规任务。进言之，“知而不行”不但会使知识传授沦为耳旁风，甚至还会使“教—学”活动本身都难以为继：“知道应该”教/学，但却“懒得”教/学。因为“已然知道”，此“懒得”显得更像

---

① 这意味着我们把“格物致知”的“格”字应理解为“考察”（“量”“度”）。陈来教授曾对此作过专门论证，参见氏著《朱子哲学研究》，上海：华东师范大学出版社，2000年，第286—287页。

② 陈少明教授将《礼记·大学》开篇陈述“三纲八目”的文字定性为“宣喻体”，并指出：“宣喻体的特点是用大词，含义抽象，但概括面广，句式节奏感强，有气势。让人有全局在胸，真理在手的信心。”见氏撰《“四书”系统的论说结构》，刘笑敢主编，《中国哲学与文化》，第九辑，《伦理、推理与经验科学》，第219—252页。

是“非智力”性的“意志力”问题，也即当代中国人常说的“意志薄弱”问题。因为急于对治这个问题，《大学》接下来的解说性文字遂干脆跳过了“致知”“格物”，径去苦口婆心地劝勉读者要“诚其意”。这说明，“教—学”意识及其“知识现成”的预设，以及由此突显出来的“知而不行—意志薄弱”问题意识，确实从总体上主导了《大学》作者的思维与写作。

《大学》“所谓诚其意者”章的前两段文本如下：

> 所谓诚其意者，毋自欺也。如恶恶臭，如好好色，此之谓自谦(读作“慊”)。故君子必慎其独也。小人闲居为不善，无所不至，见君子而后厌然，掩其不善而著其善。人之视己，如见其肺肝然，则何益矣？此谓诚于中，形于外，故君子必慎其独也。
>
> 曾子曰：“十目所视，十手所指，其严乎！”富润屋，德润身，心广体胖，故君子必诚其意。①

其中，“见君子”“人之视己”“十目所视，十手所指”等提法，充满了“外在监督”的意味。与此相应，第一段中的“小人”，亦处处显露出“畏惧外在监督”的情态。这种“小人”在缺乏外在监督的场合下，“为不善，无所不至”，“见君子”(遇到外在监督)则遮遮掩掩文过饰非。就此而言，此辈之所以为“小人”，其症结似并不在于不了解“君子”所代表的传统应然之知，而在于“不能实用其力”以致知而不行。②而正因为是在“明知故犯”，这种“小人”遂会产生遮遮掩掩的扭曲情态，以及“不自慊”的罪

---

① [汉]郑玄注，[唐]孔颖达正义，吕友仁整理：《礼记正义》，卷第六十六，《大学第四十二》，上海：上海古籍出版社，2008年，第2237—2238页。

② 就文本解读而言，朱熹的解释较之王阳明的更为可取，参见[宋]朱熹，《大学章句》，《四书章句集注》，第7页。

疚感。

“人(指监督者)之视己(指小人),如见其肺肝然”这个提法,明显是以监督者与被监督者共享相同的应然之知为前提的。我们知道,能否以及如何认识“他心”,这在西方哲学中是一个难题;而上述《大学》引文,却轻松地认为监督者具有轻易洞悉被监督者心态的能力。这并不是说西方哲学小题大做,或《大学》中的相关提法是无稽之谈。《大学》作者之所以会持有这种想法,其根源在于,在知道并共享既定的应然之知的前提下,人的道德心理与外在反应是有规律可循的——或者自觉遵行所知道的应然之知,从而快足于己(“自慊”“心广体胖”);或者明知故犯,并因此而遮遮掩掩(“掩其不善而著其善”)且心生罪疚。除此之外,再无其他可能。而作为《大学》式修身者,每一位合格的监督者都是从某种程度的“知而不行—意志薄弱”状态走过来的,对于上述道德心理与相应的外在表现心知肚明。一旦在他人身上发现“仓促地按照既定的(所共享的)应然之知自我掩饰”的迹象,这种监督者便可以很容易地通过“二选一”的方式,辨认出“知而不行—意志薄弱”的“小人”心态。

而由于与“意志薄弱”相反的“意志努力”似明显是一种后天自主的人为努力,《礼记·大学》遂在“所谓诚其意者”章后半部分给出了“皆自明也”这个提法:

> 《康诰》曰:“克明德。”《大甲》曰:“顾諟天之明命。”《帝典》曰:“克明峻德。”皆自明也。

其中,“顾諟天之明命”是《大学》中极少数带有宗教性术语的提法。但既然涉及到“天之明命”,最后又怎能和“克明德”“克明峻德”一起概括为“皆自明也”呢?将此放在《尚书·周书》传统中,就很好理解了。《周书》传统中的“天之明命”，归根结底就是大名鼎鼎的传统“德目”。如本篇第三节所述，“敬德修德以配享天命”这一首要的周代意识形态原则，其实质，简而言之就是将传统“德目”公然设定为天所要求于人的命令。“传统的”即“现成的”，有权威人士为之代言，就呆在那里等待被继承——“明命”之“明”，宜从这种“现成性”与“公共性”的角度来理解。《大学》作者在“教—学”意识中所秉持的“应然之知是现成的”的信念，其思想史源头正可以追溯到这里。而将“天之明命”作上述理解之后，则“顾諟天之明命”无非就是“自觉服膺（‘顾諟’）此现成的应然之知（传统德目，被视为‘天之明命’）”了。说得再直白一点，“皆自明也”之“自明”，实际上是对“顾諟”二字的解释；此“顾諟/自明”，在“所谓诚其意者”章语境中，实即前所谓“意志努力”。

进言之，在认为“应然之知是既定的”的“教—学”活动中，学生能够自觉地“诚其意（知而力行）”固然好，但鉴于“小人闲居为不善，无所不至”的劲头儿，“知而不行—意志薄弱”问题至少在一些人身上恐怕总是难以自觉克服。在现实生活中，“小人”在监督者（执政者）不在场的情况下“为不善”，而一旦对簿公堂（属于“见君子”的情形），这种“小人”又会极尽狡辩之能事为自己开脱（“掩其不善”）。这种“狡辩—开脱”恰与受教者所应有的“谦虚”心态截然相反，可谓《大学》“教—学”之道的死敌。“所谓诚其意者”章最后一段遂借诠释孔子语录之机，道出了对治这种顽疾的手腕：

> 子曰：“听讼，吾犹人也，必也使无讼乎！”无情者不得尽其辞，大畏民志。此谓知本。[1]

① ［汉］郑玄注，［唐］孔颖达正义，吕友仁整理：《礼记正义》，卷第六十七，《大学第四十二》，第2249页。

在认为“应然之知既定”的“教—学”语境下，断案标准当然也被认为是既定的，对同一个案件，合格的法官自然不可能做出不同的判决。孔子因而也不追求在判案结论上标新立异（“听讼，吾犹人也”）。孔子更关心的是，如何通过审案、断案，更有效地对治“知而不行—意志薄弱”乃至“顽固狡辩”的“小人”心态，从而防患于未然（“使无讼”）。针对“小人”明知故犯复推诿狡辩的态势，《大学》作者在所引孔子语录之后，紧接着提出了“无情者**不得**尽其辞，**大畏**民志”的政治手腕。简言之，那就是，执政者宜在听讼之际动用声色威势，震慑“小人”气焰，给明知故犯的意志薄弱者造成一种“怕觉”，以此整肃社会风气。这样一来，《大学》的“教—学”意识，就进一步落实为一种“威势施教”的政治模式。而作为对比，《中庸》在谈论“教（教—化）”的时候，却特别强调“予怀明德，不大声以色”“声色之于以化民，末也”。[①]这意味着，《大学》“所谓诚其意者”章最后的“威势施教”理念，在《中庸》看来并非最理想的政治模式。对此，我们下节再论。

在本节最后，我还想指出，由于对基于“既定的传统应然之知”的“教—学”授受之效能充满信心，《大学》几乎丝毫未表现出本篇上一节所指出的《论语》式宗教感（尽管很弱）。

我们注意到，在进一步解说“所谓治其国必先齐其家”时，《大学》多次使用了“教”字：“其家不可教而能教人者无之”“故君子不出家而成教于国”“宜其家人，而后可以教国人”“宜兄宜弟，而后可以教国人”。[②]本篇上一节指出，《论语》中的孔子以差等性的“天资—禀赋”解释教学效果在不同人身上相差悬殊这一现象；与此不同，《大学》上述言论则将学生（家人、国人）不上道儿的责任统统归结为教师的教学能力有欠缺。

---

① ［汉］郑玄注，［唐］孔颖达正义，吕友仁整理：《礼记正义》，卷第六十一，《中庸第三十一》，第2045、2051页。

② ［汉］郑玄注，［唐］孔颖达疏，吕友仁整理：《礼记正义》，卷第六十七，《大学第四十二》，第2250—2251页。

《大学》作者之所以会这么想，一方面盖是因为孔子和《论语》进一步强化了“教—学”这种人为努力的知名度，以至于在《大学》作者（作为孔门后学）心目中造成了诸如“完美的教学”或“理想的教师”这样的情结（“完美的”“理想的”按说是可以克服一切问题的），另一方面盖是因为这种“力求完美”的意识使他不敢轻易自信自己就是理想的教师，自然也就不敢以“配天”的姿态去论断学生的资质差异或谴责受教者有眼不识泰山。

《大学》中的唯一一处“性”字，同样也反映出了“应然之知（传统德目）是现成的”这种意识。这处“性”字，根本不是出现在的《大学》的“纲”“目”之中，其作用实际上只是修饰性的。在“所谓平天下在治其国者”章倒数约三分一处，紧接着“见贤而不能举，举而不能先，命（慢）也；见不善而不能退，退而不能远，过也”，《大学》作者这样写道：

> 好人之所恶，恶人之所好，是谓拂人之性，菑必逮夫身。是故君子有大道，必忠信以得之，骄泰以失之。[1]

这里的“人之所恶”“人之所好”之“人”，泛指“众人”。而“众人之所恶”“众人之所好”，无非就是“众所公认的应然之知”，放在《尚书·周书》《论语》以及《大学》的语境中也即“传统德目”。在上下文中，“人之性”这个提法仅止于用来修饰“传统德目（传统应然之知）在社会上根深蒂固”，而并未被用来解说“传统德目（传统应然之知）”的认识论根源。[2]

---

① ［汉］郑玄注，［唐］孔颖达正义，吕友仁整理：《礼记正义》，卷第六十七，《大学第四十二》，第2253页。

② 就此而言，陈明在其《儒教三典论略说》（《天府新论》2013年，第5期）中称“《大学》说践履”，而有别于“《易经》言天道，《中庸》论性命”，乃是很有见地的。不过，他进而试图创造性地在“《大学》说践履”，与“易庸言天道性命”的宗教性之间建立起内在关联，则与上述界分不免龃龉。

但是，问题在于，认为存在着“众所公认的(因而是现成的)应然之知”，或前所谓“监督者与被监督者共享相同的(既定的)应然之知”，此等前提当真成立吗？考虑到包括《大学》读者在内的许多社会成员尚需通过“受教—学习”日益精细化地了解传统应然之知(德目)，严格来讲，上述前提在现实当中并不成立。如此一来，鉴于“他心难知”的问题，《大学》“所谓诚其意者”章所谓的“人(指监督者)之视己(指小人)，如见其肺肝然”，也就成了无稽之谈。而该章致力于在“监督—被监督”关系中凸显的、主导《大学》全篇的“知而不行—意志薄弱”问题究竟能否成立，也就成了问题。这是《大学》的根本盲点所在，与其轻乎了“知识—理解”或“格物致知”问题密切相关，之所以会如此，归根结底则是因为通常的“教—学”意识给《大学》作者种下了“知识授受”与“知识现成”的先入之见。

(八) 真知问题逼出“性善—率性”与“教—化”意识

在本篇最后一节，我们把目光投向《中庸》。《中庸》开篇大张旗鼓地启用了“天命”与“性”这两个极具宗教色彩的术语，而郑重其事地推出了“天命之谓性，率性之谓道，修道之为教”的纲领。不难指出，被《尚书·周书》《论语》《大学》推崇为“人事人为”之基础的“教”，在《中庸》开篇的“性→道→教”秩序中沦落到了最末位，且基本上只有被界定的份儿。在一个自觉继承了“人事人为”或“自主努力”之精神的学派中，《中庸》究竟为什么要对宗教性与准宗教术语重新委以重任呢？《中庸》又是在什么意义上，委以这些术语以重任的呢？[①]《中庸》会借“天命之谓

① 冯友兰先生曾曰：“细观《中庸》所说义理，首段自‘天命之谓性’至‘天地位焉，万物育焉’，末段自‘在下位不获乎上’，至‘无声无臭’，多言人与宇宙之关系，似就孟子哲学中之神秘主义之倾向，加以发挥。”(氏著《中国哲学史》[上册]，第273—274页)不过，在很大程度上，“神秘主义”乃是一个拒绝分析的提法。

性，率性之谓道”的名义，颠覆《尚书·周书》《论语》所秉承的人事人为或自主努力传统吗？

《论语·公冶长》记载子贡曾说：“夫子之文章，可得而闻也；夫子之言性与天道，不可得而闻也。”盖有学者认为“不言性与天道”贬低了孔子之学的境界，故而辩称孔子其实也言说“性与天道”，只是资质偏低的学生如子贡者不得听闻或听不明白罢了。[①]笔者不甚赞同这种曲辩之辞，因为《论语》确实很少涉及“性与天道”的议题（较之《老子》《庄子》）。而按照本篇第（六）节的界说，“性”与“天道”均可谓是准宗教术语，它们虽然指向人所无力改变的层面，但却并非宗教依赖的对象。毋宁说，在“喜言性与天道”的人那里，它们是在认识（体认）基础上被利用的重要对象。自信对“性与天道”有通达之认识（体认）的人，会有一种居高临下地点评世事的优越感，这种优越的姿态不免会诱导后学绕过繁杂的具体人事或德目，直接追求“性与天道”之知。——但是，问题在于，绕过了具体的人事与德目之后，关于“性与天道”的知识（体认）究竟如何取齐，其征验何在呢？我们知道，在春秋时代，稍早于孔子的子产（子产卒时孔子年近三十），曾留下过令人印象深刻的名言：“天道远，人道迩，非所及也……何以知之。”（《左传·昭公十八年》）而《论语·公冶长》《论语·宪问》《左传·昭公二十年》皆曾记载孔子高度评价子产，[②]就此而言，孔子极有可能是在有意识地克制自己不去（或尽可能少地）言说“性与天道”，而子贡的上述言论则道出了孔子的心迹。子贡这条“夫子之言性与天道，不可得而闻也”的言论，甚至会对孔门后学谈论“性与天道”构成打压效果——夫子都克制不谈的议题，后学有什么资格去大谈特谈？！如此来看，《中庸》

---

① 程树德撰，程俊英、蒋见元点校：《论语集释》，第318—323页。
② 王志平，《论子产对孔子思想的影响》，《甘肃社会科学》1991年，第1期。

大张旗鼓地以“天命之谓性，率性之谓道”开其篇，就更是一个勇气十足，而需要深加解释的思想史现象了。[①]

我们需要结合《中庸》的主导性问题意识，来解释《中庸》对“天命之性”与“率性”的推崇。后人之所以会选用“中庸”二字来命名这篇文字，很大程度上是因为“中庸”是首章之后全篇前几则孔子语录的主题与关键词，而《中庸》作者的主导性问题意识，正是通过精心选编前几则孔子语录呈现出来的。在此，我们仅分析其中四则：

仲尼曰：“君子中庸，小人反中庸。君子之中庸也，君子而时中；小人之中庸也，小人而无忌惮也。”(第一则)

子曰：“道之不行也，我知之矣：知者过之，愚者不及也。道之不明也，我知之矣：贤者过之，不肖者不及也。人莫不饮食也，鲜能知味也。”(第三则)

子曰：“人皆曰予知，驱而纳诸罟擭陷阱之中，而莫之知辟也。人皆曰予知，择乎中庸，而不能期月守也。”(第六则)

子曰：“回之为人也，择乎中庸，得一善，则拳拳服膺而

---

① 当然，如果把《中庸》成书时间置于《孟子》之后(所谓的《中庸》晚出论)，这就不是一个重要问题了，因为已经有“孟子道性善，言必称尧舜”在前为之铺垫。(这样的话，我们就需转而去解释“性善论”在孟子那里缘何而起。)但是，关于《中庸》的作者与成书时代问题，古今学界在考证上可谓众说纷纭。以往被视为《中庸》晚出的决定性证据的“载华岳而不重”“今天下车同轨，书同文”片断(被认为只能出现在秦统一中国之后)，如今则正在被新的文本解释所颠覆，或者以“古书流传过程中总会在枝节上被修改”的名义被消解。而在缺乏足够的硬证据的情况下，现当代的各种《中庸》晚出说或早出说，实际上无不取决于论者对《中庸》文本与思想的具体理解。梁涛在评述前说的基础上提出了自己观点，他的相关论述进一步表明，当代的《中庸》作者与成书时代之争，归根结底乃是对《中庸》文本与思想的理解之争。(可参考氏著《郭店竹简与思孟学派》，第261—270页。)鉴于此，《史记・孔子世家》“子思作中庸”的说法，反而是最值得尊重的原始性说法。

弗失之矣。”(第七则)[①]

其中,第一则语录中的“君子中庸,小人反中庸”,意味着“人应该走中庸之道”。那么,何为“中庸”呢?“君子之中庸也,君子而时中”之“时”字意味着,实行中庸必须灵活机动,随时随地顾及处境,而非机械地墨守某些“中庸”规条。“小人之中庸也,小人而无忌惮也”这一句意味着,“小人之中庸也”只能是“小人自以为中庸”;其中,“无忌惮”实即“自以为是”,包括墨守成规意义上的自以为是。“小人”自以为是,但实则为非——“何为真正的中庸”问题由此初露端倪,而这实质上就是“真知”问题。

第三则语录的亮点在于,在细节表述上,它力求打通“知”“行”。在谈论“知者过之,愚者不及”时,它使用“行”字;而在谈论“贤者过之,不肖者不及”时,则使用了“明”字。“行”在字面上指“实行”,“明”则带有“理解”义(如“不明乎善”之“明”)。以“行”字论“知”“愚”,暗含了“有什么样的知,就有什么样的行”的意识;以带有“理解”义的“明”字谈论“贤”“不肖”(较之“知”“愚”,似更侧重“实行”方面),尤其隐含着将“实行”问题还原为“知识—理解”问题的意思。最后一句“人莫不饮食也,鲜能知味也”可谓画龙点睛,将“知者”“愚者”“贤者”“不肖者”的非“过”即“不及”问题,较为明确地归结为了“知”的问题。

特别地,在《大学》式“教—学”意识中,应然之知被认为是既定的(因而不成问题),立志为善的贤者的意志力只患“不及”而无所谓“过之”。所谓“贤者过之”,在《大学》式语境下,乃是不可理喻之事,但在“知识—理解”或“真知”问题意识下,“贤

---

① [汉]郑玄注,[唐]孔颖达正义,吕友仁整理:《礼记正义》,卷第六十,《中庸第三十一》,第1990—1993页。

者过之”就很好理解了：由于“知识—理解”存在偏差，贤者所具有的坚强“意志力”，反而导致当事人在歧途上飞奔。在这种情况下，“立志为贤”并“持之以恒”，反将沦为“小人之中庸也，小人而无忌惮也”——《中庸》而非《大学》意义上的“小人”。①

第六则语录尤为给力。面对他人的劝诫或建议，自以为是之人常会不耐烦地表示：“予知”——也即“别说了，我知道”！但观察其为人处事则发现，这些自称“予知”的人，往往正在行自我损害之事而浑然不知——他们被自己的决策“驱而纳诸罟擭陷阱之中”而“莫之知辟”。就此“莫之知”而言，其所谓“予知”并非“真知（正确的应然之知/真正的时中之知）”。至于“人皆曰予知，择乎中庸，而不能期月守也”，表面上看这似乎正是“知而不行—意志薄弱”问题，但在上下文中却同样旨在否定“予知”，也即当事人所宣称的并非他所真正理解并认同的。这实际上就是王阳明后来所明确表达的“知而不行只是未知”或“真知必然实行”的“知行一体”思想。《大学》式的“知而不行”问题，就此也被归结为“真知”问题。②

第七则语录涉及的是孔门标志性人物颜回。《论语·雍也》记载子曰：“贤哉，回也！一箪食，一瓢饮，在陋巷。人不堪其忧，回也不改其乐。贤哉，回也！”③这既是一种身体力行的践行境

---

① 谢文郁指出，《中庸》意义上的“小人”即自以为是之人，参考氏撰《〈中庸〉的君子论和〈约翰福音〉的恩典论》，原题《君子之路》，《恩福》杂志，总第8期，2003年7月；《君子困境和罪人意识》，王博主编，《哲学门》（总第二十六辑），北京：北京大学出版社，2012年12月；《康德的“善人”与儒家的“君子”》，《云南大学学报（社会科学版）》2011年，第3期。《大学》意义上的“小人”，按本篇第（七）节的分析，则是知而不行之人。“小人”在《大学》和《中庸》中有着几乎全然不同的内涵，这一点还请读者特别留意！

② 对此，西方哲学提供了一个非常坚实的关于“知行一体”的生存分析论证，可参考谢文郁短文《真理情结：从柏拉图到基督教》（《中国社会科学报》2010年5月4日，第6版）对苏格拉底—柏拉图之“人皆求善”命题的解析。

③ ［宋］朱熹，《论语集注》，卷三，《雍也第六》，《四书章句集注》，第87页。

界，同时也是一种恰当的“知识—理解”境界——无论如何，缺乏通透的“认识—理解”的持守，是“乐”不起来的。此所谓“择乎中庸，得一善”，刻画的正是颜回对“中庸”之“善”的“认识—理解”。较之“人皆曰予知，择乎中庸，而不能期月守也”的“假宣称”，颜回“择乎中庸，得一善，则拳拳服膺而弗失之矣”才是不折不扣的“真知”。

不过，这里也留下了一个问题：“期月守”或“拳拳服膺而弗失之”意义上的“真知”，会否压制“随时随地顾及处境”意义上的“真知”？反言之，“随时随地顾及处境”会否导致当事人在“知识—理解”上“无恒”？在理论上，或可假设处境本身具有恒常性，于是乎，作为体贴处境的结果，“真知”因而也会具有稳定性。然而，一旦做出这种预设，各种“教条式的真知”而非“时中之知”，势必又会借机大行其道。这对《中庸》来说，实在是一个“两难”问题。稍后，我们还会间接地涉及这一问题。

我们专门界定一下“真知问题”。“真知问题”的“真”字，包含两层意思。其一，当事人是否真的认同某种“知识—理解”？很多时候，自己口头上宣称的不一定就是自己所真切认同的。所谓“知而不行”，其实正是“口头宣称”与“真切认同”之间的分裂。其二，当事人所持有并认同的“知识—理解”是否真的适切当下处境，或曰，真正适切当下处境的“知识—理解”究竟是什么？按照上述分析，“真知”问题乃是《中庸》通过选编孔子语录，所要呈现的核心问题意识。实际上，这是一切生存问题的症结所在。那么，如何或凭借什么解决这个时时处处无可逃避的“真知”问题呢？

《中庸》借以呈现“真知”问题的孔子语录表明，即便追随优秀的教师(如孔子)，读优秀的教师所精心删正的教材(孔子删诗书)，学生在“知识—理解”上也还是会每每走偏。这说明，教师和教材无法直接向学生灌输处境化真知。那么，可否求助于鬼神、天、帝等宗教性力量，依靠这些力量的直接介入来解决“真知”问题呢？逻辑上，这不失为一条出路。不过，孔门传承的乃是“敬德修德—人事人为”的自主努力精神，祈求外在神灵（宗教性主宰）直接介入人事努力，因而会被视为不光彩的“倒退”。[①]故此，在《大学》式“治教—受教”之路走不通的情况下，如果“真知”问题还有可接受的出路的话，那么，希望大概就只能寄托在生存者身上还存在着生而固有，且绝对可靠，但未被充分利用的“认知—理解”能力上了。

在观察（自我体察）中，“自己”包含很多方面。与“过”“不及”相应的“知识—理解”亦是发生在“自己”之内的事情，然而，这却是“自己”当中有缺陷的部分。凭借这些有缺陷的部分，当然无法可靠地获取“真知”；相反，来自这些缺陷部分的干扰，可以说，正是“真知”问题的根源所在。逻辑上，当事人要想自行解决“真知”问题，他就必须从“自己”当中绝对可靠的部分出发——如果存在这种“绝对可靠的部分”的话。实际上，《中庸》开篇所谓的“天命之谓性”，正是在预设并指称“自己当中生而固有且绝对可靠的部分”，这种“预设”与“指称”是通过“天”或“天命”术语所尚存的正面宗教情感（在意识形态领域已经退居二线）实现的。

相比之下，《诗经·大雅·烝民》所谓的“天生烝民，有物有

① 傅斯年在《性命古训辨证》（桂林：广西师范大学出版社，2006年）中指出：“孔子之言天道，盖在若隐若显之间，故罕言之，若有所避焉，此与孔子之宗教立场相应，正是脱离宗教之道德论之初步也。”（第124页）

需要稍稍指出的是，孔子所罕言的“天道”与其所谓的“道不行，乘桴浮于海”（《论语·公冶长》）之“道”有所不同，前者脱胎于“宗教性主宰”，后者则正是架空“宗教性主宰”的“德目”集锦。至于“朝闻道，夕死可矣”（《论语·里人》），由于此“道”表现出了“难知”的特征，并且能够让人死而无憾，“朝闻道，夕死可矣”之“道”盖与“天道”相通。然而，这句语录的弦外之音却是，“天道”（或“朝闻道，夕死可矣”之“道”）难知。《论语》中的孔子罕言“天道”，看来与“天道难知”有莫大的关系。

则，民之秉彝，好此懿德”，则是在以“天生—秉彝”的普遍性与稳定性，修饰传统德目（“此懿德”）的普遍有效性（人民普遍地喜好或拥护）。[①]郭店竹简《性自命出》虽有“未教而民恒，性善者也”一语，但这篇文字总体上倾向于“凡人虽有性心无定志”“人而学或使之也”[②]——“未教而民恒，性善者也”似乎只是对例外情况的补充说明。换言之，《性自命出》并不提倡“从性出发”，而是仍然走在《论语》和《大学》式的“教—学”思路上。[③]相比之下，在比较自觉的“真知”问题意识的驱动下，《中庸》作者力度空前地抛出了“天命之谓性，率性之谓道”的开场白，毫不犹豫地设定人人生而固有绝对可靠的“天命之性（作为个人的内在向导）”，并将“率性（体察生而固有且绝对可靠的内在向导的指引）”设定为当下上手的“真知起点”。[④]前已指出，若不如此设定，则无时而无处不在的“真知”问题就没有出路而令人绝望。

《中庸》首章文本如下：

天命之谓性，率性之谓道，修道之谓教。

---

① 此与“性”字在《大学》“好人所恶，恶人之所好，是谓拂人之性，菑必逮夫身”句中的功能相似，可参考本篇第（七）节。

② 《性自命出》引文依据李零，《郭店楚简校读记》以及《上博楚简三篇校读记》，北京：人民大学出版社，2007年。李零将其命名为《性》（郭店本）或《性情》（上博本）。

③ 陈来认为，“此篇中的以好恶论性、以喜怒哀乐之气论性的思想不是性善论，由此论证了性善论在先秦儒学发展中并非主流思想。”（氏撰《郭店竹简之〈性自命出〉篇初探》，《孔子研究》1998年，第3期）

④ 笔者主张将《中庸》“天命之性”理解为“人生而固有且绝对可靠的内在向导”，将“率性”理解为“体察（生而固有且绝对可靠的）内在向导的指引”——对此有疑问的读者可参考拙文《〈大学〉“明德”并非〈中庸〉之“性”——基于思想史趋势的考察》，第一节，《中山大学学报（社会科学版）》2016年，第1期（该文修订版见拙著《意志与真知——学庸之异》，第二章）；以及《〈中庸〉首章：本体论误区与生存论新解》，《孔子研究》2018年，第1期（或拙著《意志与真知——学庸之异》，第四章）。

道也者，不可须臾离也，可离非道也。是故君子戒慎乎其所不睹，恐惧乎其所不闻。莫见乎隐，莫显乎微，故君子慎其独也。

喜怒哀乐之未发，谓之中；发而皆中节，谓之和。中也者，天下之大本也；和也者，天下之达道也。致中和，天地位焉，万物育焉。①

传统经注在解释“天命之谓性”时，常常迫不及待地将“刚柔”“仁义礼智信”等儒家经典说教注入“性体”。但是，这种“以教定性”的做法，根本无助于解决“真知”问题。在传统所谓的“体—用”推论中，学者自始至终只是根据自己对既定“说教”的现成理解界定“性体”，进而再根据这种界定推论何为当行之“道”与“教”。归根结底，这是一种“从教到教”或“从用到用”的循环推论，而通过这种循环推论，推论者固有的“知识—理解”偏差势必趋于强化。

实际上，“天命之谓性”作为一个准宗教命题，它只是在正面的宗教性情感中认定了“人生而固有可靠的内在向导(性)”，《中庸》首章也根本没有进一步规定“向导本体(性体)”之具体内涵的企图。在“率性之谓道，修道之谓教”的先后秩序中，“道”“教”之内涵须由“体察内在向导指引(率性)”实时赋予，而非反过来根据关于“道”的现成“说教”去规定“何为向导本体(性)”。而在“天命之性”未经界定的情况下，读者将完全失去依据“性体”内涵对“率性”体验的具体内容进行预判的根据。在这种情况下，在当下处境中的“率性”具体为如何哪般，当事人只有即时体验了才会知道。这是《中庸》“率性之谓道”的精髓所在，

① [汉]郑玄注，[唐]孔颖达正义，吕友仁整理：《礼记正义》，卷第六十，《中庸第三十一》，第1987—1988页。

与其所引用的孔子语录中的“时中”意识完全一致。

在开篇三句之后，《中庸》首章进而以“戒慎乎其所不睹，恐惧乎其所不闻”来形容上述“率性（体察内在向导指引）”体验。不难指出，凡“可睹”“可闻”者皆可在概念中加以界定——“率性”若是“戒慎乎可睹者，恐惧乎可闻者”，便终究与“遵守既定规范（界定）”无异。这样的“率性”，无异于《大学》所谓的“诚其意（通过意志努力持守既定之知）”。《中庸》所谓的“戒慎乎其所不睹，恐惧乎其所不闻”，则是一种“直接从未经界定的‘天命之性’出发”的姿态。如此一来，《中庸》首章所谓的“故君子慎其独也”，也就与《大学》“所谓诚其意者”章中的“故君子必慎其独也”拉开了距离。《大学》侧重从“舆论监督”“形于外”的角度谈论“慎其独”，认为社会成员只有练就了“在不受监督的情况下，仍能诚心诚意遵守权威规范”的功夫，才能于外在舆论监督无处不在的社会生活中，从心所欲而不逾矩地享有“自慊”“心广体胖”的从容境界。《中庸》与此不同，它在上述“不界定‘天命之性’之具体内涵”的前提下，将“慎其独”重新界定为“即时体察未经界定的‘性’的鲜活发见（也即‘率性’）”。“莫见乎隐，莫显乎微”所刻画的，正是这种“内在”（相对于“外在监督”）而“即时”（相对于“现成界定”）的“率性—慎其独”体验，它如人饮水冷暖自知。

《中庸》首章第三段“喜怒哀乐之未发”之“中”，亦非如传统经注所认为的那样指称“性体”或“本体”。尽管本段使用了“大本”二字谓述此“中”，但“致中和”的“致”字（作为某种人为努力）却意味着，此“中”、此“和”并非指天生固有的“性”，而是指通过人为努力才能达致的“境”。金景芳先生认为：“‘喜怒哀乐’是人在感情上的四种表现，这四种表现不是中，都是偏于一个方面。但是当它们都还没有表现出来的时候，无所偏倚，就叫做中。这句话是解释‘中’的定义。朱熹给《中庸》作注，说‘其未发’是性，这种解释显然是不对的。”[1]受此启发，我们建议将此“中”字，理解为“观念—情感”无所偏向的“中立”心态。当事人需要付出相应的人为努力，使自己从现有“观念—情感”倾向中超拔出来，才能进入这种“中立”心态。而这种“中立”心态之所以会被视为“大本”，乃是因为，当事人惟有从既有的“观念—情感”倾向中摆脱出来，才能专心体察“未经界定的‘天命之性’在内心中的即时发见（也即内在向导的即时指引）”。就此而言，“中立”心态构成了当事人“率性（体察内在向导的即时指引）”的主观条件。“大本”二字所要表现的，正是这种“条件”地位。

我们再专门分析一下“天命之谓性，率性之谓道”的宗教性，也即解析一下支持着上述设定与推论的宗教性意识。首先，作者以“天”或“天命”的名义，设定绝对可靠的内在向导（“性”），进而号召读者注意体察此内在向导的指引（“率性”）。支持作者如此这般地使用“天”或“天命”语词的，显然不是让人摸不着头脑的“弗弔天降割于我家”（《尚书·周书·大诰》）这样的“畏天”情感。在祸福难料，尤其是担心天遣送灾祸的意识下，“天命之谓性”之“性”不可能意味着“**绝对可靠**的内在向导”，“率性”因而也就未必是“当行之道”。只有在相信“天”之本质（或性情）与“应然之道”完全一致的情况下，“天命之谓性”才会意味着“人生而固有绝对可靠的内在向导”。就思想史演化而言，这种“天与应然之道相一致”的信念，正是《尚书·周书》以“敬德修德以配享天命”之“德（德目）”架空了宗教性主宰之“天”的结果——因为相信“天”或“天命”必然遵循“德（德目）”原则，“敬德”之“敬”（对传统德目的崇敬之情）遂相应地辐射到了“天”与“天命”头上，人们遂会对“天”与“天命”产生一种“敬仰”情感。

---

① 金景芳，《论〈中庸〉的“中”与“和”及〈大学〉的“格物”与“致知”》，《学术月刊》2000年，第6期，第75页。

《中庸》开篇的“天命之谓性，率性之谓道”，正是基于这种“敬天”情感的信念推演。[①]

其次，“天命之性”不是感官经验对象，甚至无法以任何方式被直观。《中庸》在开篇之后，紧接着用“隐”“微”来形容性之发见(内在向导的指引)，认为要想充分地体察这种内在向导的指引(“率性”)，就必须“戒慎乎其所不睹，恐惧乎其所不闻”。这里的“戒慎”“恐惧”，其实是在谈论“率性”之“率”，这是一种不同于“直观”的另类体察方式。《中庸》“子曰鬼神之为德”章之所以会提到鬼神“夫微之显，诚之不可掩如此夫”，正是因为在祭祀过程中不见(“直观”意义上的“见”)鬼神但却实有所感的体验模式，非常类似于不见性体但却能够体察到内在向导指引(表现为一种内生的应然感)的“率性”体验。《中庸》之所以要编入“子曰鬼神之为德”章的孔子语录，用祭祀体验类比“率性”，盖是因为，在当时的儒门(孔门后学)内部，《中庸》的“天命之谓性，率性之谓道”在提法上是一种创新，学者们不免会怀疑到底是否存在“天命之性—率性”这回事——通过选编孔子语录，用读者相对熟悉的祭祀体验类比“率性”，以便佐证“天命之性”“性之发见”以及“率性”体验的实在性，盖是《中庸》涉及“鬼神之为德”与人的“祭祀”体验的基本动机。而与这种可类比性相关，“率性”和“祭祀”体验所共有的“不见本体—微中之显”特征，也使《中庸》意义上的“诚—率性”蒙上了一层宗教性色彩。

当然，这种宗教性色彩的宗教性非常有限，因为“鬼神”与“祭祀”议题在《中庸》语境中仅具有辅助性意义，仅止于类比说明“天命之性—率性”的另类实在性。《中庸》根本无意于进深

---

① 关于“敬天”与“畏天”这两种意识，还可参考谢文郁，《“敬仰”与“信仰”：中西天命观的认识论异同》，《南国学术》2017年，第2期。

探讨“鬼神的临格”问题，否则，它就必须回答诸如此类的问题：“鬼神的临格”与“性之发见”是一致的吗？凭什么说是一致的或不一致的？若不一致，人更应该亲近何者？更重要的是，二者如何区别？换言之，生存者会否本想“率性”，结果却交上了“鬼神”？如何避免误入歧途？《中庸》根本不打算往这方面拓展话题——孔门传统总体上并不允许直接诉诸作为传统宗教（《商颂》式宗教）之依赖对象的“鬼神”，这一点在本篇第五节对《论语》“子路请祷”的分析中已经很明显了。

总之，对于“天”及“天命”的崇敬，对于“祭祀”体验的援引，这两种准宗教与宗教性意识在《中庸》中的功能，仅止于设定并夯实“天命之性”信念与“自主率性”意识。是的，“率性”本质上是“自主的”，带有深刻的“从自己出发”的特征。“天命之性（人生而固有绝对可靠的内在向导）”信念一旦在个体心中扎根，则“率性之谓道（体察绝对可靠的内在向导的指引）”的意识甚至还会鼓动学生挑战当代教师，乃至挑战部分甚至全部经典文献。这一点，在宋明心学特别是阳明后学身上，表现得非常充分。归根结底，“天命之谓性，率性之谓道”所激发的是一种“自作主宰”的自主性意识，而绝非宗教依赖或谦虚受教意识。对此，本书第（二）（三）两篇还将继续探讨。

按说，《中庸》对于“真知”问题的求解，完全可以止于“天命之谓性，率性之谓道”了。但在后半篇，《中庸》作者却又欲罢不能地将“真知”问题反加诸“率性”，从而触及到了“何为真正的率性/如何做到真正的率性”问题：

> 在下位不获乎上，民不可得而治矣；获乎上有道，不信乎朋友，不获乎上矣；信乎朋友有道，不顺乎亲，不信乎朋友矣；顺乎亲有道，反诸身不诚，不顺乎亲矣；诚身有道，不明

乎善，不诚乎身矣。[①]

上述引文环环相扣地将政治归结为各级执政者的“诚身”问题，而“诚身”问题最后又被归结为“明乎善”问题。前已指出，“明”字有“知道”“理解”“认识”义，“明乎善”即“明白真正的善”——“明乎善”因而指向“真知”问题，“不明乎善，不诚其身矣”故而是将“真知”问题反加到了“诚身/诚乎身”头上。而在《中庸》首章所奠定的以“率性之谓道”为中心的语境下，《中庸》所谓“诚”本质上只能理解为“率性”。这样，“真知”问题就被反加诸“率性”头上了。而一旦走到这一步，问题就变得极为棘手了，因为这等于取消了“率性”的自明性，也即转而强调“非真知”因素对“率性”的干扰。如此一来，要想真正做到“率性”，就必须另费一番周折。但是，凭借什么去完成这种“周折”呢？在缺乏上手状态的“真知起点”的情况下，任何“周折”都只能徒劳无功地在充满偏差的“知识—理解”泥潭中打转。正是在这个节骨眼上，《中庸》的“至圣—教化”论显示出了特别重要的意义。

《中庸》最后一部分如下：

仲尼祖述尧舜，宪章文武，上律天时，下袭水土。譬如天地之无不持载，无不覆帱，譬如四时之错行，如日月之代明。万物并育而不相害，道并行而不相悖。小德川流，大德敦化，此天地之所以为大也。唯天下至圣，为能聪明睿知，足以有临也；宽裕温柔，足以有容也；发强刚毅，足以有执也；齐庄中正，足以有敬也；文理密察，足以有别也。溥博

---

① ［汉］郑玄注，［唐］孔颖达正义，吕友仁整理：《礼记正义》，卷第六十，《中庸第三十一》，第2020页。

> 渊泉，而时出之。溥博如天，源泉如渊。见而民莫不敬，言而民莫不信，行而民莫不说。是以声名洋溢乎中国，施及蛮貊。舟车所至，人力所通，天之所覆，地之所载，日月所照，霜露所队，凡有血气者，莫不尊亲，故曰配天。唯天下至诚，为能经纶天下之大经，立天下之大本，知天地之化育。夫焉有所倚？肫肫其仁！渊渊其渊！浩浩其天！苟不固聪明圣知达天德者其孰能知之？《诗》曰"衣锦尚絅"，恶其文之著也。故君子之道，闇然而日章；小人之道，的然而日亡。君子之道：淡而不厌，简而文，温而理，知远之近，知风之自，知微之显，可与入德矣。《诗》云："潜虽伏矣，亦孔之昭。"故君子内省不疚，无恶于志。君子所不可及者，其唯人所不见乎！《诗》云："相在尔室，尚不愧于屋漏。"故君子不动而敬，不言而信。《诗》曰："奏假无言，时靡有争。"是故君子不赏而民劝，不怒而民威于鈇钺。《诗》曰："不显惟德，百辟其刑之。"是故君子笃恭而天下平。《诗》云："予怀明德，不大声以色。"
>
> 子曰："声色之于化民，末也。《诗》曰'德輶如毛'，毛犹有伦；'上天之载，无声无臭'，至矣！"[①]

最终，"至圣""至诚"之"君子"人物的出神入化的影响力，似乎被《中庸》设定为促成"真正的率性"的最后保障。这是怎样一种"保障"呢？考虑到声色威势作为教学手段无法直接向学生灌输"真知"，反而会徒增"苟且—求免"的心机，从而大大分散受教者自觉"率性"的注意力——在"真知出自率性"的大前提下，唯一有效的施教手段盖只能是，"至圣—至诚—君子"

① [汉]郑玄注，[唐]孔颖达正义，吕友仁整理：《礼记正义》，卷第六十一，《中庸第三十一》，第2043—2051页。

凭借其出神入化的感染力，潜移默化地感化受教者自行进入“体察自己固有且绝对可靠的内在向导指引”的“率性”状态。所谓“君子不动而敬，不言而信”，所谓“君子不赏而民劝，不怒而民威于斧钺”，所谓“君子笃恭而天下平”①，本质上其实都是“君子（至圣者/至诚者）潜移默化地感化人民率其性”。此可谓是一种“加强版的教师”。这样，“天命之性—即时率性”意识下的“教—化”（《中庸》），也就与“外在监督—意志持守”意识下的“教—学”（《大学》），形成了鲜明的对比。所谓“声色之于化民，末也”，简直就是对《大学》“所谓诚其意者”章最后“无情者不得尽其辞，大畏民志”所代表的“威势施教”理念②的不点名的批评！

但问题在于，《中庸》的“教—化”理念太过浪漫。在每个时代或时期，社会上一定会出现一名“至圣—至诚—君子”吗？即便总会出现，那又如何辨认？谁有资格做出判断？如何保证这种“至圣—至诚—君子”，一定登上作为政治顶峰的君主之位？“至圣—至诚—君子”若不在君主之位，其“教—化”功能会否打折扣？在这些问题上，《中庸》显得天马行空而矛盾丛生。一方面，“大德者必得其位，必得其禄，必得其名，必得其寿”，“大德者必受命”③；但另一方面，《中庸》所极推崇的仲尼（孔子），却“有圣德无其位”。④顺此悖论，读者甚至可以进一步质疑，就“知识—理解”水平而言，包括《中庸》作者本人在内的一切儒者，究竟有没有资格（或者在什么意义上有资格）去谈论“真正的

---

① ［汉］郑玄注，［唐］孔颖达正义，吕友仁整理：《礼记正义》，卷第六十一，《中庸第三十一》，第2045页。

② 参考本篇第（七）节。

③ ［汉］郑玄注，［唐］孔颖达正义，吕友仁整理：《礼记正义》，卷第六十，《中庸第三十一》，第2005页。

④ 同上，第2046页。

大德”，以及“真正的至圣—真正的至诚—真正的君子”？在上述问题得不到妥善处理的情况下，“至圣—至诚—君子”以及“教—化”，在现实中就势必只能沦为“威势”君主的荣誉性虚衔（所谓“天子圣明”或“皇帝圣明”）。如此，则儒家政治中的“真知”问题就会继续停留在黑暗的深渊，将执政者的政见偏差放大为社会灾难的隐患则会始终存在，并不时爆发。化解问题与困境的出路究竟何在？本书第二、三篇还会进一步处理这个问题。

最后，我想说，鉴于《中庸》有“至诚如神”[①]一说，我们不妨把上述“加强版的教师”径称为“神师”。无论如何，若仅凭自主性不足以解决“真知”问题，则宗教性的“神师”概念就正好可以趁虚而入。不过，如何言说这样一位“神师”，使其严格保持“加强版的施教者”角色，而非使之沦为难以捉摸的“鬼神”，则并非一件容易的事。陈明教授在其《儒教三典论略说》开篇不久即指出，康有为“好引纬书，以神秘性说孔子”，“不仅效果十分有限，甚至可以说影响非常负面”。[②]根据本篇以上的分析，我们可以说，康有为“孔子为教主”说中的神秘成分，有违于商周之变所开启的“人事人为—自主努力”大传统，因而难免在儒学语境内遭到普遍抵制。但在逻辑上，儒家的“教—学”意识中却蕴含着往“神秘性教师”方向上引申的可能。在一定程度上，康有为以“玄圣”“黑帝之子”“端门受命”等说孔子的做法，在《中庸》文本中是有其苗头的。但是，问题在于，《中庸》的相关设想缺乏足够坚实的基础，康有为因而缺乏足够的学理资源，在试图进一步强化孔子的“神师—教化者”角色时，稍不留神便会陷入“为《商颂》式宗教招魂”的境地。而鉴于《商颂》宗教模式具有因“一厢情愿”而崩盘的历史污点，相应的宗教性意识早已在商周之变以

---

① ［宋］朱熹，《中庸章句》，第二十四章，《四书章句集注》，第33页。
② 陈明，《儒教三典论略说》，《天府新论》2013年，第5期。

来的思想史运动中被边缘化，并在文化大传统中被深刻地打上了负面的烙印——康氏孔教运动一旦表现出某种向其复归的苗头，而又给不出足够坚实的学理奠基，就自然会在汉语思想界激起近乎本能的反感。

（九）结　语

在《商颂》中，人对神灵的宗教依赖意识似乎是显而易见的。然而，由于缺乏“启示”因素，《商颂》中的祭祀者便只能按照自己的设想，设立并举行祭仪，维持“神灵站在我这边—神灵赐福或佑助”的主观信念。相信神人同性、同好，试图以人所珍视的福利媚悦神灵，认为神灵必会因此报我以更大的福祉——这种基于人的性情、意愿的主观设想，贯穿《商颂》始终。本质上，这是一种“一厢情愿”的宗教依赖模式，因为从仪式的设立到信念的产生与维持，其中并无神灵的主动参与。

《商颂》式宗教可以有两个演化趋势。其一，神灵被笼统地视为基本福祉的赐予者，祭祀者只是“宁愿信其有，不愿信其无”地享受某种心理安慰，而根本不求验证神灵赐福或施佑的实在性。在这种情况下，祭祀者对神灵的宗教依赖情感会越来越淡。其二，基于特定的机缘（例如，如商纣王一般，出身优越，才貌出众，顺利继承王位），当事人的宗教依赖情感和福祉欲望同步膨胀，而将不切实际的信念一厢情愿地加在神灵头上（如商纣王一般，相信上天或上帝无条件地应允自己享受福利与权力）。当然，若换换角度，纣王所谓的“我生不有命在天”之叹，也可以理解为一种消极的“宿命论”，即一切都由至上神掌控，是否自我克制、是否人为努力根本没有什么意义？但就《尚书·商书·西伯戡黎》篇中祖伊对纣王的批评（认为纣王是在“责命于天”），以及《尚书·周书·召告》“今天其命哲？命吉凶？命历年？”的反问与反思而言，在商周之变与“周德”传统中，商纣王的上述言论委实被视为“一厢情愿的宗教依赖意识极端膨胀”之典型。

“极端膨胀的一厢情愿的宗教依赖意识”本质上无非是一种“不劳而获”心态，在一定程度上，这是人之常情。而当怀揣着这种极端膨胀的宗教依赖意识的商纣王在政治上彻底失败，“王权—天命”成功转移到周邦统治者身上之后，中国思想史(其主流)便对一般意义上的宗教依赖意识有了深刻的戒心。《尚书・周书》充分表达了对“无条件地依恃天命”这种意识的反思，进而基于周邦自己的发展经验，将传统德目，以及践行传统德目的人事人为自主努力，设定为配享“天命”的决定性条件。如此一来，凭借具有共识性权威(历史地积淀起来的)的德目(德高望重的古圣、先王，及当代有威望的老成人为其代言)，周代的“敬德修德以配享天命”意识便从总体上摆脱了“一厢情愿”的宗教依赖陷阱。商周之变与《尚书・周书》对无条件的、同时也是一厢情愿的宗教依赖意识的反思与替代，构成了早期儒家宗教哲学运动的原点。“敬德修德以配享天命”命题开启了宗教依赖意识持续衰微，人事人为的自主努力意识不断自觉并强化的新的思想史潮流。

作为这一潮流的自觉继承者与进一步升华者，《论语》中的孔子及其弟子在一个学术下移的时代，有意识地婉拒宗教依赖意识在祭祀场合之外渗透、干扰人的日常生活，并不遗余力地将传统宗教遗存(如祭祀)重新解释为(并利用作)“敬德修德”品格的操练场。与此相应，原本附着在宗教仪礼上的神圣情感，遂在“敬”或“敬仰”的名义下，进一步转移到了“德目”与“有德之品格”上。对于传统宗教意识的这种转化性收编，实质上也是对宗教依赖意识的进一步压制，因为依赖意识毕竟不同于自主意识，乃是无法收编进以“自主努力”为内核的“德目”与“有德之品格”之中的。于是，我们看到，从《尚书・周书・大诰》到《论语》，只有在人为努力的极限处，特定的宗教依赖意识才会以相对正面的形象，在周王和孔子心头重新涌起。这些特定的宗教依赖意识既包括《大诰》在危机时刻借大宝贵占卜重新强化起来的“天命不易(上帝的命令是根本不会改变)”信念，也包括《康诰》《酒诰》中的“上天允诺因而定将佑助其成功”的“天若德”“天若元德”概念，还包括在“周德已衰”而“楚王问鼎”之际王孙满所不得不用作挡箭牌的“卜世三十，卜年七百，天所命也”(《左传·宣公三年》)之命数意识，以及孔子在其教学生涯中于无能为力之际所感叹的“天资—禀赋”差异，及其在遭受困厄之际假宗教术语所表现出来的“天生德于予”的自信或“道行与不行取决于命运”的无奈(这种困厄仍然可以归结为“教—学”中人所无能为力的层面)。这些事例似乎表明，宗教性意识之于人的生存，乃是无法彻底驱除的。然而，如何安放宗教性意识，使之成为更好的人之生存意识的组成部分，是一个虽然重要但却超出了本书主题的大问题。

而在不触及“教—学”这种后天人为努力之限度的情况下，“知而不行—意志薄弱”就成为了主导《礼记·大学》的突出问题。由于《尚书·周书》中的“敬德修德”实际上是以传统德目作为应然之知，而传统德目看起来又像是现成之物，就在古圣、先王、经典、当代老成人或当代教师那里，《论语》以及尤其是《大学》中的“教—学”的一个基本特征就是“知识授受”。而由于认为应然之知是现成的，是可以通过“教—学”授受的，加之《大学》作者对“教—学”的可行性或有效性深信不疑，如何将现成的或教师与教材所传授的应然之知行出来，就成为这种“教—学”语境下的最突出的问题。《大学》中的“小人”正是“知而不行”的典型，而耗费了《大学》全篇约1/3的“所谓诚其意者”章，其所对治的也正是这一问题。“诚其意”本质上是一种“意志力”(而非“智力”)努力：在应然之知既定的前提下，努力使自己更真切地认同已经学到的应然之知，以便从容而自然地将其行出来，这就是《大学》所谓的“诚其意”。《大学》在“所谓诚其意者”章，征引《大甲》“顾諟天之明命”等古语，并将其解释为“皆自明也”，可见其在“人事人为—意志努力”的意识中，毫无保留地接受了《尚书·周书》将“天之明命”等传统宗教术语“德化(德目化)”的定向。

同时，仍然是由于深信“教—学”可行或有效，《大学》更愿意将“教—学”中的不利局面归咎于齐家者、治国者、平天下者在品行上有瑕疵。《大学》作者自己也不敢不像自信的孔子那般指斥学生(或潜在的学生)资质驽钝(“中人以下”)，不知道“畏天命，畏大人，畏圣人之言”，乃至不配与闻、保有他所传承的“文”与“德”。

《论语》中的孔子虽然涉及了人的“资质”或“天资—禀赋”话题，但是由于其动机在于感慨性地解释学生开窍快慢不等乃至死不开窍现象，《论语》中的孔子所需要的乃是一种有差等的“天资—禀赋”概念。这种旨在强调资质差异的“天资—禀赋”概念，无法自然演化为无差等且绝对可靠的“天命之性”。而在《诗经·大雅·烝民》与《礼记·大学》中，虽然也分别出现了一处“秉彝”或“性”，虽然它们带有“性善论”的意味，但在上下文中，“秉彝”或“性”却并非论述的焦点，而只不过是一种修饰之辞，用以强调传统“懿德”或“人之所[同]好”“人之所[同]恶”的“贤/不贤”“善/不善”观念具有普遍的有效性。

这种情况在《礼记·中庸》那里有了根本改观。《中庸》作者通过精心选编孔子语录，从普遍性的非“过”即“不及”的问题中，析出了本研究所谓的“真知”问题。要知道，学生身上普遍存在的非“过”即“不及”问题是由孔子本人指出的，而作为一位优秀的教师，孔子在孔门后学和《中庸》作者心目中乃是无可挑剔的，经孔子之手所编订的教材(文献)同样也是无可指摘的——在这种情况下，学生仍然普遍地表现出非“过”即“不及”

的“知识—理解”出偏问题，这个问题显然就不再是教师和教材所能解决的了。而在商周之变以来的“宗教依赖意识持续衰微，人事人为的自觉性日益高涨”的潮流下，《中庸》作者作为自觉继承了这一潮流的孔门后学，自然也不会将解决问题的希望转而(倒退般地)寄托到对传统宗教意义上的“鬼神”的依赖上去。如此一来，设定人人生而固有且绝对可靠的内在向导(“天命之性”)，再将体察此内在向导的即时指引(“率性”)设定为每一个生存者随时随地可上手的真知起点，这对于《中庸》作者来说几乎就是唯一可行的选项了。而因为“天命之性”是每个人生而固有的，是自己当中绝对可靠的向导，乃至可以称之为“真正的自己”，所以“率性”本质上就是“从自己出发”。所以说，“天命之谓性，率性之谓道”虽然借用了“天”“天命”“性”这样的宗教性与准宗教术语，但它实际上所鼓吹的却是一种更深彻的“自作主宰”意识。《中庸》后半篇虽然为应对“何谓真正的率性/如何做到真正的率性”这一更为棘手的“真知”问题而提出了本研究所谓的“神师—教化”概念，但《中庸》的“教—化”之“教”却已然不同于《大学》的“教—学”之“教”——后者强调“知识授受”与“谦虚受教”的特征，严重侵犯了《中庸》向每一位生存者所宣扬的“自主率性”与“自作主宰”精神。鉴于此，旨在促成“真正的率性”的“神师—教化”，就只能是不露形迹的“感染”“感化”。《中庸》结尾之所以会用“‘上天之载，无声无臭’，至矣”来比拟这种“神师—教化”，其逻辑也正在于此。后世儒家将“君师”(负责教化)与“天地”相并列，不断表达其对“天地君亲师”的敬仰，这在《中庸》也算有其苗头。

第二篇　界定本体的性善论与不界定本体的性善论

（一）引言：六问儒家性善论

流行观点认为，性善论最大的贡献就是通过界定性体，将儒家对传统伦常的持守提升到了本体论层次。这种观点确实可以获得经典文本的支持，如《孟子·公孙丑上》称“仁义礼智，非由外铄我也，我固有之也”，在此基础上，朱熹《大学章句序》理所当然地炮制出了“仁义礼智之性”的提法。就此而言，将儒家伦常“塞进”善性本体，进而再以善性本体之名义捍卫相关伦常，似乎就是儒家性善论的基本使命。[①]

---

① 例如，作为这种流行观点在国际中国哲学研究舞台上的代表，余纪元教授在其比较研究代表作《德性之镜：孔子与亚里士多德的伦理学》（林航译，北京：中国人民大学出版社，2009年）中，这样评论“性善论”在孟子那里的兴起：“孟子在捍卫孔子之‘道’时清晰地提出了这一理论。孟子发展其‘性善论’理论的主要动力，在于应对各种对立哲学流派对孔子‘道’论的严重挑战。”（第101页）“这些缺陷由孟子填上。他的策略似乎是这样的：墨子和杨朱提出的严重挑战在于他们声称天道在他们那边，而孔子之‘道’是违反人的本性的。如果孟子能证明人的真正本性是一些不同于追逐、保存利益之物，那么墨子和杨朱的立场就都失去了根基。如果孟子能进一步证明我们人类的真正本性是最终导向孔子之德性的事物，那么他就成功地论证了孔子的观点才与天道相符。据此， （转下页）

不过，儒学中还有另一种性善论传统：虽然认定性善，却不界定善性本体的具体内容。《中庸》开篇在提出“天命之谓性”命题（在敬天情感中认定此性为善）之后，丝毫没有留恋性本体的界定问题，而是紧接着抛出了“率性之谓道”命题，并通过“戒慎乎其所不睹，恐惧乎其所不闻，莫见乎隐。莫显乎微，故君子慎其独也”等提法大谈特谈“率性”体验。①在不界定性本体的情况下，直接谈论率性，这是《中庸》作者理论思维“幼稚”所致吗？若是，则极力推崇孟子“良知”概念的王阳明又是怎么回事呢——在明知孟子“四端之心”及朱子“仁义礼智之性”等学说的情况下，王阳明却旗帜鲜明地转而倡导“无善无恶是心之体”——轻飘飘的一句“受了禅学影响”，真足以解释王阳明的这种转向吗？实际上，《中庸》不界定“天命之性”本体，与王阳明力倡“无善无恶是心之体”，相映成趣地体现了儒家性善论的另一种思维，即不界定本体的性善论。②

（接上页注①）孟子为了击败墨子和杨朱，由此论述真正的人性，并表明孔子的价值是人性固有的，而发展了另一套‘性’论。”（第103页）

① 由于本体论思维的流行，学界往往不注意《中庸》首章未对“性体（本体）”进行具体界定这一文本事实。相反，在本体论思维中，读者们倒是倾向于将“喜怒哀乐之未发，谓之中；发而皆中节，谓之和。中也者，天下之大本也；和也者，天下之达道也。致中和，天地位焉，万物育焉”之“中”，视为《中庸》对“性体（本体）”内容的一种界定。对此，我的反驳是：首先，“喜怒哀乐之未发”是一种人为可控的主观心态，而非没有任何意识活动的原始的寂静状态，否则读者将无法把这句话转化为功夫实践，因为任何“转化”都伴随着人为的、知情一体的意识活动。其次，“致中和”的“致”字，明显指称特定的人为努力，也就是说“中”（包括“和”）是人为努力的结果，而非天生固有的本体。实际上，金景芳先生早在多年前即已指出，朱熹给《中庸》作注，说‘其未发’是性，这种解释显然是不对的。”“‘中也者，天下之大本也’。‘本’是根本，形容重要。‘天下之大本’就是天下的根本，是最重要的。什么事都能做到中，那是最好的，所以是‘天下之大本’。”在金先生看来，“中”非“天命之性”，而是需要人为努力才“能做到”的，说见氏撰《论〈中庸〉的“中”与“和”及〈大学〉的“格物”与“致知”》，《学术月刊》2000年，第6期。

② 说到这里，不得不提一提倪培民教授的《从功夫论的角度解读〈中庸〉——评安乐哲与郝大维的〈中庸〉英译》（《求是学刊》2005年，第2期）这篇文章，（转下页）

就现象而言，儒学中确实存在两种性善论：界定本体的性善论、不界定本体的性善论。针对这两种性善论，本篇重点关注：1.从发生学角度看，哪种性善论更原始？2.驱使它出场的问题意识又是什么？3.逻辑地看，哪种性善论更融贯？4.儒家究竟在什么意义上需要一种不界定本体的性善论？5.在二者的分歧与竞争之中，蕴含着何种未竟的问题？6.有无可行的解决渠道？从"天命之性"到"四端之心"，从"仁义礼智之性"等提法再到"无善无恶是心之体"，通过考察儒家性善论的四个具体形态及其发生动因，本篇将和读者诸君一同思考上述问题。

（二）真知问题与作为内在向导的天命之性

《论语》中的人性论，以《阳货》篇中的"性相近也，习相远也"句最引人注目。单看前半句，此"相近"之性，既可以是"善"的，也可以是"恶"的，还可以解作"善恶混""无善恶"或"可引为善，亦可引为恶""有善有恶""中[品]即相近者"等。[①]半句"性相近"留下了近乎无限的发挥空间，就此而言，孔子并不太

(接上页注②)以及陈明教授提出的"即用见体"这个概念(参考陈明，《即用见体再说》，陈明主编，《原道》(第十一辑)，北京：北京大学出版社，2005年；以及天心，《文化的政治：陈明的即用见体与公民宗教说——大陆新儒学试析之二》，《博览群书》2007年，第12期)。倪教授认为，《中庸》以及《孟子》里的所有核心概念，均旨在推荐相应功法，而非构建形而上学或表达实体宇宙观。陈教授的"即用见体"提法颇具启发性，但他本人更措意于用此提法为自己的政治哲学建构张目，并未由此发展出专门的《中庸》解释。

① 参考程树德撰，程俊英、蒋见元点校：《论语集释》，北京：中华书局，1990年，第四册，第1177—1184页。其中，受宋明儒学"性善论"意识熏染，顾炎武、李光地等主张："相近，近于善也"或"'性善'，即相近之说也"。由于宋明儒学(推崇孟学，强调性善)传统的强大，这种解释颇有市场，但值得注意的是，宋明儒学的代表性人物朱熹和程子反而认为："此所谓性，兼气质而言者也。气质之性，固有美恶之不同矣。""此言气质之性，非言性之本也。"参见[宋]朱熹，《四书章句集注》，北京：中华书局，1983年，第175—176页。

重视“性”论(否则当施以更多界定才是)。《论语·公冶长》记载子贡感叹曰:“夫子之言性与天道,不可得而闻也。”在推崇性善论、以性善论为正统义理首要原则的宋明儒学传统中,“夫子(孔子)罕言性”是不合常理而不可想象的,诸如“圣门教不躐等”(也即并非孔子不言,而是子贡未闻、不配闻或听不懂)之类的解释遂逐风而起。[①]但按之《论语》全书,“性”字仅两见(两处文本以上皆已征引),实在算不上突出的议题。退一步说,即便真有所谓“圣门教不躐等”的教学次序,而“性”论被设置为高阶教学内容,这至少也意味着,“性”论并非孔门为学修德所必需首先明了的基础议题(主流的宋明儒学与此形成鲜明对照),换言之,绕过“性”论,《论语》时代的孔门学者也还是可以为学修德。综上,“性相近也,习相远也”整句毋宁意在引导听者将注意力集中到“习”上[②]:“性”既是天生的,又是众所相近的,那么,它就只是一个原始而普遍的现象而已;真正的生存问题出在“习相远”的“习”方面——“习”既是后天的、人为的,也是五花八门差异极大的,特别地,在未经学习和修养的情况下,它往往是恶的。

那么,什么是“好的习”,又如何获得“好的习”呢?前一个问题可以从“恒”,也即“稳定的品格”角度来思考。“岁寒,然后知松柏之后凋也”(《论语·子罕》),偶然的好行为尚构不成“好的习”,严格意义上的“好的习”,必须能够经受住恶劣环境的考验。“人而无恒,不可以作巫医”(《论语·子路》):巫医所处理的往

---

① 朱子一方面承认“至于性与天道,则夫子罕言之,而学者有不得闻者”,另一方面则追随程子“此子贡闻夫子之至论而叹美之言也”,认为“盖圣门教不躐等,子贡至是始得闻之,而叹其美也”。参见[宋]朱熹,《四书章句集注》,第79页。关于本章历代解释,还可参考甘祥满,《〈论语〉“性与天道”章疏证》,《中国哲学史》2012年,第3期。

② 戴震在一定程度上持这种解读:“孔子但言性相近,意在于警人慎习,非因论性而发,故不必直断以善与?曰然。”转引自程树德撰,程俊英、蒋见元点校:《论语集释》(第四册),第1179、1181页。

往都是超常规事项，如“卜筮以决疑”恰恰意味着当事人已经走到了知识或经验的尽头——而即便在这种非常规的情况下（不得不求助于巫医[1]），孔子认为仍然需要坚持上述南人谚语所传递出来的“在自己力所能及的范围内持之以恒地遵守常规德目”之精神。“好的习”归根结底即“稳定地践行常规德目的品格”，那么，如何养成这种“稳定的品格”呢？

许多研究者不约而同地认为，《论语》以“学而”开篇，实际上是有深意的。王博教授指出，较之“思”，“学”的外向性更加突出。[2]换言之，“学”需要有外在教材或学习对象。在这个意义上，“学”往往被解释为“效”（效法、仿效）。[3]对于孔子来说，周“礼”或周“文”，是基本的研习教材；通过研读文本（包括某些口头叙述）而还原或体贴出来的周公乃至尧、舜等形象，则是“好的习”或“应然之品格”的卓越代表。对于孔子的学生来说，作为文本的“礼”或“文”当然也是他们的学习教材，而学养深厚、品行粲然可观的孔子则是现场指导他们进行学习的教师。在不断回答弟子“问仁”、“问礼之本”、问“为政”等问题的同时，孔子也不时就学生的某些理解、言行、品格进行点评，如“师也过，商也不及”“过犹不及”（《论语·先进》）等等。孔子通过言语指出“过”“不及”等问题，意味着这些问题可以在“理解”（认识到问

---

① 笔者当然注意到了“无恒之人，即巫医贱业亦不可为”这种解释，但根据上下文，笔者更倾向于“巫医不能治无常之人”（“作，立也”）。参考程树德撰，程俊英、蒋见元点校：《论语集释》（第三册），第932—934页。

② 王博，《论〈劝学篇〉在〈荀子〉及儒家中的意义》，《哲学研究》2008年，第5期。

③ 朱子解释《论语·学而》“学而时习之”曰：“学之为言效也。”见[宋]朱熹，《四书章句集注》，第47页。持心学立场的毛奇龄则认为，强调外在的学习对象（师法、榜样、文本），等于架空了学者原本饱满的自主性，故而批评朱熹的解释为“训实作虚”。毛说见氏著《四书改错》，转引自程树德撰，程俊英、蒋见元点校：《论语集释》（第一册），第3页。毛奇龄的解释（所谓“改错”），实际上是在将《论语》往更加纯粹的心学思路上归化，背后则有“正典一体，承载一以贯之的道统真理（实际上是解释者所认定的‘最佳义理’）”这种非历史的解释学预设作为推手。

题之所在）的基础上加以改正——这既是“知识—理解”问题的具体提出，同时也是对具体的“知识—理解”问题的解决。也就是说，问题的提出与解决，直接依赖于孔子的卓越学识、个人修养与洞察力。这是权威教师在场的“学”，也即直接受惠于教师指导的“好的习”的养成机制。在由孔子弟子（以及再传弟子）集体编撰而成的语录体作品《论语》中，师尊孔子的言论明显构成了评判是非对错的权威标准。

然而，孔子之后，“儒分为八”（《韩非子·显学》），众望所归的权威教师不复出现，对于孔子语录的理解（乃至取舍）也出现了分歧。倘若孔子在世，或可通过现场指导指示正路化解分歧；而孔子一旦离世，则何为“真孔子”（如何理解孔子语录）便也成了问题。[①]进言之，在缺乏有效的现场指导的情况下，准确理解孔子思想由以脱胎而来的“礼”与“文”（一系列古代文献），更是难上加难。在这种情况下，如何面对“知识—理解”问题？

作为另类孔子语录，《中庸》的语录体部分，旨在向读者呈现另一种孔子精神。《中庸》作者有意识地将孔子论述“中庸”和“过”“不及”的语录进行了逻辑性较强的精心选编，[②]一方面将包括知者、愚者、贤者、不肖者在内的一切生存者皆圈进了非“过”即“不及”的普遍出错境地，另一方面又将这种普遍的“过”“不及”错误归结为“鲜能知味也”，也即当事人的“知识—理解”出了问题。《中庸》所进行的这种“知识论/认识论”溯因，同《论语》在“有恒之德行”意义上强调“品格”，形成了鲜明的对照。要之，在《论语》式“好的习—稳定的品行”视野下，最不容

---

① 《韩非子·显学》触及到了这一问题，其曰：“孔、墨不可复生，将谁使定世之学乎？”“尧、舜不复生，将谁使定儒、墨之诚乎？”

② 《中庸》中的孔子语录绝大多数可以在《论语》中找到相似或相关者（参考郭沂，《第三章子思的思想·第一节〈中庸〉其书》，张岂之主编，《中国思想学说史·先秦卷》（上），桂林：广西师范大学出版社，2007年，第282—287页），两者最根本的区别在于，《中庸》对孔子语录的遴选与编连，是自觉服务于呈现、探讨编者所特别关注的核心问题（真知问题）与解决方案的。

宽恕“恶习”，就是“知而不行”意义上的“无恒”。按照前面的分析，在权威教师(孔子)在场的情况下，“知(知识—理解)”从根本上显得不成问题——学生可以随时向老师请教，老师也可以因材施教予以指点，只要“教—学”双方能够持守“学而不厌，诲人不倦”(《论语·述而》)的品行，学生的“知识—理解”问题似自然将得以解决(只是一个程度如何、时间早晚的问题)。但《中庸》却反其道而行，它所选编的孔子语录中有这样两句：

> 人莫不饮食也，鲜能知味也。
>
> 人皆曰予知，驱而纳诸罟擭陷阱之中，而莫之知辟也；人皆曰予知，择乎中庸，而不能期月守也。

后者之前半句意味着，人所自称的“予知”实际上是错误的“知”——否则当事人就会知道避开罟擭陷阱了；后半句意味着，所谓的“知而不行”(能“择”不能“守”)实际上是“不知”——若真切地知道所择为善，必会心悦诚服践行之。实际上，前面那句“人莫不饮食也，鲜能知味也”，已经点明，不“知味”，才是一切行为上的偏差的总根源。[①]这样，通过有计划地选

① 对于这种“知行一体”的思想，西方哲学提供了一个非常坚实的生存分析，谢文郁教授的短文《真理情结：从柏拉图到基督教》(《中国社会科学报》2010年5月4日，第6版)对此进行了清晰的梳理：“在《美诺篇》中，柏拉图借苏格拉底之口提出‘人皆求善’命题时，遇到一个问题：从经验观察出发，似乎既有求善者，也有求恶者。如果人皆求善，如何解释这个事实？苏格拉底采取了一种排除法的论证。他说，在现实中，我们能够看到有人求善(A)，有人求恶(B)。有人善恶不分而以恶为善，在善的名义下求恶(B_1)，有人明知为恶而求恶(B_2)。进一步，有人明知为恶但因为有利而求恶(B_{2-1})，有人明知为恶且无利而求恶(B_{2-2})。就广延来看，这里的$A+B_1+B_{2-1}+B_{2-2}$等于全部人。显然，A是求善者；B_1在自我意识上也是求善者(虽然善恶不分)；对于B_{2-1}，如果把‘利’理解为暂时利益，尽管目光短浅，但当事人认为他是在追求善；B_{2-2}是空项，无法找到个例，人不会选择从各个角度看都是恶的事物。由此看来，在现实世界，所有的人都认为自己在追求善。至于那些被认为是追求‘恶’的现象，原因在于人们的善恶观念出了问题。”

编孔子语录，《中庸》突出地表现出了直面“真知”问题的勇气。

较之《论语》，《中庸》这是在进行一百八十度的大转弯。在《论语》中，孔子是师尊，是学生由以汲取真知的源泉。在《中庸》中，孔子仍然享有无与伦比的权威地位，但这位权威教师却旨在向学生挑明“真知”问题，并要求学生自觉、自主地直面此“真知”问题。对此，可以做下述分析与追问：作为一切问题的总根源，“知识—理解”或“真知”问题既然也普遍发生在孔子的学生身上，而且这一问题既然是几乎无可挑剔的优秀教师孔子本人在感慨中所指出的，那么，解决此问题的最终希望就不在教师（包括作为历代教师之遗教的各种文献）身上，而只能落在每一个学生自己身上（否则，为什么要感慨并责备学生，而非责备教师或教师自责呢）。相应地，“知识—理解”或“真知”问题便进一步转化为：学生本人凭借什么自觉、自主地解决“真知”问题？

按照上述分析，如果学生本人无力负起解决“真知”问题的责任，则“真知”问题就会是不可解决的，严肃的生活因而就成为既不可望也不可求的。这不是《中庸》作者想要的选项。相反，《中庸》作者从孔子“道不远人”“忠恕违道不远，施诸己而不愿，亦勿施于人”“君子无入而不自得焉”“反求诸己”的语录中，获得了另一种鼓舞：“自”或“己”里面有着绝对可靠的认知向导。顺着这一思路，我们就不难理解，《中庸》开篇为什么要大张旗鼓地将《论语》中偶尔且分散地出现的“天”“天命”“命”“性”“天道”，整合为“天命之谓性”命题，推崇为孔门或儒学的第一原理了。简言之，“天命之性”即“自”或“己”中绝对可靠的认知向导。这种“绝对可靠的认知向导”不是概念界定的对象，[1]而是通过“天命”术语所承载的正面宗教情感，自

---

① 牟宗三先生一方面指出，单就“天命之谓性”一语本身，“尚看不出此天所命而定然如此之‘性’究竟是何层面之性”，另一方面则根据“率性之谓道” （转下页）

我鼓舞并感染读者去义无反顾地先行认定的(因而必须作为《中庸》开篇首句)。

(三) 如何率性的问题与"四端之心"指点

设定了生而固有且绝对可靠的认知向导之后，接下来的问题当然就是，如何切实利用此内在向导应对真知问题？

(接上页注①)"中也者天下之大本也""唯天下至诚为能尽其性"等语，断定《中庸》之性"可能是根据孟子言性善而来"，认为《中庸》以"性体与道体通而为一"与《易传》以"元亨利贞"言"乾道实体"为"同一思理模式"，是"道德意识之充其极"的"圆满之发展"。就前一方面而言，牟先生可谓注意到了《中庸》之"性"不是概念界定的对象。不过，牟先生真正措意而长篇大论的，却是后一个方面，即《中庸》《易传》将"道体(天道)"与"性体"打通为一，赋予"性体—道体"以"元亨利贞四德""仁体"等内涵似乎是走在"界定本体的性善论"思路上。不过，值得注意的是，牟先生是在"道德本心"及其"能起道德创造"之意义上援引"元亨利贞""仁"等提法的，如此，作为"道德本心"的"心体—性体"就成为一"即活动即存有"的主体，其具体内涵则只能通过其在具体处境中的"发见(活动)"自行彰显(不断彰显)。就此而言，牟先生是将《论语》《孟子》《中庸》《易传》一体归入了本篇所谓的"不界定本体的性善论"行列；尤其值得指出的是，牟先生所特别着力表彰的胡五峰、刘蕺山基于"於穆不已"体验而谈论的"性体"，虽曰"客观"，但完全不同于伊川、朱子在"仁义礼智"之"理"意义上所界定的"性"。参考牟宗三，《心体与性体》(上)，长春：吉林出版集团有限责任公司，2013年，第28—38、39—44页。

尽管牟宗三先生的洞见与本篇有相合之处，但牟先生以宋明心学为本的"一以贯之"的《论语》—《孟子》—《中庸》—《易传》叙事，未免太过理想化而遮蔽了历史地形成的文本之间(乃至同一文本内部)的思想分歧及与此相伴的历史(哲学史)演变。站在方法论角度，我们可以对上述叙事提出如下两点批评：其一，追随宋明道统论余绪，先入为主地认定儒学正典(《论语》《孟子》《中庸》《易传》)一以贯之，极力淡化这些文本之间的思想分歧；其二，《心体与性体》作为一部评述宋明儒学的厚重作品，其对《论语》《孟子》《中庸》《易传》的文本解读，直接脱胎于宋明儒学思路(当然，是经过了牟先生取舍提炼之后的宋明儒学思路)而非相对独立的专门研究。相关批评，可参考拙文《〈大学〉、〈中庸〉研究：七家批判与方法反思》，《社会科学》2013年，第7期(该文修订扩充版见拙著《意志与真知——学庸之异》，第一章)。上述两点决定了牟先生关于《中庸》的相关论述，实为其宋明儒学评述之附庸，缺乏相对独立的学术史研究品格。此外，牟先生所谓"客观地讲性体"的提法亦值得商榷。无论如何，五峰、蕺山的"於穆不已"体验，构成了他们谈论"性体"的意识基础。

《中庸》开篇第二句“率性之谓道”，即是在言说对此内在资源的利用。“率性之谓道”，在“真知”问题的语境下可以理解为：体察内在固有之“性”的发见或指引，由此获得的“应然”方向感（作为一种“知识—理解”），即当事人在处境中所当行的正“道”。就此而言，“天命之性”是人“生而固有且绝对可靠的内在向导”，“率性”即“体察此内在向导的指引”，“道”即是“对性之发见或指引的体察（由此获得的应然方向感）”。[①]相关术语固然可大致梳理如上，但落实为生存意识，究竟何为“性之发见或指引”，又如何“体察性之发见或指引”？换言之，何为“率性”，又如何“率性”？

《中庸》首章稍后以“慎其独”来解释“率性”；但反过来看，这又何尝不是在本着“率性”意识重新定义“慎其独”？——顺着《论语》强调后天之“习—恒—品格”的思路，也有一种“慎其独”，即“在独处无人注意时，自己的行为也要谨慎不苟”，“在独处时能谨慎不苟”或“在独处中谨慎不苟”。这也是目前最为流行的“慎独”概念，包括《辞海》《辞源》《现代汉语大词典》《古代汉语词典》在内的大小辞书往往无不采取上述解释，[②]这种意义上的“慎其独”功夫的核心逻辑或旨趣在于，一个人在独处时尚能谨慎不苟，在有外人关注（监督）的场合下自然更是端庄。这种“慎其独”，旨在堵住“意志薄弱—无恒”的最后破口，以成就最持之以恒的践行既定德目的“习—品格”。《大学》“所谓诚其意者”章正是在这个思路上谈论“慎其独”的。不过，站在“知

① 参考拙文《〈大学〉“明德”并非〈中庸〉之“性”——基于思想史趋势的考察》，第一节，《中山大学学报（社会科学版）》2016年，第1期（该文修订版见拙著《意志与真知——学庸之异》，第二章）。

② 例如，《现代汉语大词典》编委会编纂，《现代汉语大词典》，上海：上海辞书出版社，2010年，第三卷，第1645页。又如，《古代汉语词典》编写组编，《古代汉语词典》，北京：商务印书馆，2007年，第1391页。

识—理解”问题角度看，被当事人坚定不移地设定为自己的行事为人原则或准则的既定德目，是否果真是适切处境的“真知”呢？无论如何，当事人只能在特定的“知识—理解”中设定并坚持相关德目，而如果这些“德目—知识—理解”存在这样那样的偏差，那么，果绝的“谨慎不苟”必然也会将其中的错误因素坚持到底。显然，在这种以“意志”持守而非以“智力”问题为本的“慎其独”论中，存在着严重的知识论/认识论盲点。《中庸》本着“真知”问题语境下的“率性”意识重新定义“慎其独”，恰恰是要消除《论语》以及《大学》的上述盲点或软肋。

《中庸》首章用“戒慎乎其所不睹，恐惧乎其所不闻”和“莫见乎隐，莫显乎微”，来言说作为“率性”的“慎其独”。“率性”意义上的“慎其独”，不再纠缠于“独处”还是“有人关注（监督）”这样的问题，而是更关心当事人能否直面并体察作为内在固有资源或向导的“性”的发见或指引。这样，“慎其独”的“独”字，在《中庸》语境下便不再指称“独处”，而是指当事人自身固有之“性”——除了当事人自己，其他人根本无法体察当事人内在之“性”在具体处境中的发见或指引，故而，这只能是一种“独知”。[①]特别地，作为能动的向导，“性”在处境中的发见或指引是活泼而常新的，当事人不应沉溺在既往的“率性”体察记忆中。任何既有的（记忆中的）“率性”体察，都是一种现成的“知识—理解”，本质上都是“可睹”“可闻”的对象。“戒慎乎其所不睹，恐惧乎其所不闻”则要求当事人不断从“既有体察（现成的

① 朱子创造性地提出了“人所不知而己所独知之地”这个提法，用来翻译“慎其独”。这个提法既可以理解为“因为是独处，无他人或监督者在场，故人不知而己独知”，也可以理解为“性之发见是个人内在之事，故而只能是己独知之”。前一种理解适用于《大学》，后一种理解适用于《中庸》，可见这确实是一个比较准确的翻译。然而，也正因为这种提法既可以做《大学》式解读，也可以做《中庸》式解读，严格来讲，它并不是一种解释——至少不是一种准确的解释（我们因而称之为“翻译”）。朱子的论述参见[宋]朱熹，《四书章句集注》，第7、18页。

‘知识—理解’）”中摆脱出来，在随时变迁的处境中不断地重新体察“性”之发见或指引。换个角度看，只有从“既有的体察（现成的‘知识—理解’）”中摆脱出来，进入一种“无所睹”“无所闻”的“中立”心态，[①]当事人才能腾出注意力重新体察下一时刻的“性”之发见或指引。“戒慎乎其所不睹，恐惧乎其所不闻”和“莫见乎隐，莫显乎微”所形容的，正是这种“从既有知解中摆脱出来—腾出注意力—不断重新体察”的姿态。

但是，“出错”的风险仍然存在。一方面，人有记忆的能力（包括对几乎已经遗忘了的东西进行回忆），而且我们似乎也不应该指望“性”在相似处境下做出迥异的发见或指引（日常生活中毕竟有许多相似处境）。那么，如何区分“对既往体察的记忆（回忆）”与“对‘性’之发见或指引的实时体察”呢？另一方面，“执念（沉溺于既有的体察或‘知识—理解’）”也未必是一成不变。例如，爱财之心在特定处境下是合理的（出于实时的“性”之发见或指引），但沉溺并执着于特定的爱财样式则会被称为守财奴，而守财奴本人在深深感受到这一外号的讽刺效果之后也可能转而变得奢侈，但奢侈之心仍然是“财”本位的——在很大程度上，上述转变只是同一种“执念（知识—理解）”的不同表现，未必算得上是“重新体察‘性’之发见或指引”的结果（当然，这个问题很复杂）。鉴于诸如上述的风险或误区，“何为率性，如何率性”的问题，遂必须重新摆上桌面。

《中庸》后半篇用“诚”来言说“率性”，有诸如“唯天下至诚，为能尽其性”的提法。然而，仅仅从“诚”“诚之”“曲能有诚”“至诚”等多样化的提法中，读者也约略可以窥知，这里实际

---

① 所谓“‘中立’心态”是对“中也者，天下之大本也”的功夫论解读，而异于传统的或流行的本体论解读，可参考拙文《〈中庸〉首章：本体论误区与生存论新解》，《孔子研究》2018年，第1期。

上仍然存在着“何为真正的诚，如何做到真正的诚”的问题。这实质上是将“真知”问题反加给了“率性”，从而遇到了“什么是真正的率性，如何做到真正的率性”问题。平心而论，《中庸》只是触及到了这一问题，但并未给出有力的处理方案——“什么是真正的率性，如何做到真正的率性”问题一旦提出，则“率性”自身就成了有待解决的问题，而无法充当“上手”状态的“真知起点”。为此，在临近结尾之际，《中庸》试图将“什么是真正的诚（真正的率性），如何做到真正的诚（真正的率性）”问题推给出神入化的“至诚—至圣”者；然而，这种美好的想象要想成为落地生根的现实方案，在学理与生活样上所需的配套设施，远远超出了《中庸》作者所料。

而面对“什么是真正的率性，如何做到真正的率性”这一具体操作问题，孟子的“性善—四端之心”学说便显出了它的优越性。唐君毅先生在《中国哲学原论·原性篇》中将孟子定位为“即心言性”，“乃就心之直接感应，以指证此心之性之善”，“此心之性为善，又兼可由心之自好自悦其善以证之”。[①]此所谓“心”即“人之恻隐、差恶、辞让（恭敬）、是非之心”，[②]《孟子·公孙丑上》称之为“仁、义、礼、智的四端”：

> 恻隐之心，仁之端也；羞恶之心，义之端也；辞让之心，礼之端也；是非之心，智之端也。人之有是四端也，犹其有四体也。有是四端而自谓不能者，自贼者也；谓其君不能者，贼其君也。

《告子上》则径称之为“仁、义、礼、智”，曰：

---

① 唐君毅，《中国哲学原论·原性篇》，北京：中国社会科学出版社，2005年，第13页。
② 唐君毅，《中国哲学原论·原性篇》，第16页。

> 恻隐之心，人皆有之；羞恶之心，人皆有之；恭敬之心，人皆有之；是非之心，人皆有之。恻隐之心，仁也；羞恶之心，义也；恭敬之心，礼也；是非之心，智也。仁义礼智，非由外铄我也，我固有之也，弗思耳。

以“四端之心”言“性善”，最大的效果就是使“率性”有了切实可行的门径。上述《孟子》引文所提倡的“能”与“思”，无非就是留意“四端之心”在吾人内部之发动，自觉顺从、遵行这四种特征明显的“心态”的驱动。

无论如何，生而固有且绝对可靠的“天命之性(善性)”，如果只发见为上述“四端之心”，或者只通过上述“四端之心”发布内在指引，则“率性”就会是一桩相对简单的事情。凡是内心当中直接涌现出来的带有“恻隐”、“羞恶”、“辞让”或“恭敬”、“是非”四种标志的“知识—理解”，便可判定为“性”之发见或指引(也即适切处境的“真知”)，并坚定地予以顺从和执行；凡是无此四种标志的“知识—理解”，则可以忽略不计，且绝不将其落实为行动。除此之外，无需再为其他事情操心。而正因自认为找打了简便易行的“率性”门径，《孟子・尽心上》开篇才会豪迈地宣称：“尽其心者，知其性也。知其性，则知天矣。存其心，养其性，所以事天也。”“养”字，朱熹解释为“顺而不害”(而非意味着“性由不完善成长为完善”)，[①]从根本上规避了“性不完善—有待养成”的歧途(有待完善的“性”因为可能发布错误指引故不值得“率/循”)，可谓不以辞害意，得孟子“四端之心—尽心—知性—知天”之“性善论”思路的精髓。

不过，《孟子》即“四端之心”言“性善”，固然提供了一种可操作的“率性”门径，同时也强化了儒家主流德目的权威地位

① ［宋］朱熹，《四书章句集注》，第349页。

(“仁义礼智，非由外铄我也，我固有之也”)，但在学理上也留下了聚讼难解的公案。例如，凭什么说“性”只有“四端”？孟子之后，“信”的地位不断提升，“仁义礼信智”或“仁义礼智信”合而为“五常”——“信”难道不应该在孟子式“性善”论中有相应的一“端”吗？《大学》强调“定而后能静，静而后能安，安而后能虑，虑而后能得”，《荀子》亦推崇“虚壹而静，谓之大清明”——“静”为什么就不能成为重要的一“端”(乃至据此将老、释吸纳为儒学的分支)呢？《大学》《中庸》《孟子》皆推崇的“诚”字——如此重要的范畴，为何未被列为一“端”？退一步讲，如果本着思想学说“不断发展”的意识，将上述“信”心、“静”心、“诚”心统统补充为“性”之“端”，那么这些“心”或“端”之间又应该有着怎样的秩序？在具体操作之际，应该首先关注看起来更抽象(或遍在)的“静”“诚”，还是首先关注更具体的“仁义礼智信之心”？以此反观，还可以追问，《孟子》的“仁义礼智”四端之心之间，究竟是相互平等呢，还是其中一者统摄其他三者？更严重的是，儒学对性之端的“发展”“补充”有无尽头？如果没有尽头，则无论尽“四端”之心还是尽“五端”“六端”“七端”……之心，岂不都是一种“偏执”，而根本无法通达“知其性—知天”的圆满境界？

以上无休止的学理辩难，是从“思想学说不断发展”的“开放”角度提出的。本篇第(四)节马上就要考察的“仁义礼智之性”等概念与“界定本体的性善论”，则以一种“独断(偏执)”的方式，理直气壮地继承并强化了《孟子》“性善—四端之心”说的有限性。值得一提的是，上述“性善—四端之心”说，只是《孟子》性善论的一个方面，《孟子》中同时蕴藏着“善性本体不可界定”的意识，其中最具感染力的就是其借“揠苗助长”寓言表达出来的“勿助长”意识。《孟子·公孙丑上》所批评的“助长”，实质上就是“以现成的‘知识—理解’取代对于‘性之发见’的即时体察”。“勿助长”提法的出现，意味着孟子对于现成的“知识—理解”和即时的“性之发见”之间的分野，还是有相当深刻之体会的。故尽管《孟子》的“四端之心”观察与提法直接启发了儒学史上的“仁义礼智之性”等概念，但就思维方式而言，我们绝对不可全谓《孟子》是“界定本体的性善论”者。

（四）“仁义礼智之性”与界定本体的性善论

上节指出，《孟子》的“性善—四端之心”说，在很大程度上是作为“率性”的具体门径提出来的。这是对《中庸》后半篇所触及到的“什么是真正的率性，如何做到真正的率性”问题的一种回应。与此同时，作为一种亲切有味的体验式现象指点，《孟子》即“四端之心”言“性善”的做法，大大增强了“性善”的可信度。顺此，自然会出现这样一种理论冲动，即在“性体（善性本体）”中确立“四端之心”（作为“用”）的根源，也即对善性本体进行内涵界定。“界定本体的性善论”由此步入思想史舞台。

如何界定作为本体的“性”呢，特别地，如何才能在“性本体”中找到“四端之心”的对应物（作为根源）呢？按“天命之谓性”，论者如果能在“天生人生物”的机制方面有所建树，那么他就可以凭着自己对于这种机制的了解，谈论并界定“天”所赋予的人、物之“性”的具体内涵。这是一种“宇宙论—生成论—本体论”一体的思维，这种思维方式在汉代非常流行。[①]《礼记正义》

---

① 汉初流行所谓“黄老”之学。我们知道，《老子》既将“道”视为宇宙的本源（“始”+“母”），又认为万物既生之后仍然且应该自觉以“道”为本体（“贵食母”），宇宙论、生成论与本体论在此显然是不分家的。作为一种思维方式，“宇宙论—生成论—本体论”一体，乃是跨学派的交叠共识。著名的儒术提倡者董仲舒，在《举贤良对策》三中，提出了掷地有声的“道之大原出于天，天不变，道亦不变”命题（[汉]班固撰，[唐]颜师古注：《汉书》，卷五十六，《董仲舒传第二十六》，北京：中华书局1992年，第1915页）。“道出于天，（转下页）

注疏正是在此种框架下解释《中庸》“天命之谓性”的，孔颖达疏与郑玄注一脉相承地将注意力集中在了“什么样的天以什么样的方式命生什么样的性”问题上。其中，郑注曰：

> 天命，谓天所命生人者也，是谓性命。木神则仁，金神则义，火神则礼，水神则信，土神则知。《孝经说》曰：“性者，生之质。命，人所禀受度也。”

孔疏进一步解释曰：

> “天命之谓性”者，天本无体，亦无言语之命，但人感自然而生，有贤愚吉凶，若天之付命遣使之然，故云“天命”。《老子》云：“道本无名，强名之曰道。”但人感自然而生，有刚柔好恶，或仁，或义，或礼，或知，或信，是天性自然，故云“之谓性”。
>
> ……云“《孝经说》曰‘性者，生之质。命，人所禀受度也’”，不云“命”者，郑以通解性命为一，故不复言命。但性情之义，说者不通，亦略言之。贺瑒云：“性之与情，犹波之与水。静时是水，动则是波，静时是性，动则是情。案《左传》云‘天有六气，降而生五行’，至于含生之类，皆感五行生矣。唯人独禀秀气，故《礼运》云‘人者，五行之秀气’。被色而生，既有五常仁、义、礼、知、信，因五常而有六情，则性之与情，似金与镮印。镮印之用非金，亦因金而有镮印。情之

(接上页注①)天中有道，道本于天”正是一种“宇宙论—生成论—本体论”合一的思维。张岱年先生曾使用“本根论”这个提法作为其《中国哲学大纲》第一部分宇宙论第一篇的标题，这同样折射出了传统中国哲学中的“宇宙生成论”与“本体论”往往不分家的特征，可参考氏著《中国哲学大纲》，南京：江苏教育出版社，2005年，第37—40页。

所用非性，亦因性而有情。则性者静，情者动。故《乐记》云：‘人生而静，天之性也。感于物而动，性之欲也。’故《诗序》云‘情动于中’是也。但感五行，在人为五常，得其清气，备者为圣人，得其浊气，简者为愚人。降圣以下，愚人以上，所禀或多或少，不可言一，故分为九等。孔子云：‘唯上知与下愚不移。’二者之外，逐物移矣。故《论语》云：‘性相近，习相远也。’亦据中人七等也。”①

有著名学者曾反复强调，汉儒将阴阳五行的宇宙论纳入儒学体系，是儒学体量的一次巨大拓展。②上引《礼记正义》之郑注，即是在以“木金火水土”五行配“仁义礼信智”五常，孔疏则试图补充“刚柔”或“好恶”以配“阴阳”(刚、好配阳，柔、恶配阴)。解释者进而推论，天在以阴阳五行命生人的同时，必然赋予人“刚柔(或好恶)五常之性”。其中，“好恶”可以理解为“喜好和厌恶”，这样，郑注便可最大限度地与性善论兼容。而如果再同时

---

① [汉]郑玄注，[唐]孔颖达正义，吕友仁整理：《礼记正义》，卷第六十，《中庸第三十一》，上海：上海古籍出版社，2008年，第1988—1999页。

② 参考李泽厚，《秦汉思想简议》，《中国思想史论》(上)，合肥：安徽文艺出版社，1999年，第139—180页。劳思光先生有类似的观察，但观点比较消极，认为“汉儒卑陋，只讲一种‘宇宙中心之哲学’”，“由战国至秦汉之儒者所建立之形上观念，对后世之影响，乃有时超过孔孟之说”，“而其结果，则使后人误解孔孟，并误解儒学之基本立场”。(劳思光，《新编中国哲学史》[二]，北京：生活·读书·新知三联书店，2015年，第88页)遗憾的是，劳先生未能充分深思自己是否也受到了上述宇宙论—形上学传统的“误导”？例如，劳先生认为，宋明儒学“内在化过程”的第一步是走向“形上学与宇宙论之混合阶段”(这是一种可喜的复返，但远未臻儒学基本立场之境)，“此阶段之理论，即与《易传》及《中庸》接近”。(同上，第88页)这个看法与本篇对《中庸》的定位(“不界定本体的性善论”的典型文本)大相径庭，似对本篇构成挑战。不过，细审之下，劳先生对《中庸》的理解深受朱熹与宋儒乃至汉唐旧注影响，例如，其从“心性”“体用”角度理解《中庸》首章之“喜怒哀乐之未发谓之中”一段(同上，第49页)，可谓并无新意。对此一段的非体用论解读，可参考拙文《〈中庸〉首章：本体论误区与生存论新解》，《孔子研究》2018年，第1期。

悬搁或剔除孔疏中“贤愚吉凶”之“愚”“凶”因素，则《礼记正义》至此所给出的尚算是一种性善论。这种性善论对于人性中善的因素的阐释，构成了更宏大的“宇宙论—生成论—本体论”的一个组成部分，“阴阳五行”以及由之而有的“刚柔或好恶五常”即人的善性本体（暂不考虑贺瑒的“情”“性”之辨）。相应地，“性善论”的基础，就由《孟子》的“四端之心”主观体验，转移到了更具旁观色彩的“宇宙论—生成论—本体论”上，善性本体由此似乎获得了一种高屋建瓴的客观界定。

但是，只解释“性善”现象的“宇宙论—生成论—本体论”是不完整的，人身上那些“不善”的现象（如荀子以“性恶”或“情性”名义指出的“欲—求—争—乱—穷”现象）也需要在“宇宙论—生成论—本体论”框架下得到解释。而一旦将这些“不善”的因素纳入“宇宙论—生成论—本体论”系统之中，《中庸》《孟子》所揭橥的“性善论”立场就会受到污染。正如我们所看到的，在孔颖达所援引的贺瑒的论述中，圣人之性纯善，愚人之性纯恶，中人七等之性可逐物而移——贺瑒特别强调，《论语》中的“性相近”之性，即“中人七等”之性。换言之，不可移易的上智（善）、下愚（恶）之性，与绝大多数人没有直接关系，而绝大多数人所属的“中人七等”之性实即“善恶混”之性。走到了这一步，《礼记正义》的“性善论”立场几乎已经全盘沦陷；尽管这些说法是借贺瑒之口说出来的，但从思想发展角度看，却是“性善论”被纳入“宇宙论—生成论—本体论”框架之后的必然结果。实际上，除了总体上肯定“唯人独禀秀气”之外，上述“宇宙论—生成论—本体论”只能从运气好坏的角度主张“所禀或多或少，不可言一，故分为九等”（完备地禀上智清气的圣人运气最好），而举不出更有力的理由进一步推论人性中善的因素要比恶的因素更原始或更实在，因为一旦强调不善的因素缺乏原始性或实在性，就等于放弃了对这些因素进行“宇宙论—生成论—本体论”解释的努力。由此观之，“性善论”演变为“性善恶混论”，这在“宇宙论—生成论—本体论”框架下乃是势不可挡之事。

更重要的是，一旦将“性善论”置于“宇宙论—生成论—本体论”框架下，以特定的宇宙生成论机制解释善性本体的生成与内涵，则原本作为“真知起点”的善性，就会立马降格为“宇宙论—生成论—本体论”的界定对象。[①]在这种谈论方式中，既定的“宇宙论—生成论—本体论”才是实际上的“知识起点”。这种试图从既定的知识系统出发的思路，本质上正是荀学的“性恶—外铄”[②]思路。唐宋之际，性善论开始在儒学中复兴。[③]到了二程的时代，性善论已经在儒学中确立起正统地位，《二程集》中下述语

---

① 王阳明曾提出“说性”与“见性”的区分，郭美华教授在此基础上指出：“所‘说’之性，作为概念之所指，往往因为理智抽象而悬设为脱离切实践行的先天之物，所以在大程看来，它就不是真的人之性了”；“从‘说性’角度对于性的理解，往往有颠倒：现实本来是理解人性（甚至生成人性）的基础，但理智往往扭曲地从自身抽象出一个先天本性或实体，作为理解现实的基础”。参见郭美华，《致良知与性善——阳明〈传习录〉对孟子道德哲学的深化》，《江南大学学报（人文社会科学版）》2015年，第5期。

② 近年来，学界针对荀子的人性论刮起了一股翻案风。针对“荀子是性恶论者”的传统观点，先后有学者提出“荀子是性朴论者”（日本学者兒玉六郎等于70年代即已提出，周炽成教授近年来多有拓展，参考氏撰《董仲舒对荀子性朴论的继承与拓展》，《哲学研究》2013年，第9期；《〈性恶〉出自荀子后学考——从刘向的编辑与〈性恶〉的文本结构看》，《中山大学学报（社会科学版）》2015年，第6期）、“既不可以性恶论遮蔽性朴论，亦不可以性朴论否定性恶论”（路德斌，《性朴与性恶：荀子言“性”之维度与理路——由“性朴”与“性恶”争论的反思说起》，《孔子研究》2014年，第1期）、“性恶、心善”（梁涛，《荀子人性论辨正——论荀子的性恶、心善说》，《哲学研究》2015年，第5期）等新观点。这些新观点，在逻辑上无不以郭沫若的“如既言性恶矣，而复主张心之‘虚壹而静’，如何可以圆通”评论为基础，即“性恶”无法解释人身上或大或小的“知善、向善”能力。就此而言，这些辨析很有哲学意义。但反过来，也可以说，“性恶”是荀子或荀学“隆礼重法”、重视“外铄之教”的自然推论，诸如“虚壹而静”则只不过是在阐述“受教者所应有的心态”——对于荀子来说，这种心态未必是天生固有的，它完全可以是后天养成的。就生存意识而言，“性恶论”的实质就在于“外铄”或“教—学”，可参考本书第三篇第（二）节。

③ 张新民，《儒释之间：唐宋时期中国哲学思想的发展特征——以儒学的佛化与佛教的儒化为中心》，《文史哲》2016年，第6期。

录可以为证:“荀、杨性已不识,更说甚道?”“荀子极偏驳,只一句性恶,大本已失!”①这样一来,朱熹的《学庸章句》明面上必然要拒斥《礼记正义》孔疏所征引的贺瑒式“性善恶混”立场,但尽管如此,要摆脱“性善恶混”乃至实质上的“性恶—外铄”思路却并不容易,因为朱熹的性善论仍然是镶嵌在“宇宙论—生成论—本体论”系统中的性善论。

我们知道,《大学》通篇只有一处“性”字,且完全处于“陪衬”地位,其与朱子所谓的“三纲领”“八条目”不可同日而语。朱熹则创造性地将《大学》开篇的“大学之道,在明明德”之“明德”,等同于《中庸》意义上的“天命之性”。例如,在《大学章句序》第二句话中,朱熹即胸有成竹地宣称:“盖自天降生民,则既莫不与之以仁义礼智之性矣。”②“仁义礼智之性”实际上是将《孟子》的“四端之心”现象进一步本体论化的结果,即以“仁义礼智之性”作为“恻隐”、“羞恶”、“辞让”或“恭敬”、“是非”这“四端之心”的本根,是为《礼记正义》注疏所持的基本思路。《中庸章句》在解释“天命之谓性”句时,尤为明显地继承了《礼记正义》注疏的“宇宙论—生成论—本体论”思路:

> 天以阴阳五行化生万物,气以成形,而理亦赋焉,犹命令也。于是人物之生,因各得其所赋之理,以为健顺五常之德,所谓性也。

《礼记正义》以“阴阳五行(木金火水土)”配“刚柔(或好恶)五常(仁义礼信智)”的做法,在《中庸章句》中被稍稍改造为以

① [宋]程颢、程颐撰,王孝鱼点校:《二程集》,北京:中华书局,1981年,第255、262页。

② [宋]朱熹,《四书章句集注》,第1页。

“阴阳五行”配“健顺五常”。与《礼记正义》孔疏中偶尔出现的“贤愚吉凶”之“愚”“凶”字眼(贬义词)相比，出自《易传》的“健”“顺”则是基本德目，较之“好”“恶”或“刚”“柔”更具褒义色彩。显然，《中庸章句》尽量避免使用贬义的或褒义色彩不足的词语形容性本体，就此而言，它的性善论立场要比《礼记正义》(尤其是孔疏或孔疏引贺瑒之前的文字，孔疏所引贺瑒的文字则根本算不得性善论)更自觉。

不过，尽管如此，一旦上了“在‘宇宙论—生成论—本体论’框架下界定性本体”这条船，朱熹亦不得不在此框架下进一步解析人性或生存中的不善因素。不难指出，人性或生存中存在着不善的因素，这正是修身的必要性所在，而朱子用力最深的《大学》则强调“自天子以至于庶人，一是皆以修身为本”。《大学章句》在解释开篇的“大学之道，在明明德”时，遂安排善性和不善的因素同时共居于人之中：

> 大学者，大人之学也。明，明之也。明德者，人之所得乎天，而虚灵不昧，以具众理而应万事者也。但为气禀所拘，人欲所蔽，则有时而昏；然其本体之明，则未尝有息者。故学者当因其所发而遂明之，以复其初也。①

作为“天命之性”的“明德”，在此被具体解释为“所得乎天”“以具众理而应万事者也”的“不昧”之“虚灵”。若仅依据这些字眼，则可说朱熹对“天命之性—明德”的理解，非常接近于《孟子·尽心上》所谓的“所不学而能者”“所不虑而知者”之“良能”“良知”。但与《孟子》满足于指点切实可行的“率性”途径，而无意构建“宇宙论—生成论—本体论”系统不同，“宇宙论—

① [宋]朱熹，《四书章句集注》，第3页。

生成论—本体论”包罗万象的完备性要求朱子站在理论架构的全局性高度，对人性或生存中善与不善的因素之共存进行说明。故此，在高调提出《大学》“明德”相当于《孟子》“良能”“良知”意义上的“仁义礼智之性”（联系《大学章句序》）之后，朱子旋即提出了“气禀所拘—人欲所蔽—有时而昏”的构想。也就是说，人性或生存中的不善因素（有其“宇宙论—生成论—本体论”根源），对于善性的功能发挥形成了干扰。尽管在强烈的性善论立场驱动下，朱子进而强调“然其本体之明，则未尝有息者”，但从性本体的功能发挥（或当事人能否充分体验到性之发见或指引）的角度看，它毕竟“有时而昏”了。就此而言，这是一种打了折扣的性善论。①

鉴于这种现实功能发挥层面的“有时而昏”，修身者在成功“复其初”之前，每时每刻都充分地“率性”而行是不大可能的（尚未“复其初”的修身者，甚至会因“拘一蔽一昏”而时常感受不到“性”之发见或指引）。若从时间维度分析朱子在此提倡的“因其所发而遂明之”这条功夫，基本情况应该是这样的：首先，当事人在某些时刻有幸感受或体察到了“本体之明”的具体发见（也即“性之发见”）。其次，因为本体在现实功能发挥上“有时而昏”，当事人的对“本体之明的具体发见（性之发见）”的感受或体察因而是不连续的，也即为若干昏暗的时段所隔断。“因其所发而遂明之”主要就是在昏暗时段用功。此时，当事人必须动用自己身上的“**‘率性（体察本体之明的具体发见）’之外的其他能力**”，凭

① 向世陵教授曾指出，在朱熹那里“‘性之本体’与‘性’实际上是两个概念”，前者“是与气相隔离的”，后者则是“涉乎有生而兼乎气质的人性”，见氏撰《“性之本体是如何”——朱熹性论的考究》，《孔子研究》2011年，第3期。当然，在“复其初”之后，“气质”将不再对“性本体”的功能构成拘蔽；但在“复其初”之前，考虑到“气质”对“性本体”功能的拘蔽，在“能发见—被感知”的意义上，“性善”显然是打了折扣的。向教授所揭示出来的朱熹“二性”“二善”说，实际上正是朱子“性善论”思维不够彻底的表现。

借这种其他能力去推演（“因”）自己对于过往（包括刚刚过去了的上一瞬间）“体察本体之明的具体发见（率性）”的记忆，以此扫除“气禀所拘—人欲所蔽”所导致的性本体在现实功能发挥上的“有时而昏”。当这种“拘—蔽—昏”被完全扫除净尽之后，当事人便进入了“复其初”的成功境界。

现在的问题是，在“本体之明/性之发见”不提供即时指引的情况下，当事人究竟凭什么、又如何正确地去“因（推演）”那业已沦为记忆（而与当下处境相脱节）的“其所发”呢？可以说，朱子所谓的这种作为人为努力的“因（推演）”，并不需要以“本体之明（性本体）在修身者生存意识中的即时发见”作为实时指引。无论如何，在昏暗时段，过往（包括刚刚过去了的上一瞬间）的“对于本体之明的具体发见（性之发见）的体察”只是记忆中的推演（“因”）对象，对于“本体之明的具体发见（性之发见）”的新的体察（包括“因”在内的当下生存活动应该受这种新的即时体察指导才对）尚未出现。而按照“因其所发而遂明之，以复其初”这一愿景，对于“本体之明的具体发见（性之发见）”的新的体察是否出现，在一定程度上反而取决于“因（推演）”的功夫做得怎么样。在这一点上，“本体之明的具体发见（性之发见）”便丧失了指引当事人“因其所发而遂明之”的作用，反而沦为“因其所发而遂明之”功夫的帮扶对象。换言之，只有充分借助“因”的功夫，“本体之明（善性本体）”才能在修身者的生存意识中更好地发见。

而从“知识—理解”角度看，上述“因”的功夫，在《大学章句》中又被进一步落实为“格物致知（即物而穷其理）”，“因其所发而遂明之”亦被相应地改写为“因其已知之理而益穷之”。①对此，王阳明后来特别批评指出，朱熹的“格物致知”之“物”为“外物”，“格物致知”因而带有突出的求知于“性”外的取向（实

① ［宋］朱熹，《四书章句集注》，第7页。

质上就是不相信“性善”)。对此,朱学服膺者们的辩护空间是极小的,他们固然可以说“已知之理”是来自“善性本体的具体发见”,但朱学功夫的重头不在于保持警醒时刻注意体察这种发见(“率性”),而主要在于“率性”之外所额外附加的“因……而益穷之”。特别地,从“已知之理(对既往‘率性’体验的记忆)”通往“豁然贯通”的“至极”之“理”的路径,并非是由作为内在向导的“性”所即时指引出来的,而是需要当事人凭借来路不明的“因”的能力自行开拓。既往(包括刚刚过去了的上一瞬间)的“率性”记忆,即便在这种“因”的功夫中派上了用场,它也不是作为“即时的指引”出场,而是不折不扣地沦为了“因”的客体(对象)。我们知道,《荀子》所谓的“善假于物也”主要是指“学习礼义”,传统“礼义”是“学习”所指向的外在对象——朱子所谓的“已知之理”尽管当初是来自“对善性本体具体发见的体察”,然而,一旦时过境迁成为“因”的对象,在本质上便与外在的“传统礼义”没有二致了。这样,在功夫论层面,“界定本体的性善论”最终可谓彻底倒向了“性恶论”。①

① 李泽厚先生及其所引用的蔡元培的观察值得注意:“朱熹强调‘圣人千言万语,只教人存天理灭人欲’,要求人们进行‘今日格一物,明日格一物’的‘格物致知’,以外在的、先验的天理(实际乃‘君臣、父子、夫妇、兄弟、朋友’的‘礼’,即外在社会规范)来主宰、控管、约束、规范人的一切自然情欲,以此日积月累地不断磨打、锻炼从而培育人的意志以及观念和情感,有如蔡元培所简明指出‘其为说也,矫恶过于乐善,方外过于直内’(《中国伦理学史》),由外而内,由伦理规范而道德行为,而这,不正是荀学么?”“与此相关,韩国数百年前关于‘四端’‘七情’的各派激烈争辩,细致深入,已超中国。其中一说认为‘四端’(仁义礼智)乃理性抽象,‘七情’(喜怒哀乐爱恶欲)是自然情欲,主张以‘四端’控‘七情’来解孟子。其实这正是朱学。程朱将‘四端’说成有关形上、太极的天理,把“孝为仁之本”(《论语》)变作‘仁为孝之本’,从而尽管高谈‘性善’‘四端’,实际有如上说,已转入荀学。”(李泽厚,《举孟旗行荀学——为〈伦理学纲要〉一辩》,《探索与争鸣》2017年,第4 期)尽管有如此深刻的洞察,但李泽厚先生所提倡的关于孟荀关系的处理方案,却正如其标题“举孟旗行荀学”所暗示的那样,乃是一种名实不副、以荀为本的权宜之计,而根本不成其为一种“统合孟荀”的有效方案。对此,杨泽波教授一针见血地指出:“这一观点贬低乃至否定以孟子、 (转下页)

从《孟子》的“四端之心”现象指点，到“宇宙论—生成论—本体论”框架下的“健顺五常之性”“仁义礼智之性”等性本体界定，本节考察的这段漫长的性善论演变史，最终(在实践，也即功夫论层面，落实为生存意识)完全背叛了性善论立场，而近乎自相矛盾。以上，我们反复将这种失败的责任归咎于“宇宙论—生成论—本体论”思维；但严格来讲，仅仅“界定本体”这一条就足以导致上述逆转了。本篇下一节将借助王阳明当年的挣扎与转变，进一步暴露“界定本体的性善论”所陷入的逻辑误区，并重点展示一种“不界定本体的性善论”及其优势。

(五)“无善无恶是心之体”与不界定本体的性善论

本篇第(二)节通过追溯儒家性善论的起源指出，“知识—理解”或“真知”问题是促使《中庸》高举“天命之性”概念的根本动因。我们分析指出，“知识—理解”归根结底是当事人自己的认知—理解，书本(教材)与教师即便水平再高，也无法向学生直接灌输认知—理解，更无法代替当事人亲自认知—理解。“天命之性”因而受到极大的重视，被视为当事人读懂书本(教材)或正确理解教师传授，乃至主动探索适切具体处境之真知的生而固有的内在向导。除了通过“天命之谓性”诉诸时人的“敬天”情感，并在这种积极的宗教情感中认定“天命之性”绝对可靠(纯善)之外，《中庸》并未对此善性本体做内涵上的具体界定。经过了上一节的分析，我们就大致理解其中的原委了。显然，关于性本体内涵的具体界定，本身也是一种“知识—理解”，而且正确的本

(接上页注①)阳明为代表的心学一系，未能照顾到儒学发展的整体脉络，同样是一偏，与牟宗三殊途同归，只是方向相反而已。”(杨泽波，《仍是一偏：论李泽厚的新旁出说》，《探索与争鸣》2017年，第7期)

体论界定必须得是一套“真知”。就算《中庸》作者拥有这样的真知，并通过写作表述这样的真知，但只要读者的“真知起点”尚未确立，读者也还是无法正确理解《中庸》作者欲借《中庸》文本传达的关于善性本体具体内涵的真知。可见，“真知起点”或“认知—理解的恰当途径”，在“真知”问题语境下，要比本体论界定更具优先性。“真知起点”或“认知—理解的恰当途径”问题一旦解决，则具体的“真知”或“正确的认知—理解”就完全可以凭借此起点或途径即时获取。

反过来看，先以宏大的“宇宙论—生成论—本体论”框架或简单地以“刚柔五常”“健顺五常”“仁义礼智”等概念界定“善性本体”，再从被界定过的“善性本体”之内涵推论应然之道（“率性之谓道”），这种先后次序本身就意味着，在“率性”之外还有其他有效的“真知（正确的知识—理解）”获取渠道。换言之，上述理论构建者（以及尤其是其心目中的那些有待学习这种本体论的读者）如果不是在学会“率性”之前就已然有能力通过其他渠道获取“真知（正确的知识—理解）”，他（他们）又怎么可能正确地界定或理解“善性本体”？在朱熹那里，这种“率性”之外的其他“真知获取渠道”，说穿了，最主要地就是“读书讲明道义”。[①]也就是说，“读书”+“教—学”在朱熹这里反而是“认识性本体”进而学会“率性”的前提。就此而言，除了“性善”这块招牌，朱学几乎与推崇“传统礼义”+“君师治教”的荀学外铄思维没有任何区别。而“性善”这块招牌，严格来讲根本也是不必要的：界定者用来界定性本体的“宇宙论—生成论—本体论”或“刚柔五常/健顺五常/仁义礼智”等基要概念，已然是近乎全备的真知（不全备便不足以界定性本体）——如此这般的“真知”已然在手，“性善”还是“性不善”又有什么重要的呢？在此“真知”

① 陈荣捷，《朱熹》，北京：生活·读书·新知三联书店，2012年，第73、77页。

在手的基础上，当事人只需集中精力在行动上贯彻这些现成的“真知”就可以了！

而站在《中庸》“性善论”角度看，在“率性”之外“读书讲明道义”则根本是不可能之事。本篇第（二）节已经指出，正因为意识到了外在书本和教师无法代替学生亲自理解，《中庸》才不得不设定并高举生而固有且绝对可靠的真知向导——“天命之性”——并鼓励读者切实利用这种人人固有的内在向导。但到了朱熹这里，这个次序却被颠倒了过来：须先获取真知，并利用真知界定善性本体，然后再按照具体的内涵界定推论何为率性，最后才将作为推论结果的“率性”付诸实行。①上述“颠倒”的关键在于：其一，对于“性（真知向导）”的直接可利用性缺乏信心，不相信“率性”对任何人来说在任何时候都是可上手的；其二，想当然地相信“读书—教学”活动足以促成真知，对学生本人的“认知—理解”能力在“读书—教学”中的关键作用估计不足。早年王阳明在服膺朱派“格物致知”与读书方法时，便因上述“对于‘性（真知向导）’的直接可利用性缺乏信心”，而始终觉得读书所得与真切的体知隔着一层。特别地，他曾一度格竹无功反而致疾，后来再度耐住性子勉强遵循朱熹的读书法而“思得渐渍渐洽”，但深彻的自我怀疑（不相信“率性”在任何时候对任何人来说都是可上手的）始终使他觉得“物理吾心终判而为二也”，“沉郁既久，旧疾复作，益委圣贤有分”。②王阳明的上述亲身经历表

① 读者可能会觉得这一判断有点过头，并辩称朱熹所谓的“读书讲明道义”属于“格物致知”范畴，而朱熹所定义的“格物致知”本质上是“因其[善性本体]所发而遂明之”，朱子的“读书讲明道义”因而实乃“在率性中读书讲明道义”。这种辩解似是而非。持这种观点的读者，宜深察本篇第（四）节的相关分析，尤其是关于“昏暗时段的‘因’”的分析。

② [明]王守仁撰，吴光、钱明、董平、姚延福编校：《王阳明全集》，卷三，语录三，《传习录下》和卷三十三，《年谱一》，上海：上海古籍出版社，2011年，第136、1348—1350页。

明，放弃了直接从天命之性出发的“率性”意识，就等于放弃了择取真知的判断力，而只能枉然地看着自己心中念出念没，渴望真知，却又无力把捉。

据《年谱一》记载，王阳明32岁时开始对“爱亲本性”这种提法流露出真情实感，此颇类似于《孟子》即“四端之心”言“性善”。这种趋向进一步发展，到37岁时，王阳明于龙场夜悟“圣人之道，吾性自足，向之求理于事物者误也”。① “求理于事物”正是王阳明对自己早年所力求服膺的朱学路线的本质概括，在龙场悟道之际王阳明明确地将其与“圣人之道，吾性自足”的性善论路线对立起来，并把这种“求理于事物”的认知路线判定为“误也”。从这时起，王阳明开始正式面临一项沉甸甸的解经任务：将在当时如日中天的《大学》文本，从朱派解读中“抢救”出来，也即，本着单纯的生存论（而非本体论）意义上的性善论思路重新解释《大学》。为此，王阳明彻底撇弃了《大学》中的外向“教—学”因素，并照单全收了朱熹引《中庸》《孟子》入《大学》，以“天命之性”释《大学》“明德”，以“《大学》孔子传经曾子作传，《中庸》作者子思则为曾子之徒”暗示“学庸一体”的学术遗产，②甚至有板有眼儿地补充说，“子思括《大学》一书之义，为《中庸》首章”。③但在进一步的具体解释上，王阳明的《大学问》则明显放弃了“本体论”之“界定本体”的“旁观者”视角，而代之以类似《孟子》的体验式指点（我们因而称之为“生存论”视角）。其曰：

---

① [明]王守仁撰，吴光、钱明、董平、姚延福编校：《王阳明全集》，卷三十三，《年谱一》，第1351—1355页。

② [宋]朱熹，《四书章句集注》，第1—3、14—15、17页。

③ 语境是“澄问学、庸同异”，见[明]王守仁撰，吴光、钱明、董平、姚延福编校：《王阳明全集》，卷一，语录一，《传习录上》，第19页。

> 大人者，以天地万物为一体者也，其视天下犹一家，中国犹一人焉。……大人之能以天地万物为一体也，非意之也，其心之仁本若是，其与天地万物而为一也。岂惟大人，虽小人之心亦莫不然，彼顾自小之耳。……是其一体之仁也，虽小人之心亦必有之。是乃根于天命之性，而自然灵昭不昧者也，是故谓之"明德"。小人之心既已分隔隘陋矣，而其一体之仁犹能不昧若此者，是其未动于欲，而未蔽于私之时也。及其动于欲，蔽于私，而利害相攻，忿怒相激，则将戕物圮类，无所不为，其甚有骨肉相残者，而一体之仁亡矣。是故苟无私欲之蔽，则虽小人之心，而其一体之仁犹大人也；一有私欲之蔽，则虽大人之心，而其分隔隘陋犹小人矣。故夫为大人之学者，亦惟去其私欲之蔽，以自明其明德，复其天地万物一体之本然而已耳，非能于本体之外而有所增益之也。[①]

这里，王阳明表面上借用了朱熹的"虚灵不昧（本体之明）—有时而昏（气质所拘，人欲所蔽蔽）"的双重架构，但更重要的是，王阳明以一种体验式指引代替了朱熹的旁观式刻画。历史地看，这是由汉唐式"本宇宙论—生成论—本体论"，向《孟子》式"体验—指引"言说模式的回转。例如，上述引文以体验式的"以天地万物为一体""一体之仁"，代替了"虚灵不昧""其本体之明未尝有息者"等的旁观式界定。"以天地万物为一体"中的"以……为……"二字，要求读者必须亲自尝试相应的体验，才算切身理解了该提法的意涵。相形之下，朱熹使用的"人欲所蔽"提法则是一种旁观式刻画，给人的印象是"性本体上覆盖了

---

① ［明］王守仁撰，吴光、钱明、董平、姚延福编校：《王阳明全集》，卷二十六，续编一，《大学问》，第1066页。

一层人欲”。王阳明则将其改写为“动于欲，蔽于私”“分隔隘陋矣”，也即对“以天地万物为一体”之思想境界的打破。这样，“善性”(内在资源)与生存中的“不善”(问题所在)因素，便双双获得了亲切有味的体验式赋义。

《大学问》稍后的“至善”论，继续贯彻了这种将问题与出路落实到生存体验上去的原则：

> 至善者，明德、亲民之极则也。天命之性，粹然至善，其灵昭不昧者，此其至善之发见，是乃明德之本体，而即所谓良知也。至善之发见，是而是焉，非而非焉，轻重厚薄，随感随应，变动不居，而亦莫不自有天然之中，是乃民彝物则之极，而不容少有议拟增损于其间也。少有拟议增损于其间，则是私意小智，而非至善之谓矣。自非慎独之至、惟精惟一者，其孰能与于此乎？后之人惟其不知至善之在吾心，而用其私智以揣摸测度于其外，以为事事物物各有定理也，是以昧其是非之则，支离决裂，人欲肆而天理亡，明德、亲民之学遂大乱于天下。……①

在谈及“明德(天命之性)”的功能时，朱熹用“虚灵不昧”之“虚”指称“尚未知但能知”的态势。这种“虚”，与《荀子·解蔽》的“虚一而静”有相通之处：“以具众理”仅止于潜在地保障“虚一而静”之心“能知”，但所具的“众理”并不跑到前台直接指示“真知”。经此朱熹式旁观界定之后，生存者具体该凭借怎样的主观心态，如何利用所“具”的“众理”，则依然停留在晦暗之中。对荀子和朱熹来说，认知的关键在于进入“虚”的姿态。然

① [明]王守仁撰，吴光、钱明、董平、姚延福编校：《王阳明全集》，卷二十六，续编一，《大学问》，第1067—1068页。

而，“虚”本质上是一种自我怀疑或否定，而在深彻的自我怀疑或否定中，生存者根本无法择取“知识—理解”。在上述引文中，王阳明的“至善”论则从“发见”的角度谈论“灵昭不昧”。作为本体的“明德(天命之性)”，不再满足于消极地或潜在地为“能知”背书，而是随时随地冲在前台，不断发布处境化的“是非”“轻重”“厚薄”体验。王阳明又将这种“发见”称为“感应”。

为了能够心无旁骛地体认这种“发见”或“感应”，王阳明特别强调，除了体认直接的“发见/感应”外，任何多余的“拟议增损”“揣摸测度”，即便初衷再好，也无非都是在以“私欲”遮蔽那正在“发见/感应”的“明德(天命之性)”。这些“拟议增损”“揣摸测度”归根结底只能算“私意小智”——联系王阳明早年的为学经历，朱熹所谓的“因其所发而遂明之/因其已知之理而益穷之”功夫，正可谓是这种“私意小智”的典型。按照朱熹的这种功夫论的基本精神，只要当事人尚未“豁然贯通”、尚未彻底明了“众物之表里精粗”，则“(善性本体)所发”便只有充当作为被探究(“因”)对象的“已知之理”的份儿[参考本篇第(三)节]。“率性”在性善论中所应具有的“真知起点”地位，就此被一种研究“率性”记忆的“因”的功夫所取代。换言之，当事人因为忙于这种“因”的功夫，遂不再关注作为“真知起点”的“至善(性)之发见”。正是在转移了当事人自觉体察“至善(性)之发见”的注意力的意义上，王阳明将诸如朱子“因其所发而遂明之/因其已知之理而益穷之”之类的功夫贬称为“私意小智”。

那么，究竟如何避免既有之“知识—理解”沦为妨碍即时体察“性之发见”的障碍呢？《孟子》在即“四端之心”言“性善”的时候，尽管同时保持着我们所谓的“善性本体不可界定”的意识，但总地来说还是导向了以“仁义礼智”等德目规定“善性本体”的思潮。龙场悟道之后的王阳明，又有什么招数，可以以切实避免“既有之‘知识—理解’妨碍对‘性之发见’的即时体察”呢？

对此，可以这么看：王阳明对“知”进行了划分（两种），一种是即时“发见/感应”之知，又称为“良知”；另一种是时过境迁之后，“发见/感应”在记忆中的留影。在“发见/感应”之际，“良知”之“知”是不容拟议、绝对可靠的“真知”；而在变化了的处境中，记忆中的“良知发见/感应”留影，作为一种现成的“知”则不宜继续充当生存指南。不过，记忆中既然存在着此等“知识—理解”，人便难免会有冲动在拟议、揣摩中继续以之指导自己的生存。王阳明所批评的“私意小智”，无非就是依据不合时宜的旧知留影，推论测度已然变化了的事态与处境。正确的做法则是，面对变化了的事态与处境中，当事人宜将“旧知留影（也即自己既有的知识—理解）”视为新处境的一部分（如作为知识背景），并在此新处境下重新体察“性（至善）的即时发见/感应”。这样，当事人的“知识—理解”就会与时俱进，而非顽固地执着于既定的旧知留影。“性（至善）的即时发见/感应”除了是一种“知识—理解”外，同时还附带着一种“新鲜感”，即“这是刚刚生成的”。而这种“新鲜感”，似乎正是王阳明用来辨别“即时发见/即时感应”与“旧知留影”的唯一标志。深入分析“王门四句教”，可进一步印证这一点。[①]

王门四句教第一句是“无善无恶是心之体”。不少学者认为，这一命题是王阳明吸纳释老“空”“无”思想的结果。[②]但

---

① 王门四句教存在不同版本，根据学界通例以及尤其是陈来（《有无之境：王阳明哲学的精神》，北京：生活·读书·新知三联书店，2009年，第224页）、杨海文（《阳明“四句教”出处辑考》，《深圳大学学报（人文社会科学版）》2014年，第2期）的考证，我们接下来的讨论将以《传习录下》《年谱三》所记王阳明自己的表述为准。实际上，对于任何一个版本来说，短短的四句话附在不同的背景和预设下均可读出不同的效果。就此而言，四句教无法作为了解阳明思想的初阶依据，而只宜作为汇总或概括读者对王阳明思想的整体理解的契机。

② 可参考陈来，《有无之境：王阳明哲学的精神》，第247—252页；杨海文，《阳明“四句教”出处辑考》，《深圳大学学报（人文社会科学版）》2014年，第2期。其中，杨海文于该文最后一节指出，站在“尊孔孟、辟佛老”的立场上， （转下页）

无论如何，这种吸纳并未取消四句教的性善论底色。毋宁说，在"四端之心""刚柔五常之性""仁义礼智之性"等"界定本体的性善论"将性善论者的生存意识引向"权威说教"，从而在很大程度上堕入"性恶论"的轨辙之后，大张旗鼓地强调"无善无恶是心之体"，实乃"性善—率性"意识重新自觉并自我纯化的内在要求。释老"空""无"风气的激荡，顶多只是一种外在契机。

王门四句教第二句是"有善有恶是意之动"。如果认为"善意""恶意"同时起源于"心之体"，那么，"无善无恶"的"心之体"实际上就是"善恶混"的了。我们需要暂时悬搁对第二句的解释，先展示一下王门四句教第三句——"知善知恶是良知"——的"性善论（良知论）"底色。真正的"知善知恶"之"知"当然必须是"真知"，这种真知是心灵中的《孟子》式"良知良能"的功能展现，而心灵中之所以存在这种良善功能则正是因为"性善"。就此而言，必须承认"心之体"是"纯善"的。由此，再回到第二句"有善有恶是意之动"：从"纯善的心之体"发见出"善意"以及"知善知恶（真知）"的"良知"，这不难理解——难理解的是，"心之体"既然"纯善"，人的心灵中又怎么会出现"恶意"？

我们需要郑重地引入"时间"这个维度，才能较好地解释这个问题。就生存意识分析而言，"无善无恶"即"无感无知"。相应地，"知善知恶"之"真知"，从现象上看，就是从"无（无感无知）"中冒出来的。这样，"良知"的每一次发动，或者"知善知恶"之"真知"的出现，无不同时附带着"从无到有"的"新鲜感"。至于"意之动"中的"恶意"，由于不能将其视为"心之体"的直接发见（否则有悖于"性善"路线），我们故而只能将其存在视为"记忆中

（接上页注②）既可以指责阳明四句教为异端，也可以对其正统地位进行辩护。就此而言，正统或异端的标签对于理解阳明四句教意义不大，杨海文因而建议相关研究宜超越正统、异端之争，转而挖掘四句教"抽象作者"的精神旨趣。本节余下的论述，可看作是朝此方向的努力。

的旧知留影”——这些“旧知”当初也是作为“新鲜的良知”或“新鲜的善意”而出现的，但在时过境迁之后，它们就不再是“适切当下处境的真知”，当事人若试图继续以其指导自己的当下生存，这种“意”就是“恶意”。[1]王门四句教第四句是“为善去恶是格物”。这并非是说经过相应的功夫修炼之后，作“记忆”或“旧知留影”的那部分“意”可以被彻底清除。毋宁说，“有善有恶是意之动”从一开始就承认，“善意（即时新知）”与“恶意（旧知记忆）”在“意”中始终并存。“恶”无非就是执着于“旧知”，试图在时过境迁之后继续以之指导生存。尽管如此，只要当事人能够不断体认“鲜活的新知”，则“旧知留影”就会不断被所涌入的“即时新知”刷新。这样，“为善去恶”就既是不断以“即时新知”取代“旧知记忆”、不断以前者作为行动准则的过程，同时也是“新知体认”不断刷新“旧知记忆”的过程。[2]

---

① 《大学问》谓“然意之所发有善有恶”（[明]王守仁撰，吴光、钱明、董平、姚延福编校：《王阳明全集》，第1070页），据此“意之所发”字样，似可认为“恶意”“善意”皆以类似的机制直接出于“意之本体”。然而，对于将“心”“知”“意”“物”概念相互打通的王阳明来说，“意之本体”也即“心之本体”，反之亦然。认为“善意”“恶意”以类似的机制直接出于“意之本体/心之本体”，即等于认为“意之本体/心之本体”乃善恶混或无道德属性。如此一来，知善知恶的“良知”将成为无本之木。王阳明肯定不会接受这种结论；《大学问》中明确说，良知“是乃天命之性，吾心之本体，自然灵昭明觉者也”（第1070页）。鉴于此，似宜强调：“然意之所发有善有恶”之“发”字，并非旨在交代“善意”“恶意”的来源，而只是在陈述“有善有恶意之动”即“有善意也有恶意”这一现象。关于“恶意”“善意”各自不同的发生机究竟是什么，我们在正文中提出的看法是，善意直接来自良知，或者善意即良知，而恶意则是时过境迁的善意留影。以这种方式解释“恶意”之“发”或“动”，也许在一定程度上超出了王阳明著述的限度，但作为对王阳明核心思路的一种推演当亦有其重要价值。

② 学界一般认为，王阳明及其后学以“无善无恶”界定至善之“心体”，这意味着王学中的“心体”或“善性本体”是超越有对待之善恶的超越者。将“无善无恶”理解为一种“超善恶”的概念界定语言，势必将读者引向以“空寂”为最高境界的佛老思路上去。这显然不是龙场悟道之后的作为儒者的王阳明的取向。

陈来先生慧眼独具地认为，“无善无恶是心之体”的主旨在于“无滞（纯粹的无执着性）”（陈来，《有无之境：王阳明哲学的精神》，第230—240页）。他认为，“‘四句教’之精义，唯阳明弟子何庭仁揭之甚明：‘师称无善无恶者，（转下页）

从试图服膺朱学到与朱学彻底决裂，在此转向过程中，王阳明的“性善论”思维先后经历了“爱亲本性”“良知”“无善无恶是心之体……知善知恶是良知”几个阶段。王阳明的上述转变始终深受“真知”问题意识驱动。作为后来转向的预示，王阳明在32岁时感兴趣的“爱亲本性”，非常类似于《孟子》的“四端之心”，重在即生存意识中的“善端”提示“善性”的实在性。龙场悟道之后的“良知”说，则重在强调善性本体在现实处境下“知善知恶”的功能，而非以“仁义礼智”或“孝(爱亲)慈”等德目界定“良知”本体。晚年的王门四句教进一步将“无善无恶是心之体”冠于“知善知恶是良知”之前，此可视为其“不界定本体的性善论”的最终完成。而这，在笔者看来，也正是《中庸》性善论思维的精髓所在。

(接上页注②)指心之应感无迹，过而不留，天然至善之体也。心之应感谓之意，有善有恶，物而不化，着于有矣，故曰意之动。’(《明儒学案》[卷十九])”
何庭仁以“应感无迹，过而不留”解说“无善无恶是心之体”，此与我们从“即时发见/即时感应”与“即时性/新鲜感”的角度解释“无善无恶是心之体→知善知恶是良知”，在思路上完全相通。至于其将“有善有恶是意之动”之“善意”“恶意”均理解为“物而不化，着于有矣”，则恐怕不妥：一方面，这意味着“心之感应(意)”必然固着，而固着之“意”有善有恶——如此一来，“无善无恶”的“心之体”实质上就是“兼善兼恶”，此与王阳明的性善论立场(“一体之仁”“天命之性，粹然至善”)相违；另一方面，在“知善知恶是良知”之外另立“兼善兼恶”之“意”，进而以“良知”作为“善意—恶意”的分辨者，恰恰是将“意”与“知”析为两节(而王阳明曾反复强调“身、心、意、知、物是一件”，可参见《王阳明全集》，卷三，语录三，《传习录下》，第103页)，不免重蹈王阳明早年所经历的“物理吾心终判而为二也”困境。
实际上，“善意”正是“即时发见/即时感应”意义上的“知善知恶是良知”，而“恶意”则是时过境迁之后的“旧知留影”。“恶意”在其“发见/感应”之初本是“善意”，只是因为时过境迁不再适切变化了的处境而沦为“恶”。总之，“记忆(留影)”与“时变”才是“恶意”的发生根源，“无善无恶”或“至善”的“心之体”中不存在生发“恶意”的基因。陈来先生的结论值得重视：“它[无善无恶是心之体]所讨论的是一个与社会道德伦理不同面向(dimention)的问题，指心本来具有纯粹的无执着性，指心的这种对任何东西都不执着的本然状态是人实现理想的自在境界的内在根据。”(第240页)

（六）率性的处境与真知问题的政治哲学出路

以上，我们完成了从“天命之性”到“四端之心”再到诸如“仁义礼智之性”再到“无善无恶是心之体”的儒家性善论哲学史梳理。总地来说，“四端之心”的提出是儒家性善论的一个转折点，启发了界定本体的性善论范式。“天命之性(善性)”一旦沦为被研判、被界定的对象，则用来研判、界定善性本体的知识系统(如“宇宙论—生成论—本体论”系统)便会架空“率性”意识，而成为实际上的“知识—理解”来源。由于既定之知识系统取得了善性本体的界定者地位，这种名义上的“性善论(界定本体的性善论)”所引导的生存意识实际上更接近荀学的“外铄”思路。性善论因而名存实亡。就此而言，界定本体的性善论实乃自相矛盾。

王阳明的“无善无恶是心之体”命题，并非是要制造一种类似《老子》“混沌之‘无’”的“心体”或“本体”概念，而旨在直截了当地断绝人们“界定性本体”的企图。只有放弃凭借既有“知识—理解”界定本体的冲动，当事人才能悬搁自已既有的“知识—理解”，注意聆听来自内心深处的声音——“天命之性”的实时指引(王阳明又称之为“至善之发见”或“知善知恶是良知”等)。这种不界定本体的性善论，因为始终高举“即时率性”之意识，故而从生存意识分析角度看是彻头彻尾融贯一致的性善论。

由此反观，《中庸》首章满足于在敬天情感中认定“天命之性”绝对可靠(纯善)，然后不界定“性体”的情况下，便将注意力转向“率性”——这种原始的理论形态反而是性善论之正途。经过了整整一圈的思想史运动之后，以“无善无恶是心之体……知善知恶是良知”为代表的王阳明心学，可谓上述性善论原始形态(不界定本体的性善论)的强势回归。

不过，逻辑上融贯一致是一回事，是否有效解决了性善论由以被推向儒学前台的“真知”问题，则是另一回事。《中庸》作者坚信(而非界定)，每个人都天生固有绝对可靠的内在真知向导(“天命之性”)，倡导直接通过体察此内在向导的即时指引(“率性”)不断获得适切处境的真知并及时落实为行动(“修道”)。但是，《中庸》作者自己在后半篇中亦隐约触及到：“什么是真正的率性，如何做到真正的率性”本身也是一个有待解决的棘手的“真知”问题。王阳明的“无善无恶是心之体……知善知恶是良知”，在实践中同样也会遭遇此类问题。在“不界定本体的性善论”中，“真知”就是当事人真切体会到的“应然感”，但面对一桩公共事务，作为“率性者”(“不界定本体的性善论”意义上的“率性者”)，涉事诸方心中往往会涌现出不尽相同乃至相互冲突的“应然感”——在这种情况下，还能说“当事人真切的‘应然感’就是‘真知’”吗？在“性善—率性”之名义下，涉事诸方若因见解不同而打得不可开交，则“不界定本体的性善论”岂不正要声名狼藉！

别的不说，仅就解读“格物致知”这桩学术公案(学术界的一桩公共事务)而言，清初刘宗周指出“格物之说，古今聚讼者有七十二家”。[①]除朱熹的补传和王阳明的新解之外，这“七十二家格物之说”中不乏王门后学的争鸣之论。对此，可以简单归咎为这些王门后学“不知道到真正的率性是什么，不知道如何做到真正的率性”，在面对“格物致知”的解释问题时，不自觉地运用“私意小智”“拟议增损”，而未能体察到“真正的性之发见”对这个问题的指引吗？也就是说，如果王门后学们“真知道真正的率性是什么，真能做到真正的率性”，他们关于“格物致知”的理解就必定不会出现分歧吗？如果回答“是”，那么这意味着，“率

---

① 戴琏章、吴光主编，《刘宗周全集》(第一册)，台湾：“中央”研究院文哲研究所筹备处，1996年，第71页。

性”并非任何人在任何时候都可以直接上手的“真知起点”。换言之，要想“率性”，就必须先在“知识—理解”上解决“真正的率性是什么，如何做到真正的率性”问题。此即将“真知”问题反加诸“率性”。而由此观之，在《中庸》率先提出了“不界定本体的性善论”之后，《孟子》的“性善—四端之心”说、《礼记正义》与朱熹的“刚柔（健顺）五常之性”“仁义礼智之性”等善性本体界定纷纷登上性善论舞台，其根本动因实际上就是要回答“真正的率性是什么，如何做到真正的率性”问题。然而，结局并不美好，以界定本体的性善论回答“真正的率性是什么，如何做到真正的率性”问题，结果只能是自相矛盾地在功夫论（或生存意识）层面上堕入“性恶—外铄”的路数。

在2016年中国诠释学大连年会上，台湾大学哲学系李贤中教授曾针对笔者重解《中庸》首章的会议论文，这样评论道（大意）：尽管你主张性本体是不可界定的，一旦界定就会堕入“以教蔽性”的误区，但这种“不界定”不也正类似于国画中的“留白”，实际上还是在发挥着某种界定的作用吗？顺着李教授的上述评论，我们还可以对“不界定本体的性善论”提出更多“知识—理解”上的追问与探讨。

首先，我们可以追问，在“敬天”情感中所认定的“性善”或“善性”，是否可以直接转化为“直面”并“体察”的对象？如果可以，则“敬天”情感就足以充当“真正的率性”的体验性标志，也即，凡伴随着“敬天”情感而出现的“真切的应然感”，就是适切当事人此时此刻处境的“真知”。不过，问题在于，在“敬天”情感中所认定的“善性”或性善，并无具体的目标指向（《中庸》谓“不睹”“不闻”），因而也就无法出示“率性”所应直面的实体；与此同时，“敬天”情感可以和多种“观念—倾向”相结合，那种以特定“知识—理解”系统为真理的人，在持守这些既定的“知识—理解”（而非体察“鲜活的性之发见”）时，同样也可以伴随有

“敬天”的情感体验(《大学》所谓的“顾諟天之明命”，一种平实的解读便是，将“諟天之明命”理解为权威的“传统德目”——现成的德目知识被打上了“天之明命”的威严铭印[①])。

或者，也许还存在这样的希望，即诸如“戒慎”“恐惧”“慎其独”“王门四句教”等功夫论言辞，可以帮助当事人准确地锁定“性之发见”？对此，只要想想《大学》“慎其独”实际上迥异于《中庸》“慎其独”(前者更近于荀学)，我们就不得不承认，这些言辞要想成为界定“真正的率性”的有效指标，必须先在“知识—理解”上解决自己的界定问题。但问题在于，我们根本无法在作为“真知起点”的“率性”之外，处理“真知”问题。

可见，在“性善论”框架下，“什么是真正的率性，如何做到真正的率性”问题，根本就是令人绝望的问题。对“真正的率性”提出的任何界定P，马上又会招致新的真知追问(“真正的P”又该如何界定)，从而陷入无限后退。就此而言，“真知”问题不能再反加诸“率性”，性善论恐怕必须自觉悬搁“真正的率性是什么，如何做到真正的率性”问题，并勇敢地将“率性”等同于“体察真切的应然感”。

这样做看似如释重负了，但接下来却必须面对“围绕同一桩公共事务率性者出现分歧乃至激烈的冲突该怎么办”的问题——“真切的应然感”常常因人、因时、因地而异。“不界定本体的性善—率性论”最终只能导向一种类似“多元主义—相对主义”的共处模式？如此的话，在涉事诸方分歧深刻、冲突严峻的情况下，这种“性善—率性”论必定难以为继。特别地，在需要采取统一行动的公共事务上，“多元主义—相对主义”式的“各自跟着

① 不那么平家的也即拔高的解读，便是将“天之明命”理解为“天命之性”，如朱子所谓“天之所以与我，而我之所以为德者也”。参考[宋]朱熹，《四书章句集注》，第4页。

各自的感觉走”的交往模式，注定只能被弃若敝屣。鉴于此，我们便需要在公共生活领域为“不界定本体的性善—率性论”，增设一条“谋求共识”的补充原则。这样，涉事诸方之间分歧的暴露、冲突的进展，可以不断被设定为新一轮“率性”的处境的新因子——涉事诸方本着“谋求共识”的意识，不断在更新了的“处境”意识下重新率性，直到达成各方均可接受的共识。如此，涉事诸方自然而然会因问题获得了成功的解决，而强化其对于“不界定本体的性善—即时率性—谋求共识”意识下的交往模式的信心——“性善”信念与“率性”意识在其中矣。[①]当然，问题未必如此简单，分歧与冲突一旦超出涉事各方理性所能承受的范围，则“不界定本体的性善—即时率性—谋求共识”的意识与交往模式完全有可能走向破裂——这样，“性善”信念、“率性”意识势必将与“谋求共识”之善意俱焚。

（七）结　语

最后，我们逐一回答引言最后一段提出的六个问题，作为本篇之结论。

1. 从发生学角度看，哪种性善论更原始？

“不界定本体的性善论”要比“界定本体的性善论”更原始。儒家性善论的原始文本是《中庸》（按照本篇的叙述逻辑，《中庸》当成书于《孟子》之前[②]），它所提供的正是一种“不界定本体

---

① 更多相关讨论，可参考拙文《〈大学〉“教—学”论与〈中庸〉“教—化”论——儒家政治的“真知”困境与可能出路》，第四节，《中山大学学报（社会科学版）》2018年，第4期。还可参考本书第三篇第（五）节，以及导论第（四）节。

② 目前，难有可靠的朴学证据证明《中庸》《孟子》的成书先后顺序，相关论说归根结底皆取决于论者所采取的文本解释方案与心目中的思想史（哲学史）逻辑。学界曾一度根据“今天下车同轨书同文”等字样，断定《中庸》成书于秦始皇统一中国之后。后来，郭沫若则转而强调：“任何古书，除刊铸于青铜器者外，（转下页）

的性善论”。

2. 驱使这种性善论出场的问题意识又是什么？

《中庸》作者借孔子语录，从普遍性的非“过”即“不及”指摘中，体会到“真知”问题是一切生存问题的总根源。《中庸》作者同时通过孔子语录意识到，“知识—理解”归根结底只能是“当事人亲自认知亲自理解”，特别地，书本和教师无法直接向当事人灌输知解。正是这种普遍地落在一切学者个人头上的“真知”问题，迫使《中庸》作者不得不义无反顾地认定“人人生而固有绝对可靠的内在的真知向导”，此即“天命之性”。在“绝对可靠”的意义上，此“性”是纯善的。

3. 逻辑地看，哪种性善论更融贯？

“界定本体的性善论”不得不奉既定的知识系统，尤其是特定的“宇宙论—生成论—本体论”系统为圭臬，在功夫论层面势必滑向“依赖既定知识系统之外铄”的性恶论思维。“界定本体的性善论”故而在总体上是自相矛盾的。

退一步说，即便存在一整套现成的“界定本体的性善论”，但由于其在功夫论上采取了实质性的“性恶”取向，这种性善论者亦将缺乏作为“处于上手状态的真知起点”的“率性”意识，从而无法正确理解该“界定本体的性善论”对善性本体的具体界定，故无法从中获取指导自己生存的“应然真知”。

“不界定本体的性善论”则全然围绕“如何维持‘率性’意识的‘真知起点’地位”展开，因而是一种彻头彻尾融贯一致的性善论。

(接上页注②)没有不曾经过窜易与润色的东西。然而，假如仅因枝节的后添或移接，而否定根干的不古，那却未免太早计了。”参见郭沫若，《儒家八派的批判》，见氏著《十批判书》，第130页。李学勤先生亦有类似说法，可参考李学勤，《对古书的反思》，《中国传统文化的再估计》，上海大学历史系编，上海：上海人民出版社，1987年，转引自梁涛，《郭店竹简与思孟学派》，北京：中国人民大学出版社，2008年，第262页。

4. 儒家究竟在什么意义上需要一种不界定本体的性善论？

处于上手状态的“真知起点”，对于处理“真知”问题，具有至关重要的优先性。没有“处于上手状态的真知起点”，就无法获取“真知”，严肃的生活就无从谈起。

考虑到“界定本体的性善论”无法维持“率性”意识的“真知起点”地位，儒学因而需要“不界定本体的性善论”协助（实质上是鼓励）生存者树立或发动“率性”意识。除非“性恶—外铄（教）”论找到了向受教者（学生）直接灌输“真知”的有效途径，否则，在“树立真知起点”的意义上，儒学将永远离不开“不界定本体的性善论”。

5—6. 在两种性善论的分歧与竞争之中，蕴含着何种未竟的问题？有无可行的解决渠道？

“界定本体的性善论”的提出，实质上是想把“真知”问题，反过来加诸“率性”或“真知起点”本身。为什么会出现这种冲动呢？这是因为，在现实生存中，对于同一桩公共事务，不同的率性者常常会在见解与行动上出现分歧——究竟“什么是真正的率性”，乃至对于“性善”的怀疑，就会应运而生。

然而，在“真知起点”（作为一种处于上手状态的生存意识）尚未确立的情况下，试图通过界定性本体而规定何为真正的率性，或在否定“性善”的同时诉诸“教—学”授受“应然之知”，这两种做法（二者本质上是一回事）严格来讲（就其作为“真知”问题的处理方案而言）都是无效的。

鉴于此，我们简单提出了如下设想：将见解与行动上的分歧，作为涉事诸方新一轮“率性”的新处境，涉事诸方通过新一轮（几轮）的“率性”不断谋求新共识，只要能够通过这种一轮接一轮的“率性”不断化解分歧，当事人的“性善”信念与“率性”意识就会被不断巩固并挑旺。这种方案是否可行，归根结底取决于它的韧性，即在分歧严重乃至极端冲突情况下，涉事诸方是否仍然愿意本着“率性”意识谋求共识？一旦“在‘率性’意识中谋求‘新共识’”的意识断裂，涉事诸方即便最终平安度过了分歧与冲突，亦不会再将功劳归给“性善—率性”。

总之，从是否界定善性本体之内涵的角度看，儒学史上存在两种性善论：界定本体的性善论与不界定本体的性善论。回归最基本的生存问题，历史地考察性善论的这两种型态，检讨其学理得失，可以有效地促成儒学义理的更新转化。作为最原始的性善论形态，“不界定本体的性善论”始于《中庸》对无所不在的“真知”问题的着重揭示与专门回应，这是一种融贯一致且以“率性”意识为中心的性善论。其短板在于，无法有效容纳传统德目与施教权威，其服膺者在“自作主宰”精神的鼓荡下，往往难以组成和谐有序之社会。“界定本体的性善论”则试图以传统德目规定“善性本体”，这固然容纳了社会智识传统与政教权威，但却因为推崇、仰仗既定的说教与外在的治教，而架空或放逐了内在善性即时指引的活泼功能，故实质性地落入“重教—外铄—性恶”的荀学思路。论其实，这是一种自相矛盾的性善论。作为生而固有且绝对可靠的内在向导，善性实乃当事人正确理解一切事情（包括理解“性善论”本身）的指引者，它是能动的主体，严格来讲，根本无法作为客体进行内容界定。在“不界定本体的性善论”基础上，自觉引入或充分强调“率性的处境”与“共识的更新”：将“传统说教”“施教权威”以及“他人异见”统统归入“率性的处境”范畴，并力求通过一轮又一轮的“在新处境下的率性体认”不断就公共事务达成“新的共识”——这种充满张力的动态机制，盖是传统儒家性善论更化升级的可能路向。

第三篇　从孟荀二分到民主集中制—群众路线

（一）引言：从反传统到创造性继承传统

从“破”的角度看，“20世纪的中国是在反传统中度过的”。[①]五四新文化运动所标举的“德先生”（现代西方民主）与“赛先生”（现代西方科学），构成了这种反传统思潮的核心依据。激烈地反对传统儒学则是这股潮流当中最引人注目，也是学术与社会影响最为深远的标志性举动。五四新文化运动期间的主流思想界，直欲将以儒学为代表的传统文化扫入历史的垃圾堆而后快，“少——或者竟不看中国书，多看外国书”（鲁迅语）一时间成为压倒性的取向。迄今，这种以“反传统”与“西化”作为中国“新文化”应然指标的观念，在中国学界与社会上仍然影响甚夥。

与此形成鲜明对比的是，自20世纪90年代以来，以儒学为代表的中国传统文化在学界和民间持续升温，最近七八年来，“中

① 此说参见《〈文史哲〉杂志与〈中华读书报〉联合评选“2014年度中国人文学术十大热点”》热点第1条解说辞，《文史哲》2015年，第4期。

国优秀传统文化”更是逐步且正式被纳入了中国特色社会主义文化体系建设的工程当中[①]，从而呈现出百年来所未有的热烈复兴态势。这一转变再次印证了“历史总是在螺旋中前进”的名言。站在辩证法角度上看，时代的车轮似乎又走到了需要重新审视传统儒学与现当代中国主流思潮之间的关系问题的新时刻。

实际上，“反传统”的潮流再浩荡，也总是无法一蹴而就地抹除大历史所积淀出来的“文化—心理”结构。从“立”的角度看，反传统为的是革新文化，革新文化为的是造就新人，进而依靠新人一新国家与社会。但传统究竟如何去反？新文化具体如何去建？这却只能由半新不旧的当事人，来研判，来抉择。正如眼睛无法直视其自身那样，反传统兼新文化的提倡者们亦无法通体透明地打理其“前见”。在历史变革的紧要关头，大历史所积淀出来的最基本的“文化—心理”结构尽管会深受冲击，但在批判所未及的生存意识的更深刻的层面，它们却仍旧左右着当事人对时局的观察、理解，以及对未来的抉择。本书所研讨的“性善—率性”与“治教—受教”这两种儒学传统中的基础性生存意识，在现当代中国思想与政治的现代化进程中便起到了这样一种潜移默化的作用。

“性善”与“治教”之间的分野，构成了传统儒学之“孟荀二分”或“孟荀相争”格局的基本分水岭，孟学主前者而荀学主后者。当前的一些哲学史或思想史研究（参考本书导论之引言），则正在着力揭示《荀子》中的“性善（心善）”因素。这种揭示对于我们进一步认清《荀子》思想的复杂性，承认传统儒家性恶论存在着薄弱环节有积极意义。但是，欲通过这种补充性的揭示（包括

---

① 2017年1月，中共中央办公厅、国务院办公厅印发《关于实施中华优秀传统文化传承发展工程的意见》，将“实施中华优秀传统文化传承发展工程”，“着力构建中华优秀传统文化传承发展体系”，正式确立为“建设社会主义文化强国的重大战略任务”。

反过来揭示《孟子》中的“治教”因素)，追求“齐同孟荀”“并尊孟荀”或“统合孟荀”的效果，这在哲学或学理上却是无效的。传统的“孟荀二分”乃至“孟荀相争”格局，与其说是一种历史判分，不如说是对儒学内部的一对基本分歧的标举。有效的“统合”需要建立在可检讨的学理根基上，而非简单地诉诸“它们在(中外)历史上一直都是并存着”的现象描述。“性善—率性”与“治教—受教”对于传统儒学来说同等基要但又相分相争的局面，早已使这种“并存现象”成为令人苦恼的“学理难题”。

如何有效地处理这一传统学理难题呢？在笔者看来，当代中国政治中的“民主集中制—群众路线”，正是现当代中国历史实践不自觉地基于“孟荀二分”的传统“文化—心理”结构接纳两股时代潮流，并创造性地统合“治教—受教”(荀派)与“性善—率性”(孟派)这两种相斥相分的传统生存意识的精彩结晶。[①]这种创造性继承与统合方案的着眼点和精髓，则是毛泽东所谓的一种“无限循环”的“马克思主义的认识论”运动。本着上述洞见，本篇将尝试解析“孟荀二分”的政治哲学蕴含，考察孟派、荀派的基础性生存意识被纳入当代中国政治的时代因缘，揭示这两种传统生存意识在当代中国政治中的存在或表现形态，阐释“民主集中制—群众路线”之于“统合孟荀”的创造性贡献之所在。

---

① 刘小枫先生曾著专书论述现代中国的革命精神与传统中国儒学之间的关联。作为一种“精神现象”展示，这种论述可谓非常成功！美中不足的是，该书采取的是一种包容性极强的文化学视野，对于传统儒学的内部分歧往往只是点到为止，而无意进行长足的辨析与学理上的统合工作。例如，刘著所特别倚重的心学的“人人可成圣”意义上的“素王”概念，究竟会引向“人人自作主宰”的局面呢，还是会像作者所说的那样成就一种以“全面改造社会、教化万民”为己任的“狂者胸次”呢？至少，如果以“平等”意义上的“人人可成圣”来定义“素王”的话，则“素王”完全可以是人人皆可为之的“率性者”的代名词(作为一种郑重其事的鼓励之辞)，而不会导向“全面改造社会、教化万民”的君师意识。

（二）荀学政治观：君师治教与谦虚受教

哲学研究中存在这样一种倾向，即认为只有将政治议题上升到了人性论或本体论层面，才算达到了应有的层次或深度。换言之，政治哲学只是人性论或本体论预设的衍生品。然而，在荀学中，“性”论实际上却是其政治观的衍生品；只有在孟学尤其是宋明心学中，“性”论才是政治哲学所必不可少的思维起点，但尽管如此，孟学尤其是心学仍然无法直接从“性善”推出应对基本政治哲学问题（个体如何组成有序的社会）的有效方案。本节，我们将着重呈现“君师治教—谦虚受教”这种政治观之于《荀子》的核心统摄力，以此矫正那种试图将荀子政治观归约到其“性”论预设上的解释取向。（孟学及其政治意识，则留待下节再行论述。）

进入21世纪以来，学界围绕荀子的人性论问题，出现了一波争鸣。众所周知，至少自北宋以来，“性恶论”便已成为荀学的标识，荀子亦因此被宋明主流儒学不容置疑地打上了“异端”烙印。二程曾经谴责道，“荀子极偏驳，只一句性恶，大本已失”，“荀、杨性已不识，更说甚道”[①]，极为鲜明地表达了上述立场。宋明儒学主流的基本考虑是，性恶之人不可能自觉为学（包括所谓的“内向之思”），严格来讲，也无法通过“外向之学”终有所成——因为“学”归根结底需要“当事人以正确的方式亲自去学”，而“性恶”则从根本上取消了“正确地学习的能力”。但“性”既是不善的，不假于“外向之学”，又怎么可能进德修业呢？由此观之，《劝学》位居《荀子》首篇，可谓势所必然地标示了荀学的基本取向。《劝学》篇所劝之“学”，正是用来修正或充

① ［宋］程颢、程颐著，王孝鱼点校：《二程集》，北京：中华书局，1981年，第262、255页。

实学习者之认知—理解的“外向之学”。[①]既然如此，荀学研究者（多多少少都会是荀子的同情者乃至支持者）迟早便必须去回应“性恶则无法为学”这一宋明辩难。出于这种必要性，并受1970年代日本学者兒玉六郎《论荀子性朴说——从性伪之分考察》一文鼓荡，当代荀子研究界的周炽成、林桂臻、路德斌、梁涛等学者，遂尝试抛弃或修改饱受宋明儒学传统贬低的“荀子是性恶论者”定论，转而倡言“荀子乃性朴论者，非性恶论者”“荀子性论的多个维度”“荀子是性恶、心善论者”等观点。[②]这场新近兴起的争鸣，给人造成了这样一种印象：“性”论似乎是荀学的真正根底所在，对于荀子的政治哲学，研究者必须回到“性”论根底加以解释，方算到位。不过，在笔者看来，这种研究（辩护）进路其实是在宋明“心性儒学”的范式下替荀子打擂，是陷在了对手所设定的“局”中不自知，而在很大程度上遮蔽了荀子政治哲学的根本特质。

实际上，“性”论并非荀子的思想起点，也不是其“非思孟”的直接动机之所在。首先，《荀子·性恶》所大张旗鼓地主张的“性恶”概念，并不足以撑起荀子思想的江山。这种性恶论的主要意图在于，通过展示并强调存在于人类社会生存中的显而易见的“偏险悖乱”等负面现象，将读者圈进“崇礼—学礼”的意识之中。至于“崇礼—学礼”的主观根据何在？相关能力是否出

① 王博教授专门对荀子的“外向之学”进行了考察，参见氏撰《论〈劝学篇〉在〈荀子〉及儒家中的意义》，《哲学研究》2008年，第5期。

② 代表性文献有：［日］兒玉六郎，《论荀子性朴之说——从性伪之分考察》，刁小龙译，《国学学刊》2011年，第3期（原刊于《日本中国学会报》，第二十六集，1974年）；周炽成，《荀子：性朴论者，非性恶论者》，《光明日报》2007年3月20日，第11版；林桂榛，《论荀子性朴论的思想体系及其意义》，《现代哲学》2012年，第6期；路德斌，《性朴与性恶：荀子言“性”之维度与理路——由“性朴”与“性恶”争论的反思说起》，《孔子研究》2014年，第1期；梁涛，《荀子人性论辨证——论荀子的性恶、心善说》，《哲学研究》2015年，第5期。

于天生之性？如果是天生固有的，那么如何准确可靠地将它们从“偏险悖乱”等负面倾向中分辨出来？如果不是天生固有，人又将如何获得这种基要的能力？对于上述“崇礼—学礼”能力的来源与辨认问题，《荀子》（尤其是在《性恶》篇中）性论缺乏自觉而明确的交代与分疏。就此而言，《荀子》“性”论可谓非常草率。按《荀子》文本，在“性”之外，荀子还特别倚重“心”。这是当代荀子研究的一个重要发现。[①]进言之，在《荀子》中，与“心”相关的能“学”、能“虑”、能“虚壹而静”之能力，正是一个人能够“崇礼—学礼”（“积”“习”“伪”）的关键所在。不过，这些能力究竟是人生而固有的呢（这样就近乎性善论了），还是后天习得的呢（这样还会面临后天习得何以可能的追问）？对此，荀子并未自觉、深入且融贯地予以检讨，遑论就此问题与“性善论”进一步划清界限。就其未自觉划清界限而言，荀子其实是默认了“人天生固有够用的知善向善的能力”，否则“学”“虑”“积”“伪”等后天努力将根本无从谈起。正是在这个意义上，郭沫若认为性恶论者实际上总是不得不向“性善论”输诚，性恶论因而是自相矛盾。[②]这种自相矛盾的心性论如果真是荀子政治哲学的立论基础的话，那么我们就完全可以说，这种政治学说缺乏学理硬核，根本不具备实质性的学术竞争力。

其次，部分学者近年来所倡言的荀子“性朴论”，严格来讲，无法用来解说《荀子》的思想动力与致思方向。论者们目前所挖掘或构造出来的“荀子性朴论”，总体上不过是将前述呈现于《荀子》中的趋恶（如“偏险悖乱”）与向善（如“崇礼—学礼”）两类现象合在一起，相互稍微抵消一下，再贴上一枚“性朴”标签而已。

---

① 可重点参考梁涛，《荀子人性论辨证——论荀子的性恶、心善说》，《哲学研究》2015年，第5期。

② 郭沫若，《荀子的批判》《儒家八派的批判》，见氏著《十批判书》，第202—208、126—127页。

这样一种凑泊之物根本无法用来指导生存(包括个人修身与公共政治,归根结底是如何去恶趋善),因为“性朴”从总体上回避了对“善”“恶”倾向究竟谁主谁从、具体有哪些表现、有着怎样的此消彼长机制的考究。不对这些议题进行精确的界定,则“性朴”就只是空洞的摆设,无法具体解释并指导人类生存;而一旦对诸如此类的议题做出了精确的规定,则“性”就再也“朴”不起来了。作为“荀子性朴论”代言人,周炽成教授一方面指出,“从其本义来说,‘朴’是指未加工的木材,意味着一种最初的、本然的、未受人为影响的状态”,换言之即“简朴”“素色、原初、可塑等”。这也正是以上所谓的“未做精确界定”意义上的“朴”,这种“朴”严格来讲是超绝言象的。另一方面,周教授又强调“性朴”之“朴”应理解为“玉璞”,“含玉的石头和不含玉的石头当然非常不同”,“正如玉石含玉质一样,天生人性已有不少潜质,包括善的潜质”。周教授还说,“这些潜质当然不是完备的、完成的、最后的状态”,因而常常不为人知。对此,我想指出的是,生存者若对这些潜质不知情,则一定无法自觉之,亦无法正确地利用或对付相关潜质;而一旦明明白白地揭示了(知道了)这些潜质,则“性”就不再是“不为人知”意义上的“朴”,其中的“善的潜质”自然就会被委以“性善论”意义上的“善性”重任,其中的“恶的潜质”则会成为“性恶论”意义上的“伪”的对象——“性朴论”如此分化之际,正是“简朴”“素色、原初、可塑”意义上的“朴论”瓦解之时![1]“性朴论”如果真是《荀子》的思想起

---

① 周炽成关于“性朴”之“朴”的论述,可参考氏撰《儒家性朴论思想史发微:从先秦到西汉》,《文史哲》2017年,第6期。此外,路德斌提出了一种“人生而静,性本身无善无恶”与“感于物而动,性向必然趋恶”的“体—用”逻辑,试图将“性朴”与“性恶”作为“同一逻辑链条上前后紧密相扣的两环”统合起来。对此,我想说,严格来讲,这既不是一种“体—用”论,实际上,也并不合“逻辑”,因为“无善无恶”之“体”即便会在“用”的层面有“恶”的表现,但无论如何不会“自然而必然地(逻辑地)趋向于恶”。路氏意在以一种“体—用”论连接 (转下页)

点与推论基础，那么，荀子若要从中推论指导个人及社会的生存方案，他就必须尽快给出一幅精确的“善质、恶质具体如何在性中混居”的图景(而非停留在笼统的“朴论”之中)。[1]然而，《荀子》中毕竟缺乏这样一幅清晰的“性”论图景，由此，我们不得不说，“性”论并非荀子的思想动力与推论基础——“性恶”也好，“性朴”也罢，它们其实不过是荀子在处理自己更关心的基要议题时，有意无意涉及到的副论题。[2]

荀子所真正关注的乃是巩固“君师”的“施教者”地位，并相应地，维护“士君子”的“受教—为学”意识。与《孟子》以及后来的宋明心学日益排他地强调“自觉”相比，《荀子》意义上的“学”，一定是“治教—受教”意识下的“外向之学”。换言之，在《荀子》这里，“教”是“学”的前提，“学”是对所“教”的吸纳。郭沫若早就指出，荀子《性恶》篇对于“人之性恶”的论证并不充分。[3]《性恶》篇实际上是针对“性善”论有损于“治教—受教”意识而发，为此，它直接针对“孟子道性善”先入为主地确立了

(接上页注①)“性朴”与“性恶”，但就其在逻辑上的失误而言，却恰恰在一定程度上反证了本篇所谓的“一旦要将‘性朴’落实为精确的‘善恶混’图景，则‘性朴论’就趋于瓦解了”的观点。路氏论述参见氏撰《性朴与性恶：荀子言“性”之维度与理路——由“性朴”与“性恶”争论的反思说起》，《孔子研究》2014年，第1期。实际上，如何在言说中保持住“朴”字的朴性，这是一个极其艰难的悖论。道家哲学由《老子》的尚“无为”“无用”，进到《庄子》所不得不采取的“休乎天钧”“处于才不才之间”，正由这种悖论在背后驱动。“荀子性朴论”的提倡者们，几乎丝毫未能觉察到自己的论述中也潜藏着这类悖论。

① 作为对比，德国哲学家康德在其晚年名著《纯然理性界限内的宗教》(见李秋零主编，《康德著作全集》[第六卷]，李秋零译)一书中，花了整整一章(而且是首章)的篇幅探讨“善与恶在人性中的共居”问题。康德的分析与论证是否成功，我们暂且不论；重要的是，这种“作为专题(而且是作为全书第一个专题)专门加以处理”的姿态，足以说明人性论问题确实是康德这本论著的思想起点。

② 郭沫若提出过一个解释，认为荀子“急于想成立一家之言”，“便有意地和孟子的性善说对立”，见《荀子的批判》，氏著《十批判书》，第207页。接下来，本篇马上就要指出，荀子立言的真正基础或起点，乃是他的“君师治教”意识。

③ 郭沫若，《荀子的批判》，见氏著《十批判书》，第202—207页。

“人之性恶”的观点，然后再援引“偏险悖乱”之类的经验现象加以渲染，以俾使“治教—受教”意识在“性恶”观点的拱卫下，进一步入读者的脑与心。不过，就其论证效力而言，“偏险悖乱”作为一种经验观察，最多堪与孟子提出的“四端之心”观察势均力敌，而不足以驳倒孟子基于“四端之心”现象所提倡的“性善”论(除非强调两者同等无效，而同归于尽)。实际上，孟子诚然感受到了人身上的负面倾向与社会生活中的负面经验对其性善论构成了一定的威胁，故而提出了“命”“性”之辨，引导读者将注意力和信心放在“性善—四端之心”上。与此相应，“推扩四端之心”遂成为孟子“性善论”所引申出来的具体功夫论。相形之下，荀子(或《性恶》篇作者)似乎不甚了解孟子即“四端之心”言“性善”的具体方案，否则，似不宜简单指责孟子性善论“无辨合符验”——“四端之心”的体验及相关功夫实践，正是孟子性善论的“符验”！按之文本，《荀子·性恶》实际上是脱离了《孟子》的语境，而抽象地认为：“人之性善”命题，势必诱导读者荒废后天之“学(受教)”与“修”。《性恶》篇曰：“今诚以人之性固正理平治邪，则有恶用圣王，恶用礼义哉？虽有圣王礼义，将曷加于正理平治也哉？今不然，人之性恶。故古者圣人以人之性恶，以为偏险而不正，悖乱而不治，故为之立君上之埶以临之，明礼义以化之，起法正以治之，重刑罚以禁之，使天下皆出于治，合于善也。是圣王之治而礼义之化也。”由此可见，“人之性恶”命题在《性恶》篇的提出，归根结底是为要捍卫后天“教—学”的必要性。“恶性”作为必须借由“教—学”加以驯化的对象，在《性恶》篇中昭示着“圣王”“礼义”“君”“治”“化”的必要性——捍卫这种必要性，正是《荀子》思想的基本动力之所在。

“荀子是性朴论者”这一观点最重要的文本证据来自《礼论》，而《礼论》同样极其强调“君师”的“治教”作用。君师凭借“礼义”施行治教，而“礼义”，按照《礼论》开篇的说法，正是“圣人恶其乱”而制定的“度量分界”。《性恶》开篇同样秉持这种观点。为了进一步强调“礼义”的权威性，《礼论》中间部分甚至表示：“凡礼……是百王之所同，古今之所一也，未有知其所由来者也。”学界曾经在“历史观”问题上，为荀子究竟是主张“法先王”还是“法后王”而争论不休。这段文字则告诉我们，在荀子那里，“先王”与“后王”乃是“一也”。如果说《论语·八佾》中的孔子感叹“周鉴于二代，郁郁乎文哉，吾从周”，这其中还蕴含着一种基于理性比较的“历史进步论”意识的话，那么，《荀子·礼论》则坚决杜绝这种比较。为什么呢？这是因为，当比较者在“先王礼义”与“后王礼义”之间品头论足分辨高下时，他实际上已经将自己放在了高于“传统（诸王）”的评判者地位上，这种品评者已然丧失了“谦虚受教”的学生姿态。鉴于此，须略加澄清的是，《荀子》所谓的“后王”，盖并非是指当下在位的最高统治者（时王），而是指已经取得了既定之权威的本朝立法者。荀子所谓的“后王之礼”，对他本人而言，实即公认的周制或周礼，而非当时在位的周王所颁布的每一道具体政令。“百王之所同，古今之所一也”旨在强调，目前所公认的制度与古圣先王之礼义一体无隔，从学于当代之制就等于从学于先王之礼。按此逻辑，任何试图通过考据古礼、推崇古礼而贬低今礼（对荀子来说即周制）的学者，均可谓是不知天高地厚而企图僭居“制礼者”地位的食古不化者。换言之，食古而化的学者（假如有），一定会认识到“今王之礼”与“先王之礼”一体无隔——那为当代立法的“今王”，就是首屈一指的这种食古而化的学者。顺此，不难做出如下推论：在存在着既定的“今王之礼”的前提下，“有方之学”完全没有必要下大气力去探究古礼，而只需谦虚地通过今王之礼体会一以贯之的圣王精神（礼义）。如此，作为“今王之礼”的掌管者，现实中的“君师”的“治教”者地位，就明晰地突显了起来。

与此相应，《荀子·礼论》虽然声称“礼有三本：天地者，生之本也；先祖者，类之本也；君师者，治之本也”，但考虑到学者只能通过“君师”所掌管、所传授、所推行的“礼”(当代礼制与时王推行这种礼制的政令)来打理自己与“天地”“先祖”的关系，“三本”归根结底其实只有“君师”这一本。这样，《礼论》也就与《性恶》所谓的“为之立君上之埶以临之，明礼义以化之，起法正以治之，重刑罚以禁之”完全相合了。了解了荀子推崇以“君师”为中心的“治教—受教”意识之后，我们便可下结论说，《荀子》各篇中的“性恶”或“性朴”之说，无非是对“君师治教”之必要性的一种辅助性解说。那么，这种解说的质量如何呢？《性恶》篇认为，任何够格的论说，都必须“有辨合，有符验”(合乎逻辑，且有现象或体验基础)，“坐而言之，起而可设，张而可施行”(拿得出切实可行的系统性方案)。由此观之，孟子的性善论虽然也有一定的现象或体验基础，但孟子对于“五亩之宅，树之以桑”等制度的推崇看起来却与“性善”并没有太大关系，遑论由“性善”推出可“设”可“行”的系统性政治方案了。《荀子·非十二子》谓子思、孟子“略法先王而不知其统”，盖意味着“五亩之宅，树之以桑”等政策主张本就是在承袭先王之礼义，但子思、孟子却不知道自觉地“尊先王”而“隆君师”，反倒要以所谓的“性善”说消解自己以及读者的“尊崇权威—谦虚受教”意识，这实在是南辕北辙地破坏了自己继承传统的定力！后来的董仲舒在其《春秋繁露·实性》开篇，亦如出一辙地批评性善论者，曰：“今谓性已善，不几于无教而如其自然，又不顺于为政之道矣。”

总之，“君师治教—谦虚受教”意识是荀子政治哲学的灵魂。作为君师施教的“教材”，“礼义”必须具有权威性，而正是这种权威性，以及对于这种权威性的垄断，赋予了君师以施教的资格和地位。为了进一步回护这种权威主义叙事，《荀子》进而自觉贬抑“性善”论，并针锋相对地提出“性恶”或“性朴”说以为制衡。由此以观，“性”论只是荀子政治观（以“君师治教—谦虚受教”为核心）的衍生物；更重要的是，作为一种回护性的补充说明，它甚至根本不足以解说“治教—受教”的可能性与可行性。那么，撇开《荀子》“性”论的短板，上述权威主义政治模式本身的韧性或可持续性又如何呢？实际上，这种以施教者（“君师”）和教材（“礼义”）为中心的权威主义政治，在具体操作中会遇到一个非常棘手的“主体间”难题。

不难指出，后王在变化了（变化着）的处境中继承并推行先王之礼义，不可避免要颁布新的政令，这些政令中的荦荦大者一旦经过了时间的检验，就会成为当代礼义（后王之礼义）的重要组成部分（乃至成为基本框架）。不过，这只是一种可能性，而非必然性。既然有如此这般的不确定性，下述问题就会变得非常棘手：在尚不确定新政令究竟否会上升为当代礼义（“后王之礼”）之际，学者（“士君子”）究竟该如何面对时王颁布的新政令？从“尊崇权威—谦虚受教”的角度看，学者（“士君子”）应当无条件地服从时王（“君师”）颁布的政令，并通过这种服从进一步学习并理解“礼义”，但若考虑到“后王之礼粲然可观”（已经确立起威信的本朝先王之礼，已然是公开、公认的文化资源），而时王首先也是这种“粲然可观的后王之礼”的学生，我们便不得不承认，当代学者与时王之间，实际上还有着一层“同学”关系。从积极的角度看，正是在这种相互督促的“同学”关系中，《荀子》所设想为完美的“先王礼义”才能在代际之间被忠实地传承。而从消极的角度看，这种“同学”关系也会对时王的权威构成某种制衡乃至消解，以至鼓励当代学者勇于质疑“时王政令”与“先王之礼—后王之礼”的内在一致性，甚而激励学者将“先王之礼义”设想为“先王与先贤（先王之‘同学’）之礼义”，进而大胆步入“非权威”与“无中心”的“道术为天下裂”局面，从而现实地消解掉社会整体的政治凝聚力与执行力。这种棘手的“两面性”意味着，荀学权威主义尚未处理好“政治主体间如何协调”的难题。考虑到荀学对传统中国政治的巨大影响力(“两千年之政，秦政也”)，如果说现当代中国政治的理论与实践探索还肩负着“刷新传统”的文化使命的话，那么，这种未解的难题盖正是进行“创造性转化与创新性发展”的契机与空间之所在。

(三)孟学尤其是心学的自作主宰精神及其政治效应

按照本篇上一节的分析，“性恶”或“性朴”只是荀学提倡“君师治教”的辅助性命题。换言之，性恶论或性朴论只是“君师治教—谦虚受教”意识的反向推演，《荀子》提出这类命题只是为了强调“君师凭既定的权威礼义施行治教”的必要性，并进一步强化被治理者的“受教—学习”意识。在这个意义上，我们认为，“人之性恶”或“本始材朴”在《荀子》中只是一种回护性的解说，而非荀子推论其政治观念的思维起点。相形之下，在孟学尤其是宋明心学当中，“人之性善”则不折不扣地充当着学说的基础与逻辑起点。何以会如此呢?究竟在什么意义上，“人之性善”对于孟学尤其是心学来说，是不可或缺的?由此，又将引申出怎样的政治哲学观念?这正是本节所要探讨的课题。

我们先从百家争鸣时代的“护教”问题切入。众所周知，孔子和孔门对周代传统德目推崇备至。孔子曰“周鉴于二代，郁郁乎文哉，吾从周”(《论语·八佾》)，并以“梦见周公”为美(《论语·述而》)。可想而知，源远流长的周代“敬德修德”传统，已经在人们心中积淀出了尊崇传统德目的“文化—心理结构”。在尊崇传统德目的意义上，孔子和孔门子弟都是周代创制立法者(以周公为代表)的学生，周代经典文献及其所表达的德目则是他们受教的教材及学习的内容。就此而言，原始孔门明显具有后来的荀子所特别强调的“尊崇权威—谦虚受教”意识。但是，无论在社会上，还是在知识阶层内部，这种传统德目却也会遭遇不同程度的反对（在现象上，权威与反权威总是并生）。我们知道，《史记·老子韩非列传》中有“孔子问礼于老子”的记载（学界因而一般认为老子在孔子之前，尽管也有学者怀疑此“老子”并非那位“《老子》的作者”），而在《老子》一书中，“仁”“义”“礼”“智”等孔门从周文周德所重点继承的德目，却恰恰被列为批判的对象。《老子》之外复有“百家争鸣”，孔门或儒家所推崇的传统德目，遭到了诸如杨、墨的公然攻击。那么，孔门如何才能站在制高点上，为自己所尊崇的传统德目辩护呢？颇有学者认为，本体论或体用论意义上的儒家“性善论”，正是因应此“护教”问题而生。

例如，余纪元教授曾在其代表作《德性之镜：孔子与亚里士多德的伦理学》中，这样评论“性善论”在孟子那里的兴起：“孟子在捍卫孔子之‘道’时清晰地提出了这一理论。孟子发展其‘性善论’理论的主要动力，在于应对各种对立哲学流派对孔子‘道’论的严重挑战。”“这些缺陷由孟子填上。他的策略似乎是这样的：墨子和杨朱提出的严重挑战在于他们声称天道在他们那边，而孔子之‘道’是违反人的本性的。如果孟子能证明人的真正本性是一些不同于追逐、保存利益之物，那么墨子和杨朱的立场就都失去了根基。如果孟子能进一步证明我们人类的真正本性是最终导向孔子之德性的事物，那么他就成功地论证了孔子的观点才与天道相符。据此，孟子为了击败墨子和杨朱，由此论述真正的人性，并表明孔子的价值是人性固有的，而发展了另一套‘性’论。”[1]也就是说，将儒家伦常“塞进”善性本体，进而再以善性本体之名义捍卫相关伦常，似乎就是儒家性善论的基本使命。但

---

① 余纪元，《德性之镜：孔子与亚里士多德的伦理学》，林航译，北京：中国人民大学出版社，2009年，第101、103页。

是，在这种“护教”思路中，性善论的地位根本高不到哪里去，而大致只能与性恶或性朴论在荀学中的地位相类似，即只不过是次生的辅助性说辞。维护既定的价值观念或说教（论者所推崇的特定德目），才是这种护教论辩的核心关切。可见，本体论或体用论意义上的性善论，骨子里所秉持的还是荀学式的崇尚权威意识——它旨在以既定的（在某种范围与程度上是公认的）“说教（德目）”为准绳规定“本体”之内涵，继而再奉满载着说教内容的“本体”之名义推行这些既定“说教”，而非切实地鼓励生存者直接从自己生而固有之“性”出发（直接“率性”）。考虑到“性恶”或“性朴”预设也是用来维护说教（礼义）和教师（君师，基本功能在于传承既定说教或传统礼义）的必要性与权威性的，而上述本体论或体用论意义上的“性善论”亦不过是一种“护教”修辞，我们便不得不承认，本体论或体用论意义上的“性善论”，看似与“性恶论”或“性朴论”不共戴天，但就“维护施教权威—甘当特定说教的学生”这一共同意向而言，它们却是实质上的同盟。这意味着，“护教”视野下的“本体论”或“体用论”思维，无法通达儒家“性善论”的特质！那么，我们究竟该如何看待儒家性善论的缘起呢？

按照本书前两篇的研究，我们说，乃是“知识—理解”或“真知”问题，促成了儒家性善论的兴起。实际上，即便存在既定的权威说教——假设其存在于现成的权威典籍（如六经）与有威信的教师（如孔子）那里——对于学生来说，也还是存在如何正确理解这些说教（如何正确理解典籍文本与教师言论）的问题。《论语·先进》记载，孔子曾以“过”“不及”以及“过犹不及”来评价他的两位学生（师与商）。这透露出，尽管面对相同的教师与教材，这两位学生的“认知—理解”却还是不尽相同（乃至差别较大）；而在教师孔子看来，这两位学生的“认知—理解”均不够恰当。《礼记·中庸》进一步深化了这个问题，在其选编的前几则孔子语录中，“过”与“不及”成了“道不行”“中庸不可能”的代名词，“非过即不及”被展现为人人都在犯的普遍问题。其中一则孔子语录曰：“道之不行也，我知之矣：知者过之，愚者不及也。道之不明也，我知之矣：贤者过之，不肖者不及也。人莫不饮食也，鲜能知味也。”“道”之所以“不行”“不明”，全是因为人往往非“过”即“不及”。语录的结语“鲜能知味也”，则画龙点睛地将“智者”“愚者”“贤者”“不肖者”概莫能外的“非过即不及”问题，径直归结为当事人在“知”上出了偏差。《中庸》接下来选编的孔子语录，继续将“知识—理解”问题，呈现为人类生存问题的症结所在：“人皆曰予知，驱而纳诸罟擭陷阱之中，而莫之知辟也。人皆曰予知，择乎中庸，而不能期月守也。”在特定的“德目”传统与“教—学”关系中，就主观动机而言，许多人都会热心拥护既定的主流德目，并本着自己的“认识—理解”践行这些主流德目；同时也会有一些人不认同主流德目，而坚持践守自己的原则，这些“自己的原则”对当事人来说也是一种“知识—理解”；还有一些人会介于热心拥护和坚决反对之间，时而努力以主流德目约束自己，时而出于种种原因不去遵守传统德目，在这两种情况下，这些人毫无疑问也都是在践行自己的某种“知识—理解”。《中庸》所选编的这则孔子语录的深刻之处在于，它们洞察到了人人都是在自己的“知识—理解”中进行生存活动这一基本事实，并且发现每个生存者对于自己的“知识—理解”实际上都非常自信（“人皆曰予知”）！但这些自信的“知识—理解”是否正确或恰当呢？语录所谓“驱而纳诸罟镬陷阱之中，而**莫之知**避也”，明显是在指控当事人的“知识—理解”出了问题。“择乎中庸，而不能期月守也”看似“知而不行”，也即“意志力薄弱”而非“智识偏差”问题，但若进一步追究“能择不能守”的原因，则不得不说，正是因为当事人“择”得不够真切，也即并未百分之百地认同所择的“中庸”（或“真正的中庸”），其生存意识中还有其他

“知识—理解”成分在分散他对“真正的中庸”的把握与认同。这种“予知”，因而并非纯粹或真理意义上的“真知”。如此分析下来，通常所谓的“知而不行—意志薄弱”问题便失去了独立性，而成为“知识—理解”或“真知”问题的一种表现形式。套用后来明代心学家王阳明的话说，那就是“知而不行，只是未知”——所谓“知而不行—意志薄弱”问题，归根结底仍是“知识—理解”问题。

那么，如何解决《中庸》所揭示出来的普遍的“知识—理解”或“真知”问题呢？传统德目或说教似乎已然现成地存在于那里——权威的经典(作为教材)、理想的教师(如孔子)就在身边。然而，正是那位删定诗书且备受门生尊崇的教师孔子，指摘他的学生普遍陷入了非“过”即“不及”的“知识—理解”偏差问题。由此可见，现成的经典(教材)+教师(如孔子)的传授，并不直接等于学生自己的理解；即便孔子这样的教师，亦无法将自己所持有的理解，直接灌输给学生。这样一来，上述“知识—理解”或“真知”问题，还有解决的可能吗？特别地，在师(包括教材)生双方的努力之外，作为“知识—理解”或“真知”问题的一种可能出路，孔门可以诉诸“神道”或宗教力量(如占卜)，来解决人的“知识—理解”问题吗？我们知道，自商周之变以来，“人事人为”意识开始自觉上升为中国文化大传统之共识；作为这种精神的自觉继承者，孔子亦有意识地推动孔门，进一步清除或转化“直接诉诸鬼神以解决有待人为之问题”的冲动。[1]在“知识—理解”这种看似典型的有待人为的问题上，回头再走“神道”之路，在孔门之

① 在本书第一篇中，我们已经指出：《尚书·周书·召诰》曾以“疾敬德”“德之”重新定义宗教性的“祈天永命”。仿此，《论语·述而》中的孔子，亦不动声色地将自己长期以来兢兢业业的人事人为努力称为“丘之祷久矣”，以此委婉地批评“子路请祷”。

中会被视为“糊涂地开历史倒车”。如此一来，明晃晃的宗教认识论这条路就被否决了。“知识—理解”或“真知”问题的出路，于是就只剩下了一个选项了：除非学生本人天生具有进行恰当理解的能力，否则，《中庸》所揭示的“知识—理解”或“真知”问题将从根本上成为一个死结。

于是乎，为了应对教师和教材所无法直接去解决的普遍的“知识—理解”或“真知”问题，在商周之变以来的“人事人为”传统中，“人天生具有进行恰当理解的能力”就成为了别无选择的基本预设。《中庸》开篇的“天命之谓性，率性之谓道”，所高扬的正是这个意义上的“性善论”——“天命之性”指的正是“人生而固有的绝对可靠的理解能力”。我们知道，《中庸》首章并未使用“善”字来形容“天命之性”。之所以将其定性为“性善论”，是因为，在普遍的“知识—理解”或“真知”问题语境下，“善”就是“能够进行恰当的理解”（“善的行为”则是“恰当理解”的自然表现，因为真知必然实行）。再次强调，这是被普遍的“知识—理解”或“真知”问题逼出来的普遍的“性善”意识，除此之外，孔门别无其他可欲的选项。至于《论语》《大学》以及后来的《荀子》所推崇的“教”字，它在《中庸》开篇的“性→道→教”秩序中则位居最后。在这种“性→道→教”秩序中，“教”实际上已经沦为被界定者，其内涵要由“率性之道”来赋予；相形之下，在荀学的“君师治教—谦虚受教”意识中，“道”的内涵则由“教”来规定，“性”（被判定为“恶”或“朴”）则需要通过“教”加以“伪”。孟子继承了《中庸》在“能力”意义上言“性善”的思路。尽管如余纪元等所观察指出的那样，孟子具有强烈的“护教”意识，即在百家争鸣的情势下力求为儒家所传承的“仁”“义”“礼”“智”等传统德目进行辩护，孟子即“四端之心”言“性善”的做法亦表明其所理解的“善”深受“君师治教”

之既有“说教”规定[①]，但对于“性善—率性”必须在“能力”或“功能”意义上占据生存出发点地位这一点，孟子还是相当清楚并时常自觉加以维护的。一个最典型的例子，就是《孟子・公孙丑上》所讲的“揠苗助长”寓言。在这则寓言中，苗的自然生长能力被用来比喻生而固有之善性的自动发作能力，寓言中揠苗助长者的愚蠢之举则旨在讽刺人对自己固有善性的自动发作能力缺乏体会与尊重。在“(受)教”或“效(仿)”意义上的“学”意识下，这种人匆忙将自己认识理解得并不到位的传统德目之知用于自修(当然无法修出恰当的行为与品格)，而严重干扰了自己对内在固有之善性之即时指引的体察。按照《中庸》和《孟子》，天生固有的善性犹如活生生的内在向导，能在任何生活处境中随时地向当事人发布应然指引，相应地，及时体察到这种内在向导的处境化指引，便成为恰如其分地进行个人修养并正确地建功立业的关键。不注意体察内在固有向导(天命之性)的即时指引，一味追求以外在学说裁剪或武装自己的头脑，反而会使自己的“知识—理解”系统越来越不切己，而直有一种“沦为了外来思想的跑马场”的感觉——这正是思想之苗趋于枯槁的表征。

举例来说，后来者朱熹虽名义上坚决站在儒家性善论这边，但其所阐发并推崇的“格物致知”思想，尤其是在应用于“读书讲明义理”这件事情上时，却显示出了外向“受教”与“仿效”的底色——书本与讲学作为外在于学者(格物致知者)的物或事，在很大程度上被视为了正确的“知识—理解”的来源。但具体究竟该如何“读书”，又如何“讲明义理”呢？这里面大有文章可做：当

---

① 正是因为儒家传统说教或当时儒家主流说教强调“仁”“义”“礼”“智”，所以孟子才会专门拈出与之相应的“四端之心”。设若“信”在当时同样显赫，孟子极可能会言“五端之心”；后来的《礼记正义》之《中庸》首句注疏便蕴含着“刚柔五常之性”的概念，“五常”即“仁义礼智信”。

事人的主观学习姿态若不恰当，“读书讲明义理”亦将成为不可能之事——朱门为了更有效地“读书讲明义理”，遂不得不首先(并反复)讲究“读书方法”。[①]但是，这里存在一个根本性问题，它在很大程度上为朱子和朱门所轻忽了，那就是，对于“真知”的获取来说，谋求者的主观或内在的学习姿态，与外在的书本和师友、外在的读书方法论，以及外在的讲论组织形式，何者才是“起点”性的？朱学对此一问题缺乏直截了当的交代，在试图脚踏两只船的同时，终因鲜明的“格外物”取向，而表现出了“以外校正内—以外填充内”的格局。然而，问题在于，“知识—理解”或“真知”归根结底只能是当事人亲自去“认知—理解”，这是一种内在意识——既然如此，在主观的或内在的学习姿态(“认知—理解”姿态)尚未调至恰当状态的情况下，外向的读书讲论者怎么可能正确地理解“读书方法论”与“讲论组织原则”，遑论在此基础上正确地理解讲论内容与所读之书呢！所以说，由于对当事人的内在主体性采取了不信任的态度，深具“以外校正内—以外填充内”特征的朱派“格物致知—读书讲明义理”方法论，从根本上是在压抑认知主体(理解主体)的主体性，使严肃的服膺者始终不敢相信自己目前的体会就是真知。如此一来，最严肃的朱派学者，注定只能在“想知道如何正确地格物致知(包括读书讲明义理)”却又“始终不清楚如何才能正确地格物致知(包括读书讲明义理)”的方法论泥潭中徒劳地挣扎，而始终无法正式踏上“认知—理解”的正途。早年王阳明正是这种最严肃的朱派学者。王阳明在服膺或试图服膺朱派读书学习方法的阶段，始终无法摆脱“物理吾心终判而为二也”的心理困境，乃至“格竹致疾”“沉郁

---

① 钱穆的《朱子学提纲》(北京：生活·读书·新知三联书店，2005年，第2版)有专章介绍“朱子论读书”(第155—163页)，认为“朱子主博文，主格物穷理，主多方以求，自然要教人读书”(第155页)。

既久，旧疾复作，益委圣贤有分”——其原因正如上所述。[①]由于深受朱派“外向之学”意识（本质上是一种“治教—受教”意识）所带来的“不自信”感困扰，早年王阳明始终不敢理直气壮地运用自身固有的“认知—理解”能力。站在《孟子》“揠苗助长”寓言的角度看，王阳明早年的“格竹致疾”以及后来的“沉郁既久，旧疾复发”，都可谓是“自己生而固有的真知起点遭放逐（放失其良知），‘知识—理解’之苗在深度的自我怀疑中趋于枯槁”的表现。

直到龙场一悟，王阳明才彻底走出了因“自我怀疑”而无法真切地“认知—理解”的泥潭，并坚定地走上了“圣人之道，吾性自足，向之求理于事物者误也”[②]的“性善—率性”之路。按照前面的分析，孟子即“四端之心”言“性善”的做法，会给人造成一种“以传统说教规定善性本体”，也即主张“仁义礼智之性”概念的印象[③]；相形之下，王阳明则在思想转折之后提出了著名的“王门四句教”，其中首句便是“无善无恶是心之体”。[④]一些学者常常以为王阳明这是受了佛道影响而在推崇“空无”境界，认

① ［明］王守仁撰，吴光、钱明、董平、姚延福编校：《王阳明全集》，卷三，语录三，《传习录下》，以及卷三十三，《年谱一》，上海：上海古籍出版社，2011年，第136、1348—1350页。相关探讨，还可参考拙文《〈大学章句〉中的“出发点丧失”问题》，《周易研究》2011年，第5期。

② ［明］王守仁撰，吴光、钱明、董平、姚延福编校：《王阳明全集》，卷三十三，《年谱一》，第1351—1355页。

③ “仁义礼智之性”这个提法明确地出现在朱熹《四书章句集注·大学章句序》中，明显是朱熹受了孟子“即‘四端之心’言‘性善’”影响的结果。与此相仿，《礼记正义》之《中庸》注疏则蕴含着“刚柔五常之性”或“刚柔仁义礼智信之性”的概念。这些概念从根本上具有架空“性善—率性”意识的功效，本质上是权威说教（或传统价值观念）对性善论发挥渗透性影响的结果。

④ 王门四句教存在不同版本，根据学界通例以及尤其是陈来、杨海文的考证，《传习录下》以及《年谱三》的记载与表述较为可靠。参考陈来，《有无之境：王阳明哲学的精神》，北京：生活·读书·新知三联书店，2009年，第224页；杨海文，《阳明“四句教”出处辑考》，《深圳大学学报（人文社会科学版）》2014年，第2期。

为“无善无恶是心之体”句旨在“从超越层面界定性本体”。[①]然而，“空无”意义上的“超越层面”终归还是一种特定的生存“境界”（作为一种具体可辨识的“佛道”境界，有别于儒家的“伦常”境界），这种意义上的“从超越层面界定性本体”因而仍然是在尊崇特定的“说教”（佛道义理）——只不过，不是儒家“君师”所推行的“说教”罢了。在基本思维方式上，这仍然未摆脱“治教—受教”意识的牢笼，而与王阳明龙场之悟的“吾性自足”精神背道而驰。本篇因此不赞成“‘无善无恶是心之体’旨在‘从超越层面界定性本体’”这种流俗见解。

顺着“圣人之道，吾性自足”的思路看去，“四句教”首句之“无善无恶是心之体”，毋宁说恰恰意在消解“对性本体进行内容界定”的理论冲动。逻辑上，任何关于性本体的内容界定，都要诉诸特定的价值观念与说教，从而必然使“性论”沦为某种“君师治教”[②]的次生品。而一旦通过“无善无恶是心之体”这样的警句，消解了上述“对性本体进行内容界定”的理论冲动，当事人便有望持之以恒地直接通过“知善知恶”之“良知”，随时随地在具体处境中辨别心中的“善意”与“恶意”，并将这种随时随地的辨别即时落实为“为善去恶”的行动。这大概才是“王门四句教”的真正旨趣所在。这是一种从“治教—受教”意识中彻底摆脱了出来的“性善—率性”意识。再次强调，在这种纯粹的“性善—率性”意识中，所谓“性善”或“善性”再也不是特定价值观念或

---

① 杨海文在《阳明“四句教”出处辑考》一文最后一节指出，站在“尊孔孟、辟佛老”的立场上，既可以指责阳明四句教为异端，也可以对其正统地位进行辩护。就此而言，正统或异端的标签对于理解阳明四句教意义不大，杨海文因而认为相关研究宜超越正统、异端之争，转而挖掘四句教“抽象作者”的精神旨趣。参见氏撰《阳明“四句教”出处辑考》，《深圳大学学报（人文社会科学版）》2014年，第2期。

② 一种本体论界定，如果不是直接依附特定的权威观念或学派成说的话，那么，界定者在提出独树一帜的界定时，一定是把他自己放置在了“君师”地位上——当然了，低调起见，他未必会明言这种心曲。

说教的规定对象，而乃是生存者在信念中所抽象地认定的“内在向导的绝对可靠性”；当事人在具体处境中源源不断的“率性”体验与行动，则是这种“绝对可靠的内在向导”的“善性(绝对可靠性)”的唯一彰显方式。这样，通过剔除孟学中的“仁义礼智之性”概念，彻底跳出“用说教界定善性本体”的思维定势，王阳明的心学便将孟学(“性善—率性”)有别于荀学(“治教—受教”)的特质彻底地贯彻下来。

然而，从现实的政治效应角度看，这里却留下了一个重大问题，即：取消了“君师治教”的优先地位之后，儒学或孟学尤其是心学将如何安排社会秩序？孟学尤其是心学强调“体察生而固有且绝对可靠的内在向导的即时指引(率性)”，故而具有极为突出的“自作主宰”气质。虚心接受外在的权威观念或既定说教之规范，这在一定程度上固然有助于维系社会秩序(在不深究“真知”问题的情况下)，但却需要放弃“自作主宰”的“率性”原则，孟学尤其是心学在社会政治层面无法采取这种权威主义的组织路线。这也是孟学尤其是心学与荀学在政治观上的分水岭所在。但是，孟学尤其是心学如何保证“自作主宰”的个体能够组成和谐有序的社会，而非一味挑战现行秩序且相互冲突乱战呢？在历史上，由于有意识地拒绝接受传统价值观念或权威说教的约束，阳明后学在思想与行动上表现出了极大的开放性乃至叛逆性。例如，深受阳明学支流“泰州学派”之影响的李贽，号“卓吾”(意即“吾人乃卓越之存在”)，直接以“异端”自居，甚至抛出了“咸以孔子之是非为是非，故未尝有是非耳”(《藏书》)的震撼之论。这种“离经叛道”的“卓吾(自作主宰)”意识一旦作为思潮流布开来，基于既定的传统价值观念与权威说教的“君师治教”，势必丧失其执政与治理的心理基础。在这种情况下，社会秩序究竟从何谈起？难道说，任凭每个社会成员在自己眼界所及的处境中“率性”，该社会必然会进入“预定和谐”，而非陷入“无政府主义”的混乱状态？按说，“真正的率性”似乎完全应该具有“预定和谐”的潜质，“真正的率性者”在共同面对的事务上似乎不可能见解相左。然而，问题在于，何为真正的率性？在儒学史上，即便在心学流行的时代，人们也总是在担心会有社会成员假借“率性”之名义，行“纵欲”之实质。事实上，此方自谓“率性”而彼方谓之“纵欲”的相互冲突现象，始终与孟学尤其是心学相伴。而在一个社会中，不同范围的成员们总要共同面对并决断一些公共事务。如何认定“真正的率性”？率性者之间如何通过“真正的率性”达成应然共识（而非消极的冲突）？因而就成为了孟学尤其是心学语境下最基本的政治哲学问题。本篇第（五）节，将借助当代中国政治思想资源，来回应这一难题。

总之，在生存意识层面，心学将孟学的“性善—率性”原则，作了单纯化[①]与彻底化的强调，由此极大地鼓舞了生存者的“自作主宰”意识。我们反复指出，孟学尤其是心学的这种“性善—率性”意识，与荀学所推崇的“治教—受教”意识，是两种截然相反的生存态度。对个体而言，将自作主宰的“性善—率性”意识设定为“知识—理解”或“真知”的起点，可以避免荀学式“尊崇权威—谦虚受教”意识所造成的“自信心不足”问题，鼓舞个体生存者大胆服膺自己的真切体认，勇于保持活泼果决的善恶判断力。但在社会层面，这种孟学尤其是心学思维的短板亦非常明显：在单纯、彻底的“性善—即时率性”原则下，“自作主宰”的个体们如何达成有序共存的和谐社会，这似乎永远都是一个无法解决的难题。而在本篇上节中，我们亦曾指出，荀学在权威主义原则下，同样也未能处理好“政治主体间如何协调”的问题。既然孟学（以“性善—率性”意识为核心）与荀学（以“治教—受教”

① 所谓“单纯化”，是指将孟学中原有的“君师治教”意识降到了最低，以致彻底清除出去。

意识为核心）单方面皆无法处理好这个基本的政治哲学问题，那么，以某种方式将传统儒学中的这两大生存意识有机地统合起来，会否得出应对这一政治哲学基本问题的有效方案？

（四）孟、荀基因同时进驻当代中国政治

近年来，一个历史事实日渐为汉语学界所关注，那就是，启蒙时代的欧洲思想界曾掀起过一股强劲的“中国文化热”。这股短暂的“东学西渐”风潮一度深深鼓舞乃至启发了当时欧洲的思想家们，最终以“跨文化承传”的方式深刻地融入了现代西方文明。[①]作为一种事后评论，我们不难这样断言：最能鼓舞西方启蒙运动思想家，并与现代西方启蒙精神相合流的传统中国儒学元素，本质上不会是荀学所推崇的“治教—受教”意识，而只能是孟学尤其是心学的“自作主宰”精神。从历史和逻辑两方面看，情况都是如此。从历史角度看，欧洲启蒙时代正值宋明儒学尤其是心学在中国成为主流的时代，《荀子》与荀学很难透过宋明儒学的否定性过滤而大规模输入西方。从逻辑角度看，启蒙运动可谓继宗教改革运动之后的一场世俗化反权威运动，而荀学所提倡的“君师治教—谦虚受教”意识则以尊崇权威为内核，就这一分歧而言，两者难以拧到一块儿。作为现代西方政治制度的原理框

---

① 在《康德的“善人”与儒家的“君子”》（《云南大学学报（社会科学版）》2011年，第3期）一文中，谢文郁指出：“通过16世纪以来的罗马天主教来华传教士所做的介绍工作，中国思想犹如一道崭新的思想亮光，深深地吸引着当时的西欧思想家。到17世纪末，大量的工作集中在把儒家经典翻译成拉丁文这件事上。当欧洲进入18世纪的时候，这些翻译作品已经开始深深刺激西欧知识界，并且在大范围内培养了对自己文化的自卑感，和对中国文化的崇敬感。”“中国思想激发了许多有名望的学者对中国社会的美好想象，引导他们对自己的传统不满和批评，甚至感到某种危机。”还可参考Thomas Fuchs, “The European China — Receptions from Leibniz to Kant”, Journal of Chinese Philosophy, Volume 33 Issue 1 (2006): 35—49。

架，社会契约论认为，社会秩序归根结底不是由传统或权威外在地规定的，而是社会成员在“理性”中交往的必然结果。让每一个人对自己固有的理性能力充满自信，并基于这种自信大胆地使用自己的理性，正是“启蒙”的精髓所在。[①]孟学尤其是心学的“性善—率性—自作主宰”精神，恰好与之相通。

人凭自己的理性自作主宰，这种精神在近代西方哲学史上体现得淋漓尽致。笛卡尔（1596—1650）从“普遍怀疑”出发，由此析出了“清楚明白”的“我思（怀疑）故我在”命题，进而试图在此基础上重建人类知识大厦。贝克莱（1685—1783）则提出“存在就是被（我）感知”这一人类知识原理，将包括“物质”在内的所谓客观存在统统归结为“（我的）观念”。作为启蒙哲学的集大成者，康德（1724—1804）一方面通过设想“主体凭借先验形式与范畴，将所接受的感觉材料整理为感性与知性对象”，完成了认识论领域的“哥白尼式革命”（让认识对象绕着人的认识能力转，而非相反）；另一方面又将“理性主体的自主选择”设为界定“道德性”的基础，并试图凭借这种“道德性”将传统基督教改造为“理性限度内的宗教”。尤其是就后一个方面而言，作为启蒙思潮的哲学升华，康德哲学中亦包含着对一度风行于近代欧洲思想界的中国儒家（孟学尤其是心学）的“性善—率性—自作主宰”精神的跨文化继承与创造性转化。特别地，康德的“自由（自主）意志的联合体”概念，可以说是在“契约论”之外，为近现代西方政治方案提供（补充）了一种“道德哲学论证”。[②]较之颇具功利算计色

① 参考［德］康德，《答复这个问题：“什么是启蒙运动？”》，见《历史理性批判文集》，何兆武译，北京：商务印书馆，1990年，第22—31页。

② 王学典、邹晓东，《西方儒学研究新动向》，王学典，《把中国“中国化”——人文社会科学的近期走向》，上海：上海人民出版社，2017年，第62—72页。谢文郁曾在《康德的“善人”与儒家的“君子”》（《云南大学学报（社会科学版）》2011年，第3期）中指出，作为康德出发点的“人的自我完善”意识，实质上就是“儒家修身养性”概念；尽管康德从未提过儒学对他的思想有何贡献，但儒家的　（转下页）

彩的社会契约论，道德哲学论证也许更合乎中国儒家的责任伦理传统的胃口。

一些研究者指出，在中国本土，明代已经出现资本主义生产关系的萌芽，开启了所谓的内生的现代化进程。[①]阳明心学所高扬的“自作主宰”精神，与萌芽中的新的社会生产和生活关系相互鼓荡，酝酿出了鲜明的“个性解放”意识。前述李贽敢于公开非议“孔子之是非”观，乃至公然以“异端”自居，便是这种“个性解放”意识的极端表现。批评者则站在传统礼教或纲常立场上，视李贽之辈为“阳明学末流”，讥评他们为“认情欲为良知”。这种分歧也许意味着，在前述彻底化亦单纯化了的“孟学—心学”精神激荡下，传统伦理秩序正在经历某种转型。就此而言，前述纯化或彻底化了的“孟学—心学”精神，确乎蕴含着一种带有现实力道的新的政治哲学思维。然而，这种精神或思维要想在现实政治中开枝散叶，却必须有效地解决“自作主宰的个体如何达成和谐有序之社会”这一难题，而不能停留在相互指责乃至相互对抗的局面上。阳明心学所代表的不界定本体的“性善—率性”论，距离发展为一种系统的近现代认识论与政治哲学，且在学人中间产生广泛共鸣并付诸现实政治实践，则显然还有极大的空白有待填充。

鸦片战争（1840）迫使传统中国不得不正视现代西方的器物文明，甲午中日战争（1894）则从总体上击溃了传统士人对中国固

（接上页注②）“君子”和康德的“善人”在概念上的惊人相似性，意味着两者之间存在一种跨文化的承传关系。17—18世纪欧洲流行的“中国文化热”，就这样以精化萃取的方式，汇入了作为启蒙哲学集大成者的康德哲学体系中去。

① 可参考许苏民，《“内发原生”模式：中国近代史的开端实为明万历九年》，《河北学刊》2003年，第2期，以及张显清主编，《明代后期社会转型研究》，北京：中国社会科学出版社，2008年。还可参考张宪博的书评《明代后期“社会转型启始”与“资本主义萌芽”》，《中国社会科学报》2009年7月21日，第10版。

有政治制度的信心。随着近代中国在军事与外交上全面败落，尤其是日本自明治维新以来凭借西式政治改革而在军事上完胜中国，中国士人们痛定思痛，而在一种普遍流行的“失败+切慕”心态中，将传统儒学（孟学尤其是心学）原本与有荣焉的现代西方政治制度与理念奉为救世良方。中国遂全面进入了谋求政治制度大变革并在文化上全方位地向现代西方学习的时代。这种学习最初还是基于“中学”本位的格义，故在一定程度上能够反映出儒家孟学传统与当时人们所切慕的西式政治的相通性。例如，早在戊戌变法前夕，谭嗣同（1865—1898）一方面高度评价传统儒家的孟学或仁学因素，另一方面则痛心疾呼“两千年之政，秦政也，皆大盗也；两千年之学，荀学也，皆乡愿也”（《仁学》）。抛开强烈的情绪，可以说，谭嗣同确实抓住了现实中的中国传统政治的根干。“秦政”出自法家手笔，而法家的杰出代表韩非、李斯恰恰出于荀子门下；商鞅、李斯“以吏为师，以法为教”的思想，在很大程度上可以视为荀子“君师治教—谦虚受教”意识的现实强化版。谭嗣同所谓“两千年之政，秦政也”“两千年之学，荀学也”，道出了现实中的传统中国政治以荀学为根底的实情。特别地，谭嗣同在此故意使用了《论语》中的“乡愿”这个贬义词，揣摩其意，盖是要对“君师治教—谦虚受教”或“崇尚权威”的荀学意识做诛心之论：因为提倡“顺从权威”，所以包括士人（学者）在内的社会成员无不欠缺“自作主宰”的独立人格与自由思想——乡愿无非就是如此！

尽管谭嗣同早已有此洞见，但现当代中国的政治车轮却并没有因这类批判，便干脆转离荀学传统的轨道。就世界大势而言，现代西方政治制度固然造就了西方国家的强盛，但就中国人的切身观察和体验而言，这种强盛总体上似乎过分依赖欲望膨胀与武力杀伐，由于缺乏道德制约而不断导致诸如“财产分配之太悬殊”“以人为机器之奴隶”[①]对外殖民与对外侵略[②]“党派之私选举之弊”[③]，以及世界大战[④]等触目惊心的现实苦难。更有研究者指出，“早在1919年1月，美英法意四强就秘密决定把德国在山东的一切权利、特权‘一概让给日本’。对于正在向西方学习、挣扎着走向世界的中国来说，‘凡尔赛的致命决定引起强烈的民族主义的愤恨情绪，并导致了国内民族行动主义情绪的不断增长，这就使‘先进’的西方国家会按照民主和科学的原则指导中国这一信念迅速破灭’”。[⑤]毛泽东后来也说，“很奇怪，为什么先生老是侵略学生呢？中国人向西方学得很不少，但是行不通，理想总是不能实现”。[⑥]

与此相关，梁启超早在1903年之际即曾意识到，以中国的现实政治传统，走以政治权威推行平等精神的路，也许更切合实际。[⑦]也就是说，在推崇以“自由民主”为标识的近现代西方政治理念的同时，20世纪的中国学人亦鉴于惨淡的现实而对这种政治缺乏道德性的一面深以为戒，部分学人因此希望能借助中国传

---

① 梁启超，《新大陆游记》，长沙：湖南人民出版社，1981年，第44—47页。

② 梁启超，《新大陆游记》(第72页)：“吾读此演说，三复其‘门罗主义所向无敌’一语，吾不禁瞿然以惊，而未测卢斯福及美国国民之本意何在也。……吾恐英国鸦片烟之役、法国东京湾之役、德国胶州湾之役，此等举动，不久又将有袭其后者也。”此外，还可参考该书第88页。毛泽东在《论人民民主专政——纪念中国共产党二十八周年》一文中亦指出，“帝国主义的侵略打破了中国人学西方的迷梦”，见《毛泽东选集》(第四卷)，北京：人民出版社，1991年，第2版，第1470页。

③ 梁启超，《新大陆游记》，第76、78—79页。

④ 梁启超，《欧游心影录》，北京：商务印书馆，2014年。

⑤ 单世联，《青年毛泽东与德国文化》，贺照田主编，《学术思想评论》(第三辑)，沈阳：辽宁大学出版社，1998年。其中引文出自 [美]莫里斯·迈斯纳，《毛泽东的中国及后毛泽东的中国》，杜蒲、李玉玲译，成都：四川人民出版社，1989年，第22、15页。

⑥ 毛泽东，《论人民民主专政——纪念中国共产党二十八周年》，《毛泽东选集》(第四卷)，第1470页。

⑦ 梁启超，《新大陆游记》，第48页。

统政治所擅长的权威施教的手段为现代中国政治植入道义的尺度。而这，正是当时国际共产主义运动的组织模式。

1942年胶东联合社曾出版《联共党史参考资料》，首篇中有两段文字[①]着重将《联共（布）党史简明教程》（以下简称《教程》）定性为“科学的历史”“基本认识的百科全书”“伟大经验”“阐明与总结”“发展规律的知识”，并且强调《教程》就是用来“武装党员”“增强政治警觉性”“宣传马列主义”的武器与工具。抛开具体主张上的差别（这是实质性的）不谈，这种先以真理的名义立定权威知识再加以宣传和推行的做法，与荀学所推崇的权威施教的政治模式在形式上非常相似。

作为国际共产主义运动的有机组成部分，以毛泽东为代表的中国共产党人所领导的中国革命实践，自然亦采纳了这种以权威知识统一思想、指导行动的组织模式。例如，在1929年的一篇文章中，毛泽东批评了“党的领导机关对于这些不正确的思想缺乏一致的坚决的斗争，缺乏对党员作正确路线的教育”的现象，且针锋相对地提出了“在组织上，厉行集中指导下的民主生活”的要求，并对党的领导机关如何进行有效的指导分享了五条经验。[②]在这种厉行集中指导的组织模式中，孟学尤其是心学传统所提倡的“性善—率性—自作主宰”精神，则只能在“详尽的讨论，以求彻底地了解指示的意义”的民主生活范围内存在。

在1949年的一篇文章中，毛泽东进一步强调了马克思列宁主义的真理性，并进而通过解说“工人阶级（经过共产党）领导的以工农联盟为基础的人民民主专政”[③]的国体，将马克思列宁主义

---

① 《联共党史参考资料》，胶东联合社出版，1942年，第1页。

② 毛泽东，《关于纠正党内的错误思想》，《毛泽东选集》（第一卷），北京：人民出版社，1991年，第2版，第85、89页。

③ 毛泽东，《论人民民主专政——纪念中国共产党二十八周年》，《毛泽东选集》（第四卷），第1480页。

作为国家指导思想的权威地位以一种制度化的方式确立下来。在接下来七十年的政治实践中，党和国家层面的权威指导思想不断丰富、发展，并被明确地写入宪法之中。这种以权威思想指导现实实践的政治组织模式，迄今仍是当下中国凝聚其政治领导力与执行力的基本依托。在形式上(而非内容上)，此可谓是传统儒学中的“治教—受教”意识的抽象延续。

与此同时，中国共产党所领导的当代中国政治实践，同样也对近现代西方政治突出个人权利的潮流做出了积极的回应。前面指出，“集中指导下的民主生活”在一定程度上依然保留了个体“率性”的空间。而且，鉴于作为在野党深受压制的切身体验，20世纪40年代，周恩来在国统区领导的《新华日报》刊发了一系列文章和谈话，专门提倡对个人权利的保护，并对国民党当局的相反做法提出投枪匕首般的抗议。20世纪90年代有人在重新选编、出版这些文字时指出，“从这些文字可以看出，50年前发生在中国大地上的国共决战，是两种前途、两种命运之争”。[①]与这种对外的革命、战斗姿态相并行，毛泽东在前述1949年的那篇文章中还提出了一种刀刃向内的“自我批评方法”，以及要求领导者去了解并顾及被领导者意见和诉求的“联系人民群众”的经验，且将它们奉为“三件……主要武器”之二。[②]这些都可看作是当代中国政治对于五四新文化运动以来中国思想界推崇个人权利意识的思潮所做出的积极反应。而前已指出，这种舶自现代西方的政治文化思潮，正与儒家孟学尤其是心学传统所提倡的“性善—率性—自作主宰”精神，有着历史和逻辑上的双重关联。就此而言，这也可以看作是当代中国政治对儒家孟学尤其是心学之

---

① 《出版者的话》，笑蜀编，《历史的先声——半个世纪前的庄严承诺》，汕头：汕头大学出版社，1999年，第1页。

② 毛泽东，《论人民民主专政——纪念中国共产党二十八周年》，《毛泽东选集》(第四卷)，第1480页。

标志性因素的抽象继承。

至此，我们大致已经成功地在当代中国政治中，发现了与“荀孟二分”的儒学传统相对应的思维方式上的两大基因。在《宪法》等权威文献中，这两大要素分别以“党的领导”和“民主自由”的名义被同时坚持着。在注意到这种“并存”现象的同时，我们有必要在学理层面进一步追问：既然这两种意识在传统儒学中相分相争，那么，当代中国政治又是怎样将它们收拢于自身的呢？这种收拢的中介或学理基础究竟何在？

（五）民主集中制—群众路线对孟荀二分的创造性统合

《中华人民共和国宪法》第一章第三条的主旨句（首句）写道：“中华人民共和国的国家机构实行民主集中制的原则。”“民主集中制”又被称为“群众路线”，从这种既“民主”又“集中”的提法，我们大致看得出来，这正是前述当代中国政治“收拢孟荀二分基因的”方案所在。

作为该方案的前身，毛泽东在1943年的一篇重要文献中，先是提出了“一般和个别”相结合的基本方法，并进而论述道：“任何工作任务，如果没有一般的普遍的号召，就不能动员广大群众行动起来。但如果只限于一般号召，而领导人员没有具体地直接地从若干组织将所号召的工作深入实施，突破一点，取得经验，然后利用这种经验去指导其他单位，就无法考验自己提出的一般号召是否正确，也无法充实一般号召的内容，就有使一般号召归于落空的危险。”[①]其中，“一般号召”即宏观的“工作”任务或目标。对于个人来说，有目标才会有相应的自觉行动。类似地，对

① 毛泽东，《关于领导方法的若干问题》，《毛泽东选集》（第三卷），北京：人民出版社，1991年，第2版，第897页。

于社群或国家来说，“一般号召”便是集体奋斗的目标；在这里，社会成员被指望围绕领导人提出的“一般号召”进行协作。在发生次序上，“一般号召”先于广大群众的认识理解。实际上，能够提出这种号召，正是领导者动员并指导群众行动的资格所在。而反过来看，因为群众至少在一开始不甚了解领导人所（要）发布的“一般号召”，所以领导者要使其“一般号召”成为全社会的指导思想，便需要相应的政治权威做后盾。权威的一大功用便是，它可以让人们不得不正视乃至服从自己原本所不熟悉的东西。然而，也正是因此，健康的政治又不能一味用权威推行既定的权威政见，免得错失纠错的机会。

这里需要维系一种“平衡”局面。一方面，在强调“领导力—执行力”的时候，不宜去纠缠“领导者的指导思想是否正确/如何获得正确的领导思想”问题，因为这种追问极易消解领导者的权威。另一方面，一种健康的政治，显然又不能对上述问题视而不见，而是必须针对出错的可能性设置有效的纠错机制。如何协调矛盾的这两个方面呢？“民主集中制”正是为此而生，传统儒学的孟荀二分基因则在这种机制中被有机地结合了起来。

与上述问题相关，1943年的这篇文献在第（二）段中提出了“试验→推广”的方法论。这种方法论要求领导人员“具体地直接地从若干组织将所号召的工作深入实施，突破一点，取得经验，然后利用这种经验去指导其他单位”。[①]成功的试验，可谓在一定程度上验证了“一般号召”及“具体方案”的正确性，这些“经验”故而有资格用来指导更大范围的工作。失败了的或效果不佳的实验，则至少意味着相应的“具体方案”不宜直接推广；为了实现“一般号召”而拟定的各种“具体方案”若反复失败或失效，则“一般号召”本身的正确性亦会成为疑问，从而须深彻地加

① 毛泽东，《关于领导方法的若干问题》，《毛泽东选集》（第三卷），第897页。

以审视。其中，基于不良效果而反思、改进“具体方案”，实际上是在尊崇既定的“一般号召”这个大前提下，所进行的短期摸索与局部改革。基于反复的失败而重新审视“一般号召”，则是事关全局的思想解放运动。由于“试验”是通过“广大群众行动”具体实施的，所取得的“经验”（正面的、负面的）中自然就会涉及并顾及到群众的意见。这样，这种“试验→推广”的方法，便带有了既“集中”又“民主”的特征。

在1943年的这篇文章中，这种“民主集中制”的组织模式，又被称为“群众路线”。[①]该文第（四）段对“群众路线”进行了经典的论述：“在我党的一切实际工作中，凡属正确的领导，必须是从群众中来，到群众中去。这就是说，将群众的意见（分散的无系统的意见）集中起来（经过研究，化为集中的系统的意见），又到群众中去作宣传解释，化为群众的意见，使群众坚持下去，见之于行动，并在群众行动中考验这些意见是否正确。然后再从群众中集中起来，再到群众中坚持下去。如此无限循环，一次比一次地更正确、更生动、更丰富。这就是马克思主义的认识论。”[②]就本研究而言（从“真知问题”角度看），其中尤其值得注意的是，“正确的领导”问题最后被归结为“认识论”问题。也就是说，“更正确、更生动、更丰富”的指导思想的获得，乃是贯穿领导过程或政治过程的永恒问题。换言之，上述模式的服膺者不求一锤子买卖

① 通常，不求甚解的读者会根据字面印象，将“群众路线”片面地理解为“依靠群众”“相信群众”“服务群众”“向群众学习”。确实，“群众路线”具有非常鲜明的“尊重群众”的特征。但与此同时，我们也绝不应该忽视，“群众路线”同时也是一种“领导群众”的方法——实际上，正是在《关于领导方法的若干问题》这篇重要文献中，中国共产党的“群众路线”或“民主集中制”第一次获得了完整的理论表达。周向军教授曾辩证地指出：“坚持群众自己解放自己的观点，当然不是放弃领导，放任自流”；“所谓群众路线的方法，就是依靠和领导群众的基本方法”。参见周向军，《马克思主义理论与马克思主义观发展研究》，北京：中国人民大学出版社，2018年，第113、115页。

② 毛泽东，《关于领导方法的若干问题》，《毛泽东选集》（第三卷），第899页。

式地占有真理，而是力求在变化着的事态或处境中不断调整、发展自己的真知体系。

较之第(二)段的“试验”论，第(四)段更积极地将“群众的意见”视为政治上的智力资源，更准确地说是领导者提炼“集中的系统的意见”的基本素材。放眼当今世界的自由民主大潮，这种观点可谓是以一种创造性转化的方式容纳了自由民主的优点①；而着眼于“孟荀二分”的儒学传统，能够容纳自由民主因素的方案，自然就为孟学尤其是心学的“性善—率性—自作主宰”精神保留了一定的存活空间。在强调以既定的“集中的系统的意见”作为指导思想(此对应着荀学的“治教—受教”的意识)的基础上(现实的政治凝聚力与执行力由此而来)，它同时要求“再从群众中集中起来，再到群众中坚持下去”以致“如此无限循环”下去。这意味着力求统一群众意见的“宣传解释”工作，并不强求将一切异见消灭在萌芽乃至将萌状态，而是希望社会成员至少在一定程度上保有独立思考的能力。只有在社会成员保有一定的独立思考能力的情况下，领导人员才会源源不断地接触到那有待

---

① 邓小平也曾指出：“第三是在发动与组织群众中注意群众的政治教育，在发动与组织任务完成之后，应将重心转入教育群众，把群众运动提高到民主政治和武装斗争的阶段，使群众形成一个自为的阶级力量，去参加统一战线，去参加群众性的游击战争，以巩固既得的政治经济权利。”(邓小平，《邓小平文选》[第一卷]，北京：人民出版社，1994年，第2版，第68页)“政府对于群众运动应是扶植的态度，所以不应对群众运动采取旁观或漠不关心的官僚主义态度。但是群众运动应该是群众自觉自动的运动，所以政府也不要采取干涉或代替包办的态度。”(同上，第74页)作为与毛泽东《关于领导方法的若干问题》同年发表的文献，上引《根据地建设与群众运动》(时间上更靠前)中的两段，在强调党和政府必须负起对群众运动的发动、组织、教育、扶植责任的同时，亦比较明确地强调了群众运动的民主、自为与自觉自动性。特别地，这里所谓的“政治教育”或“教育群众”，基本目标之一就是把群众运动提高到“民主政治”的阶段。就此而言，“群众运动”或“群众路线”中确实蕴含了深刻的“民主”意识。不过，邓小平的以上论述并未专门探讨“党和政府的领导”与“民主政治”之间的辩证关系问题，《关于领导方法的若干问题》则通过解析“从群众中来，到群众中去”之“无限循环”的“马克思主义认识论”意蕴，对二者之间的关系做出了比较清晰的辩证安排。

其去"研究"并"集中"的"分散的无系统的""群众意见"，从而实质性地开展那"无限循环"的"认识论"运动。如此一来，当代中国政治所抽象继承的传统孟、荀基因(在传统时代，它们总体上处于相分相争的状态)，便在"民主集中制—群众路线"的辩证运动中被创造性地统合了起来。

套用李泽厚的"'文化—心理'结构"概念来看，当代中国政治所创发的上述方案，天然地与作为中国传统文化之主干的儒学具有亲和性。由于这种当代方案深刻而正面地吸纳并回应了两大时代思潮，且将政治问题深化到最基本的"认识论"层面，并对困扰儒学二千余年的孟(性善)荀(治教)相分相争问题进行了创造性统合，长远来看，这种当代方案完全有望在学界与思想界保住自己的尊严，并在学理上赢得更大的尊重。就此而言，这种抽象地继承并创造性地统合孟荀的当代政治方案，大致已经具备了文化立国的资质。只要能够通过清晰的制度与机制设置，恰当地厘定顶层与各次级领域之间既统摄又相对独立的配合关系，在不同层级的领域中务实地设立有效的"试验—循环"机制，以便在既定的"一般号召(系统意见)"下灵活机动地在次级领域进行"试验—循环"，以此不断释放并整合国人在具体事务中追求幸福生活的智力和能耐——这种抽象意义上的创造性的孟荀统合方案，就一定会持续不断地显示出强劲、巨大的现实生命力。

(六) 结　语

传统儒学与当代中国政治，两者之间具有历史性的和逻辑上的双重关联。一方面，20世纪中国新文化运动锋芒所向的，是荀学式的"崇尚权威"与"治教—受教"意识。按照谭嗣同等人的观察，传统中国政治的思想根基正是这种荀学意识。另一方面，站在欧洲启蒙运动时代的中西交通史角度看，新文化运动所据以批判传统儒家政治（主要是荀学政治）的现代西方政治理念，可谓是儒家孟学尤其是心学的“性善—率性—自作主宰”精神的转化形态。仅从后一方面看，发生在20世纪之中国的新文化运动与反传统思潮，并不足以割断当代中国与传统儒学的历史与逻辑关联。

国际共产主义运动，作为塑造当代中国的另一股时代大潮，较之前者，更为直接亦更加有力。国际共产主义运动在组织模式上非常注重领导权威，一方面强调上级机关“一般的普遍的号召”或“指导思想”的权威性，另一方面则要求下级机关务求详尽地讨论、了解、执行这些号召与指导。此与传统荀学所推崇的“治教—受教”模式在形式上（而非内容上）相似。

站在“孟荀二分”的传统儒学角度看，宋明儒学的取向是“褒孟贬荀”，而当代中国政治则可谓是“荀主孟从”。“崇尚权威—治教—受教”与“性善—率性—自作主宰”，在倾向上是两种正相对反的生存意识。宋明儒学“褒孟贬荀”，在学理上日趋纯粹，其终极形态是“有孟（性善）无荀（治教）”。相形之下，当代中国政治的“荀（教）主孟（性）从”格局，则终归算是一种“统合”。在学理上，这种统合需要有效的中介，以便将“性善—率性”“施教—受教”这两种相对反的基础性生存意识，有机地关联起来。

检视当代中国官方政治文献，我们发现，“民主集中制—群众路线”正是当代中国政治在思想与实践上关联孟荀基因的纽带。“群众路线”之“从群众中来”带有实质性的“民主”色彩，它要求各级领导者在倾听的基础上研究群众意见，提炼出系统的指导思想。在这个环节，群众可以在处境中率性并提出自己的意见——真诚的意见只能出于当事人的自觉率性。“群众路线”之“到群众中去”的环节则高举领导权威，它要求通过宣传、学习，将系统性的指导思想（实即权威政见），转化为群众切实认同并执行的政策。这就要求领导者义不容辞地肩负起“治教”的责任，并相应地要求群众“谦虚受教”。

总之，同一拨领导，既要具有倾听、研究群众意见的耐心，又要秉持教育群众的威严；同一批群众，则既要在思想和行动上谦逊地接受指导，又可以相对独立地持有自己的感受和意见。这是一种良性的、双向施压的“张力”状态。“民主集中制—群众路线”的原始提倡者认为，上述充满张力的“循环”运动拥有巨大的“认识论”优势。按照本篇的分析，这种认识论优势就是，民智在统一指导下的实践行动与意见表达中稳步释放(具体表现为政治上可控的“群众意见”)，领导者则在一轮又一轮的“倾听—提炼—指导→再倾听—再提炼—再指导”的循环运动中，代表社会不断集成民智，从而可以持续不断地用“更正确、更生动、更丰富”的指导意见引领社会创造福祉。这种“马克思主义的认识论”的原始提倡者认为，上述充满张力的“民主集中制—群众路线”的“循环”运动必须是“无限循环”的，而在我们看来，只有这样，它才能永恒地充当“荀主孟从—统合孟荀”的有效中介或纽带。而一旦有了具体可靠的制度机制以资保障这种“充满张力的无限循环的认识论运动”，领导者和群众便可以在制度和体制规定的范围内各司其职而良性互动。进一步做好顶层设计并不断优化细部互动规则，切实维护好良性的张力互动局面，是这种当代方案充分发挥其潜力的关键所在。

跋　请在下判断之前先细细品读

（一）本书自我定位

就时间跨度而言，本书依次涉及商代宗教、殷周宗教观念之变、周代主流意识形态、先秦儒学、汉唐经注、宋明儒学，以及现当代中国政治思想，可谓以点代面的“性善与治教”哲学简史（极简！）。魏晋玄学中的“自然与名教”之辨，其实也隶属于“性善与治教”这个主题，但探讨起来需要涉及太多老庄学说，而不便名正言顺地纳入“儒家哲学研究”的行列，故待将来再说吧。

以如此微薄的篇幅，做通史式鸟瞰，在文献材料方面，必然是挂一漏万。故此，笔者仅指望这本小书能通过解读一小部分具有节点意义的文本，向学界与思想界呈现一种从“真知（真理）问题”角度看待儒家哲学（史）的大思路，而非通过面面俱到的历史复述追求“博学”的境界。

“生存意识分析的文本解读”这一方法论理念，赋予了本书“与古人对话”的基本特征。这种对话，试图析出硬核级的议题与问题，并导向问题的更佳处理方案。当然，本书所析出的议题与问题是否真的够硬、够基本，所探索出来的问题处理方案是否真的更佳，则只能交给读者们去**不断检验**。

为了便于读者们更明晰地把握本书的立论骨架，接下来，我想以论题嵌套的形式概括本书的核心内容。这些论题既涉及本研究的方法论理念、问题意识，亦总结了本书关于“性善与治教”议题的基本观点。在此基础上，本跋最后还将预测本书最有可能对当下狭义的中国哲学(史)研究界造成怎样的“刺激”，并即此向读者同仁们发出恳求。

(二) 杀青卅四论题

十大论题与二十四个分论题，兹嵌套如下：

论题0 “生存意识分析的文本解读”是当代的“为己之学”。

0.1 “生存意识”指的是那些直接驱动当事人的生存活动而以第一人称视角相表达的意识，这种非对象化(非第三人称化)的表达之所以可能全因语言是“主体间”的。

0.2 “经典文本”指那些塑造了读者所在社群的生存意识(最低限度是易于感染读者)的文本，读者对经典文本所进行的生存意识分析因而同时也是一种自我理解。

0.3 研究者对文本中的问题意识与处理方案所进行的梳理、批判与提升，不但可以作为学术产品拿到公共平台上交流切磋，而且，这一切都会不断重塑研究者本人的生存意识。[1]

论题1 “真理(真知)问题”是古今中西学术思想之通问。

1.1 真理(真知)问题的原始形式是：“这是真的吗？”这一追问可以加诸任何命题与学说，本质上是一种怀疑倾向；对于尚未因无休止的怀疑而彻底绝望的生存者来说，真理(真知)追问也是

① 参考导论第(二)节。

打磨学术公器的利器。儒学在根本上亦无法自外于真理(真知)问题的论域。

1.2 虚无主义无非是因企图一劳永逸地把握真理(真知)而不可得，而滋生的挫败感；多元主义和相对主义作为一种“主义”，既企图取消或回避真理(真知)问题，同时又在将自身奉为“真理(真知)”，故而自相矛盾。当代哲学界亟待一方面从内部彻底攻破这些虚伪的主义(形成共识)，另一方面理直气壮地重提真理(真知)问题。①

论题2《商颂》式宗教缺乏“神的主权”意识，势必会因现实中的“苦难”冲击而式微。

2.1《商颂》宗教是“事神致福”之典型；“人眼中的福”既是事神者谋求的目标，也是事神者事神的手段；就此而言，这是一种以“人的福观念”为中心的宗教模式，根本上缺乏“神灵的旨意在哪里”的求问意识。

2.2《商颂》式宗教的实践者倾向于将“致福成功”的经历视为神灵与自己同在的标志，往往会单方面渲染这种成功事例以强化自己的“神灵同在”信念；当其“神灵同在”信念旺盛之际，《商颂》式宗教的实践者会一厢情愿地相信神灵必按己之所愿赐福于己，而并不准备从信仰角度去解释现实中可能发生的重大苦难；这种宗教模式不可避免地会在重大的现实“苦难”问题冲击下式微。②

论题3“敬德修德以配享天命”崇尚传统“德目”，是披着宗教外衣的人文命题，开启了中国文化崇尚“人事人为”的大传统。

3.1 商周之变以王权更迭的铁定事实，无可质疑地宣布了商

① 参考导论第(三)、(四)、(五)节。

② 参考第一篇第(二)节，导论第(四)节。

纣王式无条件的"有命在天"信念之破产,配享"王权—天命"的资格问题遂迫在眉睫地摆上了新意识形态建设的桌面。

3.2 周人统治者基于自己数代以来秉德行事而终成大功的切身体验,复鉴于"德"(传统德目)在商周文化圈中早已享有仅次于"天命"的巨大威望,遂在《尚书·周书》中提出了"敬德修德以配享天命"的命题用以解释"王权—天命"转移的合理性;这实则是将有待人为的"敬德修德"设定成为了"保有王权—配享天命"的条件,由此,按"德目"行事的"人事人为—自主努力"意识,从根本上取代了殷商时代的"宗教依赖"意识。①

论题4 敬德修德须先"知德","教—学"作为"德目"传承的基本途径,遂成为人事人为最关键的第一环。

4.1 作为"敬"的对象与"修"的准则,"德"被设想为存在于经典文献与当代贤者知解之中的完备的"德目"系统,谁有志于"敬德修德",谁就须从经典文献与当代贤人那里谦虚受教。(对周初统治者来说,殷人在自己之前长期执政故而保有更多的政治经验,殷商典策以及殷遗民中的老成人遂成为他们学习政治德目的教材与教师;对孔子来说"周鉴于二代"故最为完善,一切承载或掌握"周德""周礼""周文"的文献与人物,都是他受教的老师;而为了堵死学者自行稽古考释而妄议当代礼制[不谦虚受教]的可能空间,荀子则进一步宣称:"后王"与"先王"一脉相承而无可致诘,欲学"先王之礼"只需老老实实地受教于粲然可观的"后王之礼"。)

4.2 由于相信"教—学"足以传承系统而完善的传统"德目","知识—理解"遂不被视为实质性难题;因为"德目"之知在很大程度上被视为现成之物,"知而不行—意志薄弱"遂突显

① 参考第一篇第(三)、(四)节,导论第(四)节。

为亟待解决的主要问题。[1]

论题5 是“知识—理解”或“真知”问题，促成了儒家“性善论”在“教—学”传统中的兴起。

5.1 传统德目在“教—学”意识中往往被想当然地设想为系统而完善的现成之物，但即便如此，经典文本和当代教师也还是无法代替学生亲自认知—亲自理解；在大致相同的教材与教师指导下，学生关于德目的“认识—理解”仍旧会参差不齐，乃至（在教师看来）普遍落入非“过”即“不及”之局面；《礼记·中庸》通过精心编辑相关孔子语录，将无处不在的“知识—理解”或“真知”问题，作为唯一的实质性问题，无可回避地摆在了学界面前。

5.2 在崇尚“人事人为”精神（因而不允许诉诸“宗教认识论”）的大背景下，在教师和教材再也无能为力的情况下，学者本人如果不具备自行解决“真知”问题的先天素质，则“真知”问题就会是不可解决的；如此一来，学者如果仍然直面“真知”问题，且不愿陷入绝望的话，唯一的出路就是坚定地相信“人生而固有绝对可靠的认知—理解向导（天命之性）”，并进而将“自觉体察此内在向导的指引（率性）”设定为自己永恒的“真知起点”；《中庸》“天命之谓性，率性之谓道”，虽不着一个“善”字，却正是在以“性”为“绝对可靠之内在向导”的意义上成为了儒家“性善论”的原始版本。[2]

论题6 “界定本体的性善论”归根结底是在向荀学“治教”意识输诚。

6.1 学界有一种流行的印象，那就是认为，儒家性善论的功

---

① 参考第一篇第（五）、（六）、（七）节，第三篇第（二）节，导论第（四）节。

② 参考第一篇第（八）节，第二篇第（二）节，第三篇第（三）节，导论第（四）节。

能在于，站在“本体论”高度为儒家所持守的仁义礼智信等传统德目辩护；先“界定本体”，再“由体推用”，被视为这种本体论或“体—用”论意义上的性善论的基本路数；但实际上，任何界定都只能在特定的价值观念与说教之辞中进行，“界定本体的性善论”貌似尊崇善性本体，实则却是在“以用（教）定体（性）”，在根本上（乃至直接）受制于特定的“说教”权威，而陷入“从用（教）到用（教）”的循环论证。

6.2《孟子》即“四端之心”以言“性善”，《礼记正义·中庸注疏》蕴含着“刚柔五常之性”的设想，《四书章句集注·大学章句序》明确使用“仁义礼智之性”的提法，这些都是“界定本体的性善论”的苗头或例证；当这些性善论深陷“界定本体”的陷阱之际，“性—率性”严格来讲并非其服膺者的“真知起点”。[①]

论题7 “不界定本体的性善论”才是在一以贯之地坚持“性善—率性”意识。

7.1 相信人生而固有绝对可靠的善性，却又不去界定善性本体的具体内容，这就从思维方式上杜绝了“以教定性—由性推教”的循环论证；不做内容界定而径直相信“人生而固有绝对可靠的内在向导（善性）”，这种信念需要某种宗教或准宗教意识相支持——仅当读者对“天”怀有崇敬感时，“天命之谓性”才会被读作一个性善论命题。

7.2 未经界定的“善性”无法充当推论的前提，故此，在“不界定本体的性善论”中，“率性”便只能是“留心体察性的即时指引”，落实为具体操作（工夫）即“随时留意内心的真切呼声”；《中庸》首章以“不睹”“不闻”形容“天命之性”的不可界定性，《孟子》以“揠苗助长”的寓言规劝读者毋急于按照既定观念自我型

① 参考第二篇第（四）节，第三篇第（三）节，导论第（四）节，第二篇第（三）节。

塑，王阳明“四句教”以“无善无恶是心之体”拒绝对“本体”加以规定——于是乎，始终保持“戒慎”“恐惧”体察姿态，以免错过“天命之性随时随在的可能发见”，就成为服膺“不界定本体的性善论”的率性者的永恒功课。[①]

论题8 孟荀之争与孟荀二分归根结底是认识论分争，“民主集中制—群众路线”作为一种抽象继承并创造性地统合孟荀的政治哲学方案，在根本上也是一种认识论方案（马克思主义的认识论）。

8.1 荀学推崇“治教—受教”意识，孟学尤其是心学则提倡“性善—率性”意识，二者的分歧归根结底在于，“外在权威”与“自我体察”，究竟何者是“真知的起点(正确的‘知识—理解’的源泉)”？

8.1.1 强调外在权威，有助于传承传统德目或维系既定共识，但也容易使学者(受教者)轻视自己内心的真切体验，并在这个意义上放弃自觉认识与自主理解的权利；强调吾性自足与自作主宰固然可以营造强烈的自信，但离经叛道或至少是倾向于各自为政的率性者们之间如何达成共识，从而组成和谐有序之社会，则始终构成孟学尤其是心学的软肋。

8.2 当代中国政治中的“民主集中制—群众路线”，倡导用“从群众中来到群众中去”的“无限循环运动”，不断凝练、优化领导者的指导方针(权威政见)；这种被称为“马克思主义的认识论”的当代中国政治思想，尽管并不自觉，但从文化史角度看，却正有抽象继承并创造性地统合孟荀之功效。[②]

---

① 参考第二篇第(五)节，第三篇第(三)节，导论第(四)节，第二篇第(三)节。

② 参考导论第(四)、(五)节，第二篇第(六)节，第三篇第(四)、(五)节。

论题9　要想在社会政治领域切实贯彻“性善—率性”原则，还须树立“率性的处境”意识：从执政者到普通群众，每一位社会成员都须将“其他社会成员的意见尤其是异见表达”，不断纳入自己的“率性的处境”，并在变化着的处境中本着寻求共识之心，不断体察各自固有之善性的内在指引。

9.1 按照“性善论”基本信念，“天命之性”完全可以在任何处境中向当事人发布适切处境的“应然”指引，而社会成员如果共享相同或相近的“率性的处境”，则作为率性者，他们自然就会对相应之公共事务达成相同或相近的“认识—理解”。

9.1.1“率性的处境”指的是那些进入当事人考虑范围的事情之总体，尤其包括他人赞成我或反对我的具体意见(其中有时也会包含着让我出科意料的、对我既有之观点的别出新裁的理解、解释)与行动；未进入我之考虑范围的人、事、物，无法构成我率性的有效处境(否则，“率性”的自觉性与自主性就会趋于模糊，最终甚至会导向反智主义)；即便面对同一桩公共事务，了解他人对自己所持观点的意见，与不了解他人对自己所持观点的意见，对我来说，也还是构成了两种不同的“率性的处境”。

9.2“自作主宰”的率性者常常敢于无视反对意见，而真诚地坚持自己的“率性”体认(“虽千万人吾往矣”)，但是这种坚持若过了火，也即在变化了的处境中仍然执着于在记忆中保留着的既往的“率性”经验，便无异于丧失了率性者所应有的“戒慎”“恐惧”的“即时体察”姿态；由这样的“伪率性者”组成的社会，势必沦入“各行其是”的无序状态；执政者对“既定政见”的强力坚持与执行，可以迫使异议者正视“权威政见”，从而让“既定的权威政见”有效地成为全体社会成员之“率性的处境”的重要组成部分，从积极方面看，这有助于全社会正视政治现实、凝聚政治共识、稳定社会秩序，从消极方面看，则有可能弱化执政者作为率性者所应有的“戒慎”“恐惧”的“即时体察”姿态；这里需要一种能维持动态平衡的机制。

> **9.2.1** 有助于在社会政治领域贯彻“性善论”的动态平衡机制的关键可能在于，分别设立执行并宣传既有权威政见的执行、宣传机关，与汇集不同意见的议事协商机关，在以执政者和建议者为代表的全体社会成员的相对充分的交流中，通过共享率性的处境，并在相同或相近的率性的处境中继续“率性(各自体察内在向导的指引)”，不断达成并共同践行新的政见共识(新的权威政见)；如此，性善论所预设的“善”，遂可以通过率性者们一轮又一轮的“坚持权威政见—汇集意见表达—协商凝聚共识—优化权威政见”的循环运动，不断在社会政治领域释放并彰显出来。①

（三）再申说并期待

在本书的上述一系列观点中，笔者预感到，如下这两点最有可能令一些读者感到不安，故欲再稍加申说。

其一，本书将无所不在的“真知(真理)”问题，视为儒家“性善—率性”意识在儒学史上发生，与“治教—受教”意识互渗、互动，进而纯化并彻底崛起的根本动力，这可能会令一些传统研究者感到“可气”。这个见解之所以会冒犯人，是因为它试图抬高广义的“认识论”或“知识论”在儒学中的地位，从而冲撞了目前较为流行的中国哲学“特质论”——这种“特质论”认为，“认识论/知识论”总归是西方哲学的专利。对此，我想多做一点补充性的申说。

狭义的中国哲学(史)研究界所着意排斥的“认识论/知识

① 参考导论第(五)节，第二篇第(六)节，第三篇第(五)节。

论”，主要指的是以自然哲学或现代自然科学为本位或标杆的“认识论/知识论”。陈少明先生早年充满朝气的《理性的唤醒——西方认识论冲击下的近代中国哲学》一文，便正是在这个意义上界定“认识论”“西方认识论”与“科学理性”的。有意思的是，此文虽在一定程度上也主张“中国哲学自有它自己的价值，不是以西方文化为标准可以衡量的”“中国哲学强调人的内在价值，它的陈述充满审美意味”“像人生情感的许多问题也不是逻辑分析可以解决的”等时至今日仍然大有市场的流行观点，但是，基于“总的来说，它(传统中国哲学——引者注)漠视了人类有征服或者说利用大自然来改善自身生存状态的需要”这一判断，陈教授对于“科学理性思想在知识界的意识中已经是占主流了”这一现象却表示欢迎，认为正是因此，“就学术成就而言，各个哲学流派的成果，也以崭新的理论形态出现在人们面前。中国哲学再也不是道德涵盖一切的混沌体，形而上学、美学、认识论都有独立的发展”。[①]——对此略加推演，我们不难指出，那种能够改进传统中国哲学的理论形态，尤其是能促进“形而上学”“美学”等有别于狭义的“认识论”的中国哲学分支独立发展的“科学理性/认识论/西方认识论”，严格来讲，已不再是通常被认为的与人文精神相对的“自然哲学/现代自然科学”意义上的“科学理性/认识论/西方认识论”了。而反过来说，包括“形而上学”“美学”乃至“情感分析”在内的任何一种中西哲学(史)论说，无不存在着“论说质量如何”“论说是否靠谱”“能否经得起推敲”之类的问题——广义的“认识论/知识论”问题。

在《自由与生存》这本书中[②]，谢文郁先生展示了苏格拉底—

① 陈少明，《理性的唤醒——西方认识论冲击下的近代中国哲学》，《哲学研究》1987年，第12期。

② 可参考谢文郁，《自由与生存：西方思想史上的自由观追踪》，第一章第一节。

柏拉图的“人皆向善：无人有意作恶，恶行出于人对善的无知”命题，对于西方思想史的贯穿性影响。按照这一近乎颠扑不破的命题，人类生存中的一切问题皆归结为“真正的善是什么”这一“认识论/知识论”问题。西方人对于“真理”问题无比执着，归根结底是因为按照苏格拉底—柏拉图的上述揭示，“真正的善”问题与每一个认真严肃之人的每一次生存选择皆息息相关。现代西方自然科学及受其影响而试图脱胎换骨的现代西方哲学，最核心的共识便是将“普遍必然性”奉为真理性认识/真理性知识的最高标准，乃至要用机械决定论的宇宙观迫使人承认自己实质上就是一架机器。这种冰冷严峻的人论和宇宙论固然低估了诸如情感、美感、德性的地位，但就其在横空出世之际携带了坚定的立场、态度而言，这套“知识/认识”同样也是有生存指向的(否则，这个时代的人就不会强烈地感受到来自自然科学主义世界观的沉重压抑)。问题只在于，如何在广义的“认识论/知识论”论域中，去评价之、优化之(如果实在不行的话，就彻底解构而重构之)?

在当代中国，从小学到大学各层次的主流教育理念，皆赞成自然科学知识与人文素养二者之间应该平衡发展。国内外著名大科学家(包括中国西南联大时期的那一代师生)的文科情怀与识见，早已传为美谈而被有志之士奉为榜样。这种教育理念与教育实践中，实实在在地蕴含着“自然科学”与“人文学科”无法二分的意识。这正如伽达默尔在《真理与方法》第一部分开始不久，即诱导读者进行追问的那样：“究竟是哪些哲学条件使得这门新科学(近代力学及牛顿天体力学——引者注)能在17世纪得以产生”[①]——对狭隘意义上的“自然科学主义认识论/自然科学主义知识论”的反驳，和对“精神科学”(包括艺术、伦理与道德、宗

① [德]汉斯—格奥尔格·伽达默尔，《诠释学I：真理与方法——哲学诠释学的基本特征》(修订译本)，洪汉鼎译，北京：商务印书馆，2013年，第14页。

教)价值的捍卫,根本不需要在"自然科学"对"人文学科"或"西方的"对"东方的"之间进行"二分"来达成——以令人信服的方式表明"自然科学认识论/自然科学知识论"中包含着不容剔除的"精神科学"因素,这些"精神科学"因素非但具有不容否认的认识论/知识论意义与功能,而且自然科学的每一次变革中都蕴含着深刻的"精神科学"基底大调整,就完全足以令原本狭隘的自然科学主义者为之一震了。目前流行于汉语思想界的"东方特质"对"西方特质"的大而化之的二分,虽意在矫正"现代西方自然科学主义"的偏颇,但我们若一味地坚持这种"二分",反而会使汉语思想界看不到一个整全的"认识论/知识论"论域。

而实际上,在自然科学认识论/自然科学知识论之外,西方古今思想史上还存在着大大小小的各种试图高举"品德""趣味""美感""神秘体验""悖论的激情"等等带有所谓东方特质的因素,乃至超越"对象性(客体化)认识/对象化(客体化)知识"的理论方案。[①]"西方的"并非如某些中国传统思想研究者所想象的那样不近"情理"。举例来说,"美德即知识"这一苏格拉底命题,在柏拉图那里意味着"需要有真知识,才能真地有美德",而小苏格拉底学派(包括麦加拉学派、昔勒尼学派、犬儒学派,他们实际上是由长于柏拉图的苏格拉底的大弟子们建立的,只是影

① 谢文郁,《基督教真理观及西方思想史上的真理观》,许志伟主编,《基督教思想评论》(第三辑)。吴根友、徐衎《中国古代思想中的"真理"观念》第一节(《哲学动态》2019年,第3期)对于西方哲学传统中的真理理论亦提供了一系列凝练的提示,可参考。不过,总地来说,吴根友、徐衎的文章,倾向于将西方哲学中的真理认识论/知识论大探讨,视为现代西方哲学受自然科学影响的结果。谢文郁则在一系列著述中指出,自从柏拉图提出"真正的善是什么"问题以来,西方思想史上的真理问题,始终都是一个摆脱不开认识论/知识论追问的生存问题。实际上,现代西方自然科学,正是作为人们心目中的真正的善知识而兴起的,并因此而有所谓的科学主义人生观。所以说,西方古代的真理理论与现代真理理论,或许有着具体知识形态上的差异,但在根本上绝无"非认识论的"与"是认识论的"差别。

响力与名气小于柏拉图及其学园派)的理解则反而是"有美德，才算真正地有知识"。[1]这后一种理解，与狭义的中国哲学(史)研究界所盛道的"中国传统思想重德性、重实践""知行合一"等特质，相去一点都不远。只不过，在柏拉图所阐发的"人皆向善：无人有意作恶，恶行出于人对善的无知，人应该努力认识真正的善"的苏格拉底原则的强劲感染下，西方哲学总是不得不去不断打理关于"德性"的"认识论/知识论"问题。

在路易斯·P. 波伊曼著、洪汉鼎译的《知识论导论——我们能知道什么？》(第2版)这本教程中，作者专门设立了"德性知识论""信念的本性""信念与意志""信念伦理学""信念与认可""知识论与宗教信念"等专章。[2]这些在英美分析哲学界至少已经流行了三四十年(且有着更深厚的古典渊源)的理论探讨，至今仍不免令狭义的汉语中国哲学圈感到新奇。至于伽达默尔哲学诠释学所着力揭示的"趣味""美感""道德感"等在近现代西方哲学家著作中所实质享有的"认识论/知识论"功能和意义，即便在诠释学被余敦康等泰斗级学者奉为"哲学和哲学史的唯一进路"[3]之后的今天，上述"认识论/知识论"旨趣总体上仍然尚未进入传统中国哲学(史)研究者的自觉意识。"知识论/认识论"仅仅或主要关注"逻辑分析""科学理性""自然认知"的俗套之见，仍然拥趸遍地。

按《知识论导论》(第2版)的副标题，"知识论/认识论"问题的基本提法是，"我们能知道什么？"汉语中的"认识论"与"知识论"都是对西语诸如Epistemology的翻译。只不过，在现当代汉

---

① 赵猛，《"美德即知识"：苏格拉底还是柏拉图？》，《世界哲学》2007年，第6期。

② [美]路易斯·P. 波伊曼(Louis P. Pojman)，《知识论导论——我们能知道什么？》(第2版)，洪汉鼎译，北京：中国人民大学出版社，2008年。

③ 余敦康，《诠释学是哲学和哲学史的唯一进路》，《北京青年政治学院学报》2005年，第2期。

语中，“认识论”往往带有“主客二分——主体认识客体”，以及侧重探讨“认知过程”的意味，而“知识论”似乎则主要关心主体所持有的“命题系统”的品质问题；初看起来，二者似乎各有侧重。[①]然而，略加追究则不难发现，关于“主—客”关系、认识活动或认识过程的“认识论”探讨，不可能不涉及主体所持有或正在建树的“知识命题”；而“知识论”一旦跳出了“命题系统是否融贯”的层次之后，必然要涉及何为知识、知识是如何发生的，乃至作为“融贯”概念之基础的逻辑学是如何发生、发展的问题。如此，“主—客”关系与“认识过程”的议题，就又被包含了进来。可见，即便我们在约定俗成的意义上试图区分“认识论”与“知识论”，但作为哲学议题，它们终归还是一体无隔的。本书之所以采取“认识论/知识论”这一表述，也正是基于上述考虑。这算是一个补充说明。

再强调一次，一旦将“认识论/知识论”术语还原到“我们知道什么”之“知道”“了解”“理解”的朴素含义上，并且将此“知道/了解/理解”置于广阔的人类(对其存在有所领悟的存在者)生存或“生存意识”的大语境之中，我们就不难承认：“认识论/知识论”必然涵括“德性”“审美”“宗教信念”等有温度、有态度的“体知”“觉解”等等，而关于“德性”“审美”“宗教信念”“体知”与“觉解”等等的论述，亦无不存在着“论说质量如何”“论说是否靠谱”“能否经得起推敲”之类的问题。所以，是时候，该改变一下“我国大学哲学系教学最薄弱的也应是知识论”[②]的局面了。汉语学界尤其是中国传统思想研究界，正宜全面开拓其“知识论/认识论”视野——努力依托古今中国思想资源，争取在

① 这是一种常见的语感，代表性论述可参考洪汉鼎，《译后记》，[美]路易斯·P. 波伊曼，《知识论导论——我们能知道什么？》(第2版)，洪汉鼎译，第400页。

② 洪汉鼎，《译后记》，[美]路易斯·P. 波伊曼，《知识论导论——我们能知道什么？》(第2版)，洪汉鼎译，第400页。

广义的“知识论/认识论”研究舞台上，成就世界性的哲学成果！

其二，本书最后一篇，尝试将当代中国政治思想中的“民主集中制—群众路线”，与传统儒学中的“孟荀二分”问题贯通起来，并进而指出，“从群众中来到群众中去”的“无限循环”的认识论运动，可谓是蕴含在当代中国政治思想中的“统合孟荀”方案。儒学向来具有政治关怀，但笔者作为一位年轻学人从如此出人意料的角度涉猎相关议题，却还是难免会让一些读者感到不可思议。

对此，我已经有了一定的心理准备。但同时，我也诚挚地恳求潜在的批评者们，请在下判断之前，先细细品读本书一波三折的论述。无论如何，作为一名怀揣着“真知(真理)”情结的生存意识分析者，我会努力让自己真诚面对一切严肃的评议。我始终期待着能与批评者们进行实质性的学术与思想互动！

二零一八年一月廿四日
初拟于岁末年初的鲁济南

二零一八年五月廿二日
重写于美国德州贝勒大学

二零一八年十一月廿七日
增设嵌套论题于贝勒大学

二零一九年春补充对“其一”的长申说
岁末随全书定稿于山东大学济南校区

图书在版编目(CIP)数据

性善与治教 / 邹晓东著. --上海：华东师范大学出版社，2019

ISBN 978-7-5675-9946-8

I.①性… II.①邹… III.①儒家-文集 IV.①B222.05-53

中国版本图书馆CIP数据核字(2020)第016425号

VI HORAE

华东师范大学出版社六点分社

企划人　倪为国

性善与治教

著　　者　邹晓东
责任编辑　徐海晴
责任校对　王　旭
封面设计　吴元瑛

出版发行　华东师范大学出版社
社　　址　上海市中山北路3663号　邮编　200062
网　　址　www.ecnupress.com.cn
电　　话　021-60821666　行政传真　021-62572105
客服电话　021-62865537　门市(邮购)电话　021-62869887
地　　址　上海市中山北路3663号华东师范大学校内先锋路口
网　　店　http://hdsdcbs.tmall.com

印 刷 者　上海盛隆印务有限公司
开　　本　890×1240　1/32
印　　张　7.625
字　　数　190千字
版　　次　2020年5月第1版
印　　次　2020年5月第1次
书　　号　ISBN 978-7-5675-9946-8
定　　价　68.00元

出 版 人　王　焰

(如发现本版图书有印订质量问题，请寄回本社客服中心调换或电话021-62865537联系)